辽宁省社科规划基金项目“习近平思想政治教育思想的理论蕴涵与价值导向研究”（项目编号：L18BSZ001）成果

中国特色社会主义大学制度价值论

田雪飞　著

东北大学出版社
·沈　阳·

图书在版编目（CIP）数据

中国特色社会主义大学制度价值论 / 田雪飞著.—沈阳：东北大学出版社，2023.3

ISBN 978-7-5517-3240-6

Ⅰ.①中… Ⅱ.①田… Ⅲ.①高等学校-教育制度-研究-中国 Ⅳ.①G649.22

中国版本图书馆 CIP 数据核字(2023)第 059147 号

出 版 者：东北大学出版社

地址：沈阳市和平区文化路三号巷 11 号

邮编：110819

电话：024-83683655(总编室) 83687331(营销部)

传真：024-83687332(总编室) 83680180(营销部)

网址：http://www.neupress.com

E-mail：neuph@neupress.com

印 刷 者：辽宁一诺广告印务有限公司

发 行 者：东北大学出版社

幅面尺寸：170mm×240mm

印 张：16

字 数：276 千字

出版时间：2023 年 3 月第 1 版

印刷时间：2023 年 3 月第 1 次印刷

责任编辑：杨 坤 刘振军

责任校对：郎 坤

封面设计：潘正一

责任出版：唐敏志

ISBN 978-7-5517-3240-6 定 价：68.00 元

目　录

第一章　中国特色社会主义大学制度价值研究的理论视域

一、伦理学视域中的"大学制度价值"

探究伦理学视域中的"大学制度价值"，首先要明晰在伦理学视域中，何为"制度价值"。伦理学视域中的"制度价值"即"制度伦理"。在西方的词源学上伦理的内涵与道德同义。在汉语中伦理的内涵与西方并不完全相同，在《说文解字》中"伦"的含义为："伦，辈也，从人从仑；一曰，道也。"这里的"伦"是指人与人之间所形成的道德关系。"理"的含义为"理，治玉也。从玉，里声。"引申为"纹理""治理""料理"。将二者结合起来，北京大学哲学系教授王海明给"伦理"下了一个精确的定义："伦理是人际关系事实如何的规律及其应该如何的规范。"① 根据这一定义，伦理一方面包含已经形成的价值和规律，另一方面还包括未发生的、需要尽心引导规范才能达到理想状态的价值取向。因此，制度伦理应该也包含两个方面的内涵：一方面应是制度中本身所具备的道德价值，即制度的实然状态；另一方面应该是指制度所想要达到的和所要追求的理想的价值状态，即制度的应然状态。无论是制度善的实然状态还是应然状态都体现着制度在维系一定秩序过程中所存在的道德原则，具有合理性、合法性、合道德性。古希腊哲学家亚里士多德说："一切技术，一切规划以及一切实践和抉择，都以某种善为目标。"② 因而对于制度来说，无论是实然之善还是应然之善，都是

① 王海明. 新伦理学［M］. 北京：商务印书馆，2002：104.

② 亚里士多德. 亚里士多德全集：第 8 卷［M］. 苗力田，译. 北京：中国人民大学出版社，1992：3.

为了使制度本身能够发挥出最大的价值功效并致力于追求更高的价值功效。制度伦理具有丰富的内涵，包含着众多的范畴，美国政治哲学家、伦理学家罗尔斯在其著作《正义论》中指出：“公正是社会制度的首要德性，正像真理是思想体系的首要德性一样。”但除了公正之外，公平、效率、民主、自由等范畴也是制度伦理的重要内容和追求。

把“制度伦理”作为明确的概念提出是伦理学研究的新成果。在长期的历史发展过程中虽未明确提出“制度伦理”这一概念，但是国内外关于制度伦理的思想却由来已久，并含有丰富的理论成果。在我国悠久的思想史上，许多思想家的伦理思想中都体现着制度伦理的内容。我国古代社会在中央集权大一统的封建制度的管控下，儒家思想是社会治理的内核，在儒家“内圣外王”的主流伦理思想的主导下，社会崇尚德治，但是德治并不排斥制度或法律的支撑。在儒家思想中，仁学思想是其伦理体系的核心，在仁学思想中既体现了其本身所蕴含的对于过去礼乐制度恢复的伦理法则以及对个人修养的道德规范，同时包括了其最终追求的“修身”“齐家”“治国”“平天下”的价值取向。

在西方，伦理学的发展具有悠久的历史，包含着丰富而深刻的制度伦理思想。在城邦的政治背景下，古希腊哲学家柏拉图、亚里士多德的伦理学思想包含了深刻的制度伦理内涵。柏拉图将“正义”看作伦理学的核心，以此来探讨“个人正义”和“国家正义”的内涵和实现路径。他指出：“个人正义是指构成个人灵魂的欲望、激情和理性各自拥有相应的美德……当个人灵魂的三个部分都受到理性的制约和引导，使各自拥有相应的美德并各安其位时，就是实现了‘个人正义’。”① 同时，在“国家正义”上柏拉图指出，当拥有不同美德的人在城邦中找到相应的位置，他们各行其是、和谐相处时，那么国家就实现了正义。在柏拉图的思想中既蕴含了对城邦的约束和个人美德的指引，又包含了对“个人正义”与“国家正义”的理想状态的追求。柏拉图的学生亚里士多德认为，“人需要有德性或者

---

①《教育哲学》编写组. 教育哲学［M］. 北京：高等教育出版社，2019：161.

美德，拥有美德的目的是为了‘善’，也就是幸福”①。同时，亚里士多德在《尼各马可伦理学》中指出，公正是那些倾向于产生和保持政治共同体的幸福或其构成成分的行为，在德性与恶方面，法律要求一些行为，禁止一些行为，良法对于行为的约束是出于良好的意图，因此，“这种守法的公正是总体的德性，不过不是总体的德性本身，而是对于另一个人的关系上的总体的德性”②。在亚里士多德的思想中既蕴含了对现实条件下人的德性的规范和城邦共同体的实现，同时体现了对更高德性的追求，“总体的德性”“政治共同体的幸福”实质是制度伦理、制度之善。

现代社会中关于制度伦理的相关研究在国外开展得比较早，我国对于这一范畴的研究起步较晚，但是近年来在众多学者不断努力之下，也取得了众多的发展成果。方军提出制度伦理是对制度的正当、合理与否的伦理评价和制度本身蕴含着的道德原则和价值判断。万俊人认为制度伦理主要是指以社会基本制度、结构和秩序的伦理维度为中心主题的社会性伦理文化、伦理规范和公民道德体系。高兆明认为制度伦理是揭示制度的伦理属性及其伦理功能。傅鹤鸣提出法律伦理是中国制度伦理建构的核心命题。高树仁认为制度伦理在教育制度活动中的影响越来越突出，使教育制度的伦理涉入成为必然。笔者认为制度伦理包含两个层面：一是对制度本身所蕴含的道德原则、价值标准是否正当、是否善做出的价值判断，这是对制度伦理行为实然状态的探究；二是对制度的合理性、正当性的最终价值取向的探究，其主旨是指向“一个善的制度应当包含哪些道德原则”等问题，是对制度伦理应然状态的探究。公正是制度伦理的核心问题，同时，制度伦理又不仅仅是公正问题，还有效率等其他重要的价值③。

大学制度作为社会制度的特殊的重要的组成部分，也蕴含着特定的伦理价值，对于大学制度伦理的价值的内涵及其范畴，不同的

① 《教育哲学》编写组. 教育哲学［M］. 北京：高等教育出版社，2019：162.

② 亚里士多德. 尼各马可伦理学［M］. 廖申白，译. 北京：商务印书馆，2012：130.

③ 田雪飞. “义利”共生：高等教育制度伦理之中美互纳研究［J］. 黑龙江高教研究，2017（11）：70.

学者也有不同的见解。王洪才提出人的发展是大学制度设计与变革的终极价值关怀。吴国娟提出大学制度伦理包括实质伦理、形式伦理和主体伦理三个部分。朱平分析了高等教育制度选择、制定、执行和评价中的伦理。邬大光认为制度之善是高等教育的伦理追求，高等教育制度伦理是需要并值得重点研究的话题。李培根提出中国高等教育偏离了人的自由发展这个宗旨。董雅华将大学章程的精神建构为学术自由、民主共治、依法治校、责任伦理。马海泉、樊秀娣在知识创新和技术创新的背景下提出要秉持知识创新核心价值，构建“科学研究支撑和引领高等教育”的现代大学制度。笔者提出，高等教育制度伦理是指对约束高等教育诸多利益关系的规则体系合理性、正当性的认识与判断。高等教育制度伦理包括两个方面的内容：一是高等教育制度伦理之实然状态，即高等教育制度本身所蕴含的伦理诉求、道德原则、价值标准，这一状态可能是不尽如人意的，存在着伦理缺失的；二是高等教育制度伦理之应然状态，人们对高等教育制度的正当性和合理性所做出的伦理评价、高等教育制度的道德价值最终取向的探究，这是制度伦理的正当、理想的状态，其主旨是指向“高等教育制度之善”“一个善的高等教育制度应当包含哪些道德原则”等问题。高等教育制度的道德价值最终取向应该是民主、自由、理性、公正、效率等①。

二、制度经济学视域中的“大学制度价值”

制度本身就蕴含着价值的诉求，诺贝尔经济学奖得主诺思甚至认为制度就是法制和道德规范②。制度学派代表人物、美国经济学家康芒斯在《制度经济学》中通过洛克到斯密、边沁、马尔萨斯、凡勃仑等经济学家的思想推演制度的产生，一直围绕着“价值”这个核心，认为制度的产生同时是合理性和“合理价值”观念产生的过程，制度就是习俗经过“合理价值”解释成为正当的“运行法则”，

① 田雪飞，史万兵. 美国高等教育制度伦理的历史演进逻辑及其启示［J］. 东北大学学报（社会科学版），2015（5）：533-538.

② 道格拉斯·C. 诺思. 经济史中的结构与变迁［M］. 陈郁，罗华平，等译. 上海：上海三联书店，1991：226.

"合理价值"包含着秩序、效率、自由、公正等道德原则。新制度经济学认为："在社会过程的舞台上，制度与人类行为互补与对比，永远相互塑造。"① 制度能够塑造人，好的制度能够发扬人性中至善至美的一面，使人变为好人。人也能塑造制度，人们的道德认知等价值观念影响制度选择与变迁。

制度经济学家习惯于用效率来衡量制度价值。诺贝尔经济学奖获得者、美国经济学家道格拉斯·诺思在其开创性的著作《西方世界的兴起》中指出，西方人的富裕是由于制度安排上实现了有效率的组织，创新、规模经济、教育、资本积累等都是经济增长本身，而引起出现这些增长的原因是制度②，即有效率的制度安排，经济制度最高价值即效率。制度不仅创造效率，还维护公正与秩序。"新制度学派却极为重视意识形态在制度创新中的作用，把它看作减少其他制度安排的服务费用的最重要的制度安排。"③ 制度经济学家康芒斯认为，制度是集体行动对个体行动的控制、扩张和解放。根据马尔萨斯的历史的分析，理性和道德是在人口过剩、利益冲突以及结果必须有一种法律和秩序的统治来管理和调解冲突等情况下发展演化的。制度的演化和道德相生相伴，习惯法法庭在判断利益冲突以及从无政府状态生成秩序的过程中，一直在发展和形成一种制度的、正当的、合理价值的观念，这种习俗观念经过据理解释，认为正当，才被制定为运行法则，作为集体行动控制个人行动的根据，也就是制度④。制度是对个体行为的利益关系的约束，制度价值就是制度之自由、平等、安全等，是探究制度的实然与应然。康芒斯批判了斯密的立于神赐恩惠、普遍丰裕、理性的时代、明辨是非的意识等基础之上的自由的理想主义理论，认为斯密的劳动是理想化自由劳动。

在制度经济学视角下，不同学者对大学制度价值的不同方面进行了研究。潘懋元指出，高等教育当前许多重大的改革与发展问题，都应当根据公平与效率的原则作为决策的依据。并指出公平的价值

---

① 阿兰·斯密德. 制度与行为经济学［M］. 北京：中国人民大学出版社，2004：372.

② 道格拉斯·诺斯，罗伯斯·托马斯. 西方世界的兴起［M］. 厉以平，蔡磊，译. 北京：华夏出版社，2017：3.

③ 方军. 制度伦理与制度创新［J］. 中国社会科学，1997（3）：60.

④ 康芒斯. 制度经济学［M］. 于树生，译. 北京：商务印书馆，1997：340.

高于效率，效率优先，最终是为达到更高层次的公平，两者在发展中得到统一。杨德广、张兴对高等教育的公平与效率进行了理想的思考，提出在教育资源紧张的情况下必须坚持“效率优先、兼顾公平”的原则，同时必须通过制度安排和政策调整来增进教育公平。邬大光在高等教育进入资本市场的背景下，提出对高等教育制度进行重新构建。史彩霞运用新制度经济学的制度变迁理论，从大学治理主体、大学治理客体、大学治理机制三个方面分析了我国大学治理结构的低效率困境，并在此基础上提出了调整制度变迁方式，明确了重塑中国大学治理结构的路径选择。许士荣指出，在我国社会主义市场经济体制逐步完善和高等教育体制改革不断深入的背景下，“效率优先、兼顾公平”是我国高等教育资源配置的理性选择。宴成步指出，我国现代大学制度建设要走自己的路，培植大学的“自生”能力，从而不断提升其为国家和地方经济社会服务的效率和水平。毛亚庆在新制度主义视角下分析了社会主义市场经济时期高等教育发展的效率性取向。此外，近些年来许多学者关注民办高校制度效率的发展，也有许多学者通过模型建构的方式来研究探讨大学制度的运行和管理效率。多位学者从不同的视角出发对大学制度的价值进行多方面研究，期望通过对大学的办学体制、管理体制等方面的改革来不断提升大学制度的效率与公平价值，从而使高等教育在发展的过程中能够兼顾效率与公平。

三、马克思主义哲学视域中的“大学制度价值”

探寻“制度价值”这一问题，需要从马克思主义哲学的视域出发。尽管在马克思主义哲学著作中，我们很难找到马克思、恩格斯对于“制度价值”的直接论述，但是从马克思、恩格斯对于资本主义制度的深刻批判和对共产主义社会制度的理想构建中，我们可以看到其对于人作为社会主体对社会制度合理性的价值追求，可以看到其对于谋求人的解放和人的自由全面发展的迫切愿望，可以看到其对于消灭人的异化和消灭私有制从而构建真善美的社会制度的理想目标。而以上这些诉求反映在马克思主义哲学文本中即是马克思、恩格斯对于资本主义制度中所宣扬的自由、民主、公正等价值理念的虚妄性予以批判，提出了要在共产主义社会制度下实现真正的自由、民主和公正。

（一）自由

自由是马克思主义追求的最高价值。在马克思主义哲学文本中，马克思、恩格斯关于自由的论述有很多，主要是从资本主义制度下自由的局限性和共产主义社会制度下自由的超越两个方面进行阐释。在马克思、恩格斯看来，资本主义制度下的自由实际上“只能是一种‘虚无缥缈的幻想’”①，是虚假的自由，只有在共产主义社会制度中真正的自由才能得以实现。

1. 资本主义制度下自由的局限性

在资本主义制度下，自由只是少数统治阶级（资产阶级）的自由，并非全人类的自由，同时这少数资产阶级所享有的自由也只是异化了的自由，并非真正的自由。首先，自由掌握在少数资产阶级手中。在资本主义社会中，国家是建立在生产资料私有制基础之上的，这就导致了在政治地位上，具有绝对权力的是资产阶级，而无产阶级和广大人民群众则是一无所有。可见，资本主义制度之下的自由，“自由的并不是个人，而是资本”②。其次，资产阶级享有的是异化的自由。在马克思的异化理论中，马克思将人的异化分为人同自己的劳动产品、自己的生命活动、自己的类本质以及同他人相异化，这就是说资本主义制度下的自由实则是资产阶级的异化。正如马克思所说，资本主义制度下的自由是“作为孤立的、退居于自身的单子的自由”③。一般来说，资本主义制度所追求的自由价值并没有使人和人更为紧密地联系在一起，而是将人和人无限地分割开来，导致了不同阶级之间的对立，这种自私自利的自由与人的社会性本质是相违背的。

---

① 马克思，恩格斯．马克思恩格斯全集：第6卷［M］．中共中央马克思恩格斯列宁斯大林著作编译局，编译．北京：人民出版社，1961：525.

② 马克思，恩格斯．马克思恩格斯全集：第31卷［M］．中共中央马克思恩格斯列宁斯大林著作编译局，编译．北京：人民出版社，1998：42.

③ 马克思，恩格斯．马克思恩格斯全集：第3卷［M］．中共中央马克思恩格斯列宁斯大林著作编译局，编译．北京：人民出版社，2002：183.

2. 共产主义社会制度下自由的超越

马克思、恩格斯在批判资本主义制度下的自由价值的基础上，进一步提出了要建立共产主义社会，赋予全人类真正的自由。首先，自由是共产主义社会制度的价值追求。关于共产主义社会，在《共产党宣言》中，马克思、恩格斯将共产主义社会定义成“自由人的联合体”①；在《资本论》中，马克思再次强调共产主义社会是“以每一个个人的全面而自由的发展为基本原则的社会形式”②。可见，在马克思、恩格斯看来，要超越资本主义制度下虚妄的自由，只能是在共产主义社会制度中实现，人的真正自由才能得到保障。其次，共产主义社会制度以人的自由全面发展为最终价值旨归。马克思主义哲学将社会制度建设和人的自由全面发展结合起来，指出一切的社会制度都应该以人的自由全面发展作为前提和最终目的，认为只有在共产主义社会制度之下，人的自由全面发展目标才能实现。在资本主义社会，随着生产力的急剧扩大，机器大生产取代了手工劳动，人们拥有了前所未有的“闲暇时间”，人们本可以使用这部分时间扩充自身生命的价值，但是这个机会却被资本主义制度无情地剥夺了，人变成了异化的人。马克思主义经典作家看到了资本主义社会制度价值诉求所暗藏的消极性，提出了要建立共产主义社会，消灭对人的压迫，谋求人的解放，实现人的自由全面发展。

（二）民主

民主是马克思主义追求的重要价值。马克思、恩格斯对于民主价值的思考与社会制度是紧密联系在一起的，将“民主”看作与“专制”相对立的概念。在马克思主义哲学的视域中，马克思、恩格斯肯定了资本主义制度下民主的进步性，同时批判了其具有阶级性的固有弊端，提出要在共产主义社会制度下实现真正的民主。

---

① 马克思，恩格斯. 马克思恩格斯选集：第1卷［M］. 中共中央马克思恩格斯列宁斯大林著作编译局，编译. 北京：人民出版社，1995：422.

② 马克思. 资本论：第1卷［M］. 中共中央马克思恩格斯列宁斯大林著作编译局，编译. 北京：人民出版社，2004：683.

1. 资本主义制度下民主的局限性

在马克思、恩格斯看来，尽管资产阶级用资本主义社会的民主制度取代了封建社会的专制制度，具有一定的进步性，但是仍旧没有摆脱其阶级性的局限，资本主义制度下的民主是资产阶级特有的民主，是虚假的民主，是形式上的民主。何为民主？马克思在《黑格尔法哲学批判》中指明民主是“人民的自我规定”①，“是内容和形式”② 的统一，民主的制度应该尊重人民群众的主体地位，应该注重人民权利的实现，国家制度最终应由人民决定，要体现人民的意志。马克思、恩格斯关注社会现实，看到了资本主义制度下资产阶级对无产阶级的统治与压迫，指出占有全社会普遍利益的统治阶级（资产阶级）用抽象的思想统治整个社会，造就“抽象的人”，而无产阶级和广大的人民群众只能如同蝼蚁一般生活在社会的最底层，在宪法中所规定的那些所谓民主政治权利实则都是泡影，无产阶级受到的只有无尽的剥削，资本主义制度下的民主是统治阶级的民主，是资产阶级的民主，并非全人类的民主。马克思、恩格斯深刻地批判资本主义制度的虚假民主，在《共产党宣言》中指明，“现代的国家政权不过是管理整个资产阶级的共同事务的委员会罢了”③，一针见血地点明了资本主义社会所追求的民主价值是为资产阶级服务的，是必须被超越的。

2. 共产主义社会制度下民主的超越

在马克思、恩格斯看来，民主是一种国家制度，真正的民主必须要超越政治国家的局限，由人民完全掌握社会生活，而这种民主制度只有在共产主义社会才能得以实现。尽管在马克思生活的时代，民主的社会制度没有得到实现，但是我们可以从他对巴黎公社的肯定中看到其对民主的构想。一是要实行普选制。在间接民主的条件下，只有通过人民普选政府官员的方式确定国家管理人员，才能保证国家的运行机制和发展方向符合人民群众的根本意志，国家权力

① 马克思，恩格斯. 马克思恩格斯全集：第3卷［M］. 中共中央马克思恩格斯列宁斯大林著作编译局，编译. 北京：人民出版社，2002：40.

② 同①：39.

③ 马克思，恩格斯. 马克思恩格斯选集：第1卷［M］. 中共中央马克思恩格斯列宁斯大林著作编译局，编译. 北京：人民出版社，1995：402.

才能真正地掌握在了人民手中。二是要废除等级制。正如前文马克思对于资本主义制度下的民主的阶级性的批判，马克思、恩格斯构思中的民主的社会制度必然要废除等级制。马克思、恩格斯认为，国家官员并不是作威作福的官老爷，而是人民的公仆，必须消灭资本主义社会制度下资产阶级的政府官员掌握经济特权和政治特权，成为人民群众中的吸血鬼的丑恶现象，实现还政于民，为人民服务。三是要落实民主监督。马克思、恩格斯认为，人民群众能否通过有效的方式监督和制约国家政权也是衡量民主价值的重要标准。在资本主义社会制度下，人民对国家权力的监督是流于形式的，是空洞而乏力的，而在共产主义社会制度下，一切的公职人员可以被随时裁撤和罢免，这为民主价值的实现提供了有力保障。在巴黎公社中，我们看到了民主价值的影子，也看到了马克思、恩格斯对共产主义社会制度下民主价值的追求。

（三）公正

公正是马克思主义探求的基本准则。马克思、恩格斯对于公正的追求是马克思主义哲学视域中“制度价值”的重要组成部分，“在高度发达的经济基础之上消灭一切不公正的社会现象，追求全人类的彻底解放，实现人类社会真正意义上的公正，这是马克思主义的首要价值和基本目标，也是马克思主义之所以具有强大生命力的根本原因”①。马克思、恩格斯点明了资本主义制度下公正的局限性，提出要在共产主义社会制度下实现公正价值。

1. 资本主义制度下公正的局限性

在马克思、恩格斯看来，公正价值始终是与一定的社会制度相联系的，而在资本主义社会制度中，公正价值并没有得到彰显。一方面，从社会经济层面看，资本主义制度下，资本家对工人剩余价值的压榨是不公正的。在资本主义社会，生产“实质上就是剩余价值的生产，就是剩余劳动的吸收”②，资本家无限地压榨劳动力的剩

---

① 吴忠民. 马克思恩格斯公正思想初探［J］. 马克思主义研究，2001（4）：68.

② 马克思，恩格斯. 马克思恩格斯全集：第23卷［M］. 中共中央马克思恩格斯列宁斯大林著作编译局，编译. 北京：人民出版社，1972：295.

余价值，“让工人生产出比购买劳动力所支付的价值多得多的价值”①，“工人生产的财富越多，他的产品的力量和数量越大，他就越贫穷。工人创造的商品越多，他就越变成廉价的商品。物的世界的增值同人的世界的贬值成正比”②。资本家和工人（资产阶级和无产阶级）之间是一种绝对的不平等关系，社会公正荡然无存。另一方面，从社会政治层面看，资本主义制度下，无产阶级的权利和义务是不对等的。马克思说：“没有无义务的权利，也没有无权利的义务”③，强调每一个社会成员的权利和义务应该是相一致的。但是在资本主义社会，却是“几乎把一切权利赋予一个阶级，另一方面却几乎把一切义务推给另一阶级”④，资产阶级享有着全部的权利，而无产阶级却背负着全部的义务，这就是政治领域的不公正。

2. 共产主义社会制度下公正的超越

马克思主义认为，公正不是一个抽象的概念，而是一个历史范畴，公正是共产主义社会制度下的特有价值，“真正的自由和真正的平等只有在共产主义制度下才能实现；而这样的制度正是正义所要求的。”⑤ 一方面，在社会经济层面，共产主义社会的分配原则是各尽所能，按需分配。马克思、恩格斯在批判资本主义制度对无产阶级压迫的基础上，构想了未来共产主义社会中的人人共享、普遍受益，提出在共产主义社会制度下应该坚持各尽所能、按需分配的原则。同时只有“在共产主义社会高级阶段，在迫使人们奴隶般地服从分工的情形已经消失，从而脑力劳动和体力劳动的对立也随之消失之后；在劳动已经不仅仅是谋生的手段，而且本身成了生活的第一需要之后；在随着个人的全面发展，他们的生产力也增长起来，

---

① 马克思，恩格斯. 马克思恩格斯选集：第3卷［M］. 中共中央马克思恩格斯列宁斯大林著作编译局，编译. 北京：人民出版社，1995：153.

② 马克思，恩格斯. 马克思恩格斯全集：第42卷［M］. 中共中央马克思恩格斯列宁斯大林著作编译局，编译. 北京：人民出版社，1974：90.

③ 马克思，恩格斯. 马克思恩格斯选集：第2卷［M］. 中共中央马克思恩格斯列宁斯大林著作编译局，编译. 北京：人民出版社，1995：137.

④ 马克思，恩格斯. 马克思恩格斯选集：第4卷［M］. 中共中央马克思恩格斯列宁斯大林著作编译局，编译. 北京：人民出版社，1995：174.

⑤ 马克思，恩格斯. 马克思恩格斯选集：第1卷［M］. 中共中央马克思恩格斯列宁斯大林著作编译局，编译. 北京：人民出版社，1995：582.

而集体财富的一切源泉都充分涌流之后，——只有在那个时候，才能完全超出资产阶级权利的狭隘眼界，社会才能在自己的旗帜上写上：各尽所能，按需分配！”① 可见，实现各尽所能、按需分配，完成社会公正的制度价值目标只有在共产主义社会制度下能够实现。另一方面，在社会政治层面，共产主义社会制度追求的是人人平等。在马克思、恩格斯看来，共产主义社会制度下，社会上的所有成员都应该并且能够享有平等的政治权利和社会地位。马克思、恩格斯将共产主义社会设定为自由人的联合体，即是将共产主义社会置于国家机器被打碎、私有制被全面消除的前提之下，届时人的自由全面发展目标得以实现，人和人之间终能实现真正的公正。

马克思主义哲学领域内所体现的自由、民主、公正的制度价值在大学制度中都有一定程度的体现，而大学制度所体现的自由、民主与公正的价值必然有其发展的特殊性和重要性。首先，在马克思主义的观点中自由是其追求的最终目标，而自由对于大学制度来说也是其根本价值。自洪堡在 19 世纪创办柏林大学时起，就将“学术自由”作为现代大学的办学理念和准则。关于大学制度的自由价值，众多学者进行了相关研究。邬大光指出，大学自治和学术自由始终是支撑着大学制度维系、发展的根本所在。缺乏大学自治和学术自由的根基，现代大学制度就失去了存在的土壤和发展的空间。别敦荣指出，建立现代大学制度，就是要使我国大学获得自由的精神，形成自由的传统，让自由引导大学发展的方向。张应强指出，学术自由与大学自治是大学发展史上永恒的主题，二者密切相关。但是大学的学术自由和自治是有限度的，应以承担社会责任和自律为前提。其次，民主价值应该是现代大学制度建设的应有之义，现代大学无论是其管理体制还是教学体制方面都能体现出其制度在民主方面的价值。董云川指出，现代大学制度的建立要理顺大学、政府与社会三者之间的关系，形成“有限的政府”“开放的社会”“民主的大学”，使三者在发展中相互配合。周光礼则指出，要处理好政府干预与大学自主之间的关系，以此来保证大学的学术自由。董泽芳、

① 马克思，恩格斯. 马克思恩格斯选集：第 3 卷［M］. 中共中央马克思恩格斯列宁斯大林著作编译局，编译. 北京：人民出版社，1995：305-306.

岳奎对完善大学的治理结构进行了思考，指出民主权力、民主管理、民主科学的决策机制对于完善大学内部治理结构的重要意义。最后，大学是一个复杂的社会组织，其制度的公正是其正常运行和发展的重要保障和支撑，大学制度的公正价值不仅关系到大学自身的发展，同时关系到整个社会及社会个体的发展。关于大学的公正价值，别敦荣、吴国娟指出，公正性是大学制度的根本属性，并且这种公正是绝对性与相对性、无限性与有限性的统一，它既表现为程序公正，又表现为实质公正，是二者的有机统一。胡弼成、孙燕则指出，依赖于公正的文化，大学治理的制度和政策才能发挥作用，大学的真善美才能得以实现。别敦荣、徐梅在大学制度包含程序公正和实质公正两重含义的基础上，指出了现代大学存在的公正性危机，并给予化解指导，即现代大学建设应当树立公正价值理念、落实公正主体地位、保障程序公正与实质公正的统一。

四、国内外相关研究的学术史梳理及研究动态

（一）国内相关研究的学术史梳理及动态

价值研究在 20 世纪 80 年代后主要是在马克思主义哲学理论范围内展开的，此后论著丰富，当代表现出强烈的关注现实的理论旨趣，深化了对实践、主体性等问题的认识，促进了价值观念的转变。李德顺在其著作《价值论》中立足于主客体关系的辩证法，着重从主体的地位和作用方面理解价值的本质和特征。价值相关研究给本研究提供了价值基本理论的思维框架。

关于制度价值的研究，20 世纪 80 年代开始于法学界，90 年代后，制度伦理、社会主义制度价值也成为研究视域，制度经济学、政治学都开始关注制度价值。方军提出制度伦理是对制度的正当、合理与否的伦理评价，制度本身蕴含着道德原则和价值判断。21 世纪后，国内掀起了研究热潮，成果丰富。党的十八大以来，有学者关注中国特色社会主义制度价值实现、习近平关于制度价值的重要论述研究。

关于大学制度价值研究，学者更倾向在大学制度伦理的视域探

究。少数学者在20世纪90年代后开始关注教育制度伦理，21世纪后开始有一些论著涉及高等教育制度伦理、大学制度伦理。王本陆提出教育制度伦理的核心原则是教育公正。邬大光认为制度之善是高等教育的伦理追求，高等教育制度伦理是需要并值得重点研究的话题。别敦荣、唐世纲指出了现代大学制度的多元价值及其矛盾关系的调和。李培根提出，中国高等教育偏离了人的自由发展的宗旨。蔡文伯等关注一流大学建设的价值与制度问题。唐世纲论述了现代大学制度的价值属性。这些研究为本研究把握大学制度的基本价值提供了观点启示。

与中国特色社会主义大学制度相关的研究，20世纪80年代一些学者开始关注，成果非常有限。2014年，习近平总书记在第二十三次全国高等学校党的建设工作会议上指出，要办好中国特色社会主义大学。此后相关论文成果逐渐增多。陈宝生提出认真学习贯彻习近平总书记高等教育论述，努力办好中国特色社会主义大学，强调制度决定成败。李延保等探讨了新时代中国特色社会主义大学制度建设问题。潘懋元指出，中国高等教育的发展要尊重中国的传统，同时广泛地吸取其他国家办教育的经验和优点。邓传淮认为，推动中国特色现代大学制度建设，要从四个方面着手：提高政治站位，加强党对高校的全面领导；深化依法治校，提高学校治理能力和水平；加快教育立法，完善高等教育法律保障机制；推动“放管服”改革，营造良好治理环境。

（二）国外相关研究的学术史梳理及动态

国外没有直接关于中国特色社会主义大学制度价值的研究，也没有相关研究成果。关于制度伦理的研究始于古希腊，在当代属于正在上升的前沿学术研究范畴。近代资产阶级启蒙思想家洛克、卢梭、康德等认为，良好的制度要遵循生命、平等、自由等原则。现代西方制度伦理研究缘于20世纪70年代初社会规范伦理学的复归，90年代新制度经济学登上了学科巅峰，制度伦理也得到完善和发展。美国政治哲学学家、伦理学家罗尔斯在《正义论》中指出，正义是社会制度首要价值。美国法律哲学家埃德加·博登海默提出，法律制度会追求正义和秩序两种价值。澳大利亚经济学教授柯武刚认为，人类的繁荣依赖于正确的制度和支撑这些制度的基本价值，如自由、公正、繁荣等。美国经济伦理学教授乔治提出，因为制度在不断地演变，有必要不断地意识到那些值得道德审视的变化和创新对资本主义、社会主义制度的影响，道德评估必须不断与时俱进。

国外涉及大学制度价值的研究成果丰富。英国教育家纽曼在《大学的理想》里提出大学的本质在于为知识本身的目的而追求知识。英国经济学家凡勃伦较早对美国大学制度进行思考，攻讦学者屈从于利益，秉行金钱至上的价值观。美国教育哲学家布鲁贝克在其著作《高等教育哲学》中“学术自治”“学术自由”“高等教育为谁服务”三章都直接探讨大学制度价值。美国教育改革家克拉克·克尔认为应该对未来大学的道德体系进行深入的讨论。美国经济学家法兰克·纽曼考察了高等教育市场化、全球化给大学带来的挑战，检视了市场化的风险。美国政治科学家罗伯特·帕特南探讨了贫富差距带来的教育不平等。

总之，已有国内外研究特点如下：首先，已有研究集中于某一学科，如马克思主义哲学、高等教育学、法理学、制度经济学等。其次，已有研究多从现代大学制度、中国特色现代大学制度、大学制度价值视角分析，中国特色社会主义大学制度价值还没有进入学者的研究视域。最后，在研究方法上，对中西方大学制度价值进行对比的研究很罕见，侧重制度转移、借鉴。本书将以既有研究为起点，努力打破学科界限，立足于思想政治教育学科，结合上述学科进行多学科交叉研究，从一个新的价值视域探究中国特色社会主义大学制度。分析中国特色社会主义大学制度价值有何“中国特色”，同时在对西方大学制度价值进行比较研究的基础上，分析各国各具特色的大学制度价值文化环境动因，最后坚定文化自信、价值自信、制度自信，探索中国特色社会主义大学制度价值实现理论体系与实践路径。

五、本书的研究视野及基本思路

（一）本研究相对于已有研究的独到学术价值和应用价值

本研究首先拓展了中国特色社会主义大学制度理论的研究视角

和领域。从马克思主义价值哲学视域探究中国特色社会主义大学制度是一个崭新的尝试，深刻反思了马克思主义伦理学研究从个体善向制度善的理论转向。其次，丰富与深化了对习近平新时代中国特色社会主义理论与中国特色社会主义大学、社会主义核心价值观引领中国特色社会主义大学制度价值、中国特色与发达国家国际经验借鉴等问题的研究。

本研究有利于贯彻习近平总书记关于努力办好中国特色社会主义大学的重要指示，以党的十九大、十九届历次全会精神和党的二十大精神为指引，深入学习领会习近平新时代中国特色社会主义思想的深刻内涵，坚定不移走中国特色、世界一流大学创建道路。本研究立足于我国高等教育改革实践，通过大学制度价值分析，力图增强“四个自信”——道路自信、理论自信、制度自信、文化自信，弘扬中国特色大学精神。

（二）研究的基本思路

本研究在马克思主义、中华优秀传统文化、人类文明成果相互联系思维框架下，立足中国特色社会主义大学实践，深入贯彻习近平新时代中国特色社会主义思想，坚定不移走中国特色世界、一流大学创建道路。综合运用思想政治教育学、马克思主义哲学、制度经济学、法理学、高等教育学等多门学科相关理论与比较研究方法，从界定核心概念入手，分析了大学制度价值的科学内涵与基本特征，挖掘中国特色社会主义大学制度价值的内涵及特征。通过选取典型发达国家进行制度价值与文化环境互构分析，阐释各国独特制度价值，坚定文化自信，最终完成为新时代中国特色社会主义大学制度价值实现提供理论与实践路径的目标。

（三）具体研究方法

文献研究法：收集、整理、分类、概括、分析国内国外相关资料，为课题研究提供参考。

比较研究法：分析对比英、德、美、日等多国情况，吸取国际经验。

辩证思维法：本研究运用归纳与演绎、分析与综合、从抽象到具体等一系列辩证思维研究方法阐释中国特色社会主义大学制度价值。

（四）在学术思想、学术观点、研究方法等方面的特色和创新

1. 学术思想创新

本研究超越了现代大学制度的西方话语，力图扎根中国，从价值视角探究中国特色社会主义大学制度，分析大学制度价值的文化环境，找寻中国特色，增强“四个自信”，为中国特色社会主义大学制度价值实现探寻路径。

2. 学术观点创新

（1）大学制度价值与其文化环境存在互构机制。中国特色社会主义大学制度价值只能生存在中国的文化环境中，中国的环境也只能存在有中国特色之大学，不同国家有不同特色。国际比较的目的不仅仅是学习借鉴，更应该是坚定“四个自信”，探索中国特色。

（2）“公正”是中国特色社会主义大学制度价值核心，区别于西方的自由核心，这是社会主义制度的集中体现。“集中”是中国特色社会主义大学制度坚持党的领导的价值追求。“情感”是中国特色大学制度对传统文化的传承。

（3）坚持社会主义核心价值观的引领，是中国特色社会主义大学制度价值实现标准，深刻回答了“办什么样的大学”的问题。价值实现的本质要通过把握人的主体性，使客体主体化，在目的价值的最终追求中，寻求与工具价值的统一。价值实现规律遵循真善美的理想旨归。坚持立德树人，培养德智体美劳全面发展的社会主义建设者和接班人，是中国特色社会主义大学制度在个人层面上的价值目标。在中国共产党的领导下，坚持社会主义大学的办学方向，从而建成富强民主文明和谐美丽的社会主义现代化强国，是中国特色社会主义大学在国家层面上的价值目标。

（4）中国特色社会主义大学制度价值之应然是中国特色世界一流，是扎根中国、融通中外的创造，公正与效率兼顾、情感与理性交融、民主与集中协调、自由和秩序均衡，最终实现目的价值与工具价值统一的大学制度价值体系。

3. 研究方法的特色

本研究打破单一学科界限，综合运用马克思主义哲学、制度经

济学、高等教育学、法理学、伦理学等多学科基本理论，立足思想政治教育学科，从价值视角对中国特色社会主义大学制度进行多学科全景式阐释，可以从更深层透视大学制度。

第二章　大学制度价值的内涵与构成

当前，“大学制度价值”一词在学界尚未拥有一个统一的定义，不同学科的学者都赋予了这个概念独特的理解，因此本章伊始便通过“制度”“价值”“制度价值”三个名词的概念界定推导出“大学制度价值”的内涵，认为大学制度价值是以大学制度作为客体的价值，探究大学制度对于社会、人等主体的意义。大学制度价值的生成并不是自发的，而是大学制度价值与社会环境互构的结果。经济、政治、文化环境的变迁决定了大学制度价值的变迁，同时大学制度价值的演化也反作用于社会经济、政治和文化环境的发展趋势。探究大学制度价值与经济环境、政治环境和文化环境的互构机制，论证大学制度价值与这三种社会环境的相互作用和相互影响有利于更加清晰地了解大学制度所蕴含的基本价值。大学制度价值即在探究以大学制度为客体，以社会和人为主体，主体需要和客体属性之间的联结关系。从大学制度价值主体需要出发，产生了多元的大学制度基本价值，主要包括秩序、自由、民主、公正、效率、理性、情感七种价值。这些大学制度基本价值既对立又统一，既相互独立又彼此影响，交错构成了完整的大学制度价值体系。

第一节　大学制度价值相关概念的界定

一、制度

大学制度价值问题的逻辑起点是制度概念的阐释。“制度”在《说文解字》中的解释为：“制，裁也。从刀，从未。”本义是裁断，引申义为约束和制伏。“度，法治也。”本义是计量尺码的标准，引申义为法制、法度，“制度”两个字结合起来意指节制和规范人们行为的尺度和规则。近年来，“制度”一直是社会学、制度经济学等多门学科热议的话题，学者从多种维度和层次对“制度”的概念进行解读和界定，但由于不同学科的学者看待“制度”概念的立场和角度不同，因此各学科学者给出了各自不同的概念阐释。

（一）社会学家对制度的定义

从学术史来看，西方社会学家在早期就开始关注“制度”的概念问题。例如法国社会学家涂尔干在《社会学方法的准则》中将关于制度、制度发生和制度职能的科学称为社会学，把制度问题看成社会学的研究对象。在19世纪中后期的西方，社会学家在英文中用“institutions”代表制度，从国家和社会层面来强调制度的正规性，其制度形态表现为“法律”。但随着对“制度”问题的深入研究，不同社会学家对制度的内涵产生了多元的理解，主要有以下三种观点。一是认为制度是一种外在的力量。例如社会学的创始人、法国著名哲学家奥古斯特·孔德将社会制度称为社会静力，认为社会制度可以维护社会的平衡与稳定，是超越社会之外的一种力量。但是孔德关注制度问题的目的是维护当时社会的固有制度，这就导致其界定的制度概念相对保守，局限于社会正式制度方面，而忽视了非正式法律法规对人的道德约束。二是认为制度是一种习惯。美国社会学家萨姆纳作为这一观点的主要代表人物，他认为一切社会制度都是由民俗演变而来的，是人们在不断满足自身发展需要的过程中形成的一种行为习惯。他对“制度”概念的这一界定减少了制度内涵所具有的强制性色彩，将制度归纳为社会习俗和人的行为习惯。三是认为制度是一种规范，这也是西方社会学家最为推崇的一种观点。这一类社会学家认为制度是“在一定历史条件下形成的社会关系和与此相联系的社会活动的规范体系”①，是“社会公认的比较复杂而又系统的行为规则”②。

（二）制度经济学家对制度的定义

相较于社会学，制度经济学对制度问题的研究成果更为丰富。

---

① 吴增基. 现代社会学［M］. 上海：上海人民出版社，1997：250.

② 孙本文. 社会学概论［M］. 天津：天津人民出版社，1985：157.

1899 年，作为旧制度经济学的主要代表人物之一的美国经济学家凡勃伦在《有闲阶级论》一书中将制度定义为："制度实质上就是个人或社会对有关的某些关系或某些作用的一般思想习惯；而生活方式所构成的是在某一时期或社会发展的某一阶段通行的制度的综合，因此从心理学的方面来说，可以概括地把它说成是一种流行的精神态度或一种流行的生活理论。"① 他将制度第一次从社会学领域引入经济学领域。但从凡勃伦给出的定义中，我们可以很明显地看到他更多强调的是非正式制度的特征，忽视了正式制度（如法律）对人类行为的约束作用，以至于没有抓住制度最一般的本质。在凡勃伦的基础上，旧制度经济学的另一位代表人物美国经济学家康芒斯进一步将制度定义为一种特定的组织形式。他指出，制度是"集体行动控制个体行动的依据"②，可见，康芒斯更好地抓住了制度最一般的本质，强调制度的约束功能。新制度经济学家普遍将制度定义为一种规则或规范，主要代表人物是科斯、诺思和舒尔茨。1991 年诺贝尔经济学奖获得者、美国芝加哥大学教授科斯作为新制度主义经济学的主要代表人物，从"交易费月"的角度解释制度的概念。他认为应该对制度进行成本收益分析，即效率分析，制度安排可以降低"交易费用"。美国经济学家诺思则是将制度比喻成社会的游戏规则，认为制度是人类给彼此间关系的建立和维系设定的契约，是"为人类设计的，构造着政治、经济和社会相互关系的一系列约束"③。在诺思看来，这一系列的约束既包括非正式的约束，例如道德、禁忌、习惯和行为准则，又包括正式的法律法规（如宪法、法令、产权），然而无论是正式还是非正式的约束都作为一种契约规范着人们的行为。美国经济学家舒尔茨则将制度定义为管束人们行为的规则，主要涉及政治、经济和社会行为几个方面。新制度经济学家将制度定义为一套行为准则，用于支配社会中人的行为方式，与当前我国社会所倾向于认可和使用制度的定义最为接近。

---

① 凡勃伦. 有闲阶级论［M］. 蔡受百，译. 北京：商务印书馆，2019：148-149.

② 康芒斯. 制度经济学［M］. 于树生，译. 北京：商务印书馆，1997：346.

③ 道格拉斯·诺思. 制度、制度变迁与经济绩效［M］. 杭行，译. 上海：上海三联书店，1994：64.

（三）其他学科对制度的定义

对于制度概念问题的研究不仅是社会学和制度经济学两个学科关注的内容，而且是整个社会科学领域共同的研究对象。主要划分为以下几种观点。一是将制度定义为规则。如美国政治哲学家、伦理学家约翰·罗尔斯把制度理解为社会基本结构，强调制度的公正价值；新制度主义政治学派代表人物美国斯坦福大学管理学教授詹姆斯·马奇和挪威卑尔根大学政治学教授约翰·奥尔森把制度定义为组织、常规和全部程序中的行为规则，强调用制度规范人的行为；我国学者郑杭生将制度定义为“制约和影响人们社会行动选择的规范系统，是提供社会互动的相互影响框架和构成社会秩序的复杂规则体系”①。二是将制度定义为是一个社会系统（体系）。如日本学者青木昌彦从博弈论角度出发，认为“制度是关于博弈如何进行共有信念的一个自我维系系统”②；法国哲学家迪韦尔热将制度看成一个社会互动作用的整体，认为社会的运转有其特定的模式，即制度规范；我国学者贺培育指出，“制度是一个体系或系统”，即制度是在一定历史条件下，受一定社会需要（价值目标）支配的，有高度组织保障的，规范化的社会“礼仪”“体系”③。三是将制度看作个人习惯和社会习俗的不断演变与外化。例如：美国当代政治学家亨廷顿从现代化的角度出发认为“制度就是稳定的、受珍重的和周期性发生的行为模式”④；我国学者冯建军将制度看作“一定社会特定时期存在的，处理社会行为主体间公共生活的正式规则体系以及建立在这种规则基础上，由权威机构来维系的社会主体的互动方式”⑤；等等，都将制度界定为社会主体在社会约束之下的行为方式。

从上述不同学科的代表性人物对制度定义的研究，我们可以看出学界对“制度”概念的界定见仁见智，但基本都是围绕“规则”这个核心展开的。基于此，本书认为“制度是人类相互交往的规则”⑥，

---

① 郑杭生. 社会学概念新修［M］. 北京：中国人民大学出版社，2014：186.

② 青木昌彦. 比较制度分析［M］. 周黎案，译. 上海：上海远东出版社，2001：28.

③ 贺培育. 制度学：走向文明与理性的必然审视［M］. 长沙：湖南人民出版社，2004：16.

④ 塞缪尔·亨廷顿. 变化社会中的政治秩序［M］. 王冠华，等译. 上海：上海三联书店，1989：12.

⑤ 冯建军. 论教育制度和教育制度公正［J］. 教育理论与实践，2008（6）：18-22.

⑥ 柯武刚，史漫飞. 制度经济学［M］. 北京：商务印书馆，2000：35.

目的在于抑制人们潜在的机会主义行为，促进秩序与繁荣。

二、价值

探讨“大学制度价值”这一问题，一定要厘清“价值”的概念。关于“价值”，从词源学上看，来源于古代梵文（wer、wal）和拉丁文（vallum、vallo），含义是“掩盖、保护、加固、用堤护住”等，对应的是英文中的“value”和德文中的“wert”两个词，后来引申为“宝贵、尊敬、令人喜爱、值得重视”等含义。价值的概念在人们日常生活和学术研究中被普遍使用，在日常交往中被理解为积极的效用，简单来说就是“有用”；在政治经济学领域，价值是指凝结在商品中的一般人类劳动；在哲学领域，价值定义为主体需要和客体属性之间的关系。可见，在不同的使用条件和学科的视角下，价值的概念是不尽相同的，本书主要从西方哲学、马克思主义哲学的视角讨论价值的内涵。

西方哲学史中，哲学家对价值概念问题的讨论众说纷纭，大体上可以分为两个派别，即价值的主观派和客观派。价值的主观论由来已久，其代表人物可以追溯到古希腊时期的普罗塔哥拉。普罗塔哥拉认为“人是万物的尺度，是存在者存在的尺度，也是不存在者不存在的尺度”①，将人作为衡量一切事物价值的准绳。其后“古希腊三杰”之一的柏拉图提出了理念论。柏拉图认为万事万物不过是理念的具体表现，“如果在美本身以外还有其他美的东西，这东西之所以美，就只能是因为它分有了美本身”②。柏拉图将美归结于美的理念，是完全的唯心主义，忽视了现实的客观属性。到了近代，荷兰哲学家斯宾诺莎指出衡量事物具有多少价值的标准并不是事物本身，而是人们对事物的追求程度，如果人们欲求某一件事物，这件事物就是好的，反之则是坏的。此后，德国哲学家文德尔班提出“价值决不能作为对象本身的特性，它是相对于一个估价的心灵而言

---

① 北京大学哲学系外国哲学史教研室. 西方哲学原著选读：上卷［M］. 北京：商务印书馆，1981：54.

② 同①：73.

的……抽开意志和情感，就不会有价值这个东西"①，从根本上将价值与客观事物的固有属性割裂开来，将价值归结于主体情感和意志的需要。英国哲学家罗素也认为，"当我们断定这个或那个价值时，我们是在表达我们的情感"②，将人的喜恶设定为事物是否具有价值的衡量标准。综上可见，主观价值论的代表人物将价值等同于人本身或人的需要，以及将价值看作一种可以因人而异的变量，而忽视了客体的自身价值。当然，价值的客观论在西方哲学史中也占据着非常重要的地位。柏拉图的学生亚里士多德认为人是价值的主体，城邦政治和伦理道德是价值的客体，他希望通过城邦的德性和善约束个人的德性和善，实现最终的幸福和至善，凸显了制度价值的客体属性。此后法国唯物论者批判柏拉图的唯心主义观点，指出价值应该是从事物本身的固有属性中得到确证的，例如狄德罗就认为一切事物的价值就存在于其共有的特质中，具体可以理解为美或丑的事物都是具有共同点的。而后的舍勒尔与狄德罗的思想一脉相承，认为事物内在的存在可以确认其价值的固有属性，与人的意见无关。可见，价值客体论的代表人物忽视价值主体的作用，实则是一种机械论的观点，这是片面的。如上所述，价值主体论和价值客体论各有侧重，各有合理之处也各有缺陷，但都割裂了价值主体性和客体性的统一，并没有把握价值概念的科学内涵。

在马克思主义哲学中，马克思将价值界定为"凝结在商品中的无差别人类劳动"③，这超越了传统经济学中价值的内涵，从人类学本体论出发剖析了价值在哲学中的概念。马克思对价值概念的阐释表明：人不同于动物，人超越了其自然属性，具有自己的内在尺度，是价值的主体。如果说马克思在政治经济学中对价值的定义更侧重于经济交换，那么在哲学中则强调了人的劳动是对象化的活动，是有目的的活动。我们可以从马克思主义的文本中看到其对价值概念界定的演变。马克思在早年就很关注价值问题，尤其是关于人的价

① 全增嘏. 西方哲学史：下册［M］. 上海：上海人民出版社，1995：491.

② 罗素. 宗教与科学［M］. 徐奕春，林国夫，译. 北京：商务印书馆，1982：123.

③ 马克思，恩格斯. 马克思恩格斯全集：第23卷［M］. 中共中央马克思恩格斯列宁斯大林著作编译局，编译. 北京：人民出版社，1974：72.

值的问题，他在博士论文《德谟克利特的自然哲学和伊壁鸠鲁的自然哲学的差别》中就已经探讨了人的自由的必然，反对神本主义价值。在随后的《〈黑格尔法哲学批判〉导言》和《1844年经济学哲学手稿》中也提出了要关注人本身的价值，通过批判旧社会的黑暗表达全新的共产主义社会理想，尽管此时的马克思还没有将价值与使用价值进行明确的区分和界定，还停留在价值是“人在把成为满足他的需要的资料的外界物……进行估价，赋予它们以价值或使它们具有‘价值’属性”① 的阶段，但是为其后来区分价值、使用价值、交换价值、劳动价值等概念打下了理论基础。之后在《神圣家族》一书中，马克思明确指出价值是由纯粹偶然确定的，和生产费用和社会效用毫无关系②，他还指出价值和使用价值的根本差别。随后在《德意志意识形态》中，马克思更加明确劳动是价值的决定因素，对劳动价值论有了新的认识和阐述。《哲学的贫困》的完成，表明马克思对价值问题的研究重心已经完全转向了劳动价值论，看到了人的劳动在价值中的关键作用。后来在《1857—1858年经济学手稿》中，通过对劳动与劳动力的区分揭示了剩余价值的来源。在《资本论》发表以后，马克思对价值概念的研究也越来越完善，形成了科学的价值概念体系，明确价值的终极追求是实现人的自由全面发展。可见，在马克思主义哲学的视域中，马克思和恩格斯关于价值概念的阐释具有科学性和革命性，在理论上以彻底的唯物主义世界观和方法论为基础，在实践上坚持以人民为主体。

纵观国内学者对于价值问题的研究，可以发现多数学者都继承了马克思主义哲学视域中关于价值概念的基本观点，从“主体—客体”的逻辑结构来定义价值。20世纪80年代初期，我国学者对价值问题展开广泛研究，主张用马克思主义哲学指导价值概念问题的研究，从主客体关系入手理解价值。例如刘奔和李连科发表一系列关于价值的文章，指出价值是事物与人的需要之间的关系，是事物

① 马克思，恩格斯. 马克思恩格斯全集：第19卷［M］. 中共中央马克思恩格斯列宁斯大林著作编译局，编译. 北京：人民出版社，1963：409.

② 马克思，恩格斯. 马克思恩格斯全集：第2卷［M］. 中共中央马克思恩格斯列宁斯大林著作编译局，编译. 北京：人民出版社，1957：39.

满足人的需要的属性。李德顺在《价值论——一种主体性的研究》一书中认为，价值是“指客体的存在、作用及它们的变化对于一定主体需要及其发展的某种适合、接近或一致”①。而80年代末90年代初，我国学者针对马克思在《评阿·瓦格纳的〈政治经济学教科书〉》中提出的“‘价值’这个普遍的概念是从人们对待满足他们需要的外界物的关系中产生的”② 这句话来展开讨论，探究马克思提出的使用价值和价值的关系问题。尽管本次讨论最终未达成一致，但对于我国价值概念问题的研究仍具有很重要的意义。此后，我国诸多学者在其著作中探讨价值概念问题。例如：袁贵仁在《价值学引论》一书中认为“价值就是主客体之间的一种关系”③；李连科在《价值哲学引论》中也指出价值是“客体与主体需要之间的特定关系”④；何中华指出“所谓价值，既不是有形的、具体的存在所构成的实体，也不是客观对象与主体需要之间的满足与被满足的关系，而是人类所特有的绝对的超越指向”⑤；郭凤至在辨析价值、价值观念和价值观三个名词概念时指出，价值是主客体之间的特有属性。可见，我国多数学者更倾向于从主客体关系出发界定价值的内涵，肯定价值不是人或事物自身具有的属性，而是介于主客体之间的关系范畴，是主客体互相联系所产生的作用。综上，对价值概念的讨论，我国学者主要形成了以下三种观点：一是强调价值的主体性，认为价值是客体对主体需要的满足；二是强调价值的主客体关系性质，认为价值是客体与主体需要之间的特定关系；三是强调价值的效用，认为价值是客体满足主体需要的效用。以上的观点各有论据支撑，为本书研讨大学制度价值问题提供了有益借鉴。

在本书中，我们引用李德顺教授的观点，认为价值是客体为主体需要及其发展服务的主客体相互作用的关系。“在任何实践—认识活动中，作为实践和认识活动者、行为者的人是主体；而作为实践

---

① 李德顺. 价值论：一种主体性的研究［M］. 北京：中国人民大学出版社，1987：13.

② 马克思，恩格斯. 马克思恩格斯全集：第19卷［M］. 中共中央马克思恩格斯列宁斯大林著作编译局，编译. 北京：人民出版社，1963：406.

③ 袁贵仁. 价值学引论［M］. 北京：北京师范大学出版社，1991：41.

④ 李连科. 价值哲学引论［M］. 北京：商务印书馆，1999：94.

⑤ 何中华. 论作为哲学概念的价值［J］. 哲学研究，1993（9）：29-36.

和认识对象的世界、事物和人是客体。”① 价值不仅表现为客体对主体需要的满足，还包括客体在满足主体过程中“其本身具有优异的特性”② 得以展现出来成为主体的目的价值。价值不仅有作为手段满足需要而存在的工具价值，还有作为最高目的而存在的目的价值。

三、制度价值

“制度价值”是大学制度价值研究的核心，前文对于“制度”和“价值”概念的梳理和界定有助于我们接下来探讨何为“制度价值”。制度是人类相互交往的规则，对人的行为有规范和约束作用；价值是客体满足主体需要和发展服务的主客体相互作用关系。可见，制度价值的主体是社会和人，客体是制度，制度价值探究制度这一客体对作为主体的社会和人所具有的作用和意义。在人类历史的长河中，古今中外的学者对制度价值内涵的探究从未停止，为我们今天厘清“制度价值”的概念提供了深厚的理论基础。

中国古代思想家十分关注制度价值问题，尽管他们并没有给制度价值一个明确的概念界定，但无论是儒家主张的“仁”，还是法家主张的“法治”，抑或是道家主张的“道”中，我们都可以深刻感悟到他们对制度价值的追求，这对于我们今天探寻何为制度价值具有十分重要的指导意义。在中国古代，制度意指天地运行和社会运转所遵循的规则和秩序，中国古代思想家认为只有遵守制度，社会才能实现和谐。儒家追求的制度价值是“德治”，强调制度的建设要合民心、顺民意，要求制度建设坚持“君为轻，民为贵”的价值，提出“仁”就是要“道之以政，齐之以刑，民免而无耻；道之以德，齐之以礼，有耻且格”③，通过道德的教化来让人自觉地遵守秩序。基于“德治”，儒家学派创始人孔子主张要“克己复礼”。孔子一生致力于恢复周礼，“礼”是孔子自由制度的再现，“不学礼，无以立”，君子在“克己复礼”的过程中，克制欲望、规范行为，在

① 李德顺. 价值论：一种主体性的研究［M］. 北京：中国人民大学出版社，1987.

② 张岱年. 论价值与价值观［J］. 中国社会科学院研究生院学报，1992（6）：26-31.

③ 李泽厚. 论语今读［M］. 北京：生活·读书·新知三联书店，2004：49.

约束中使自己与天地相通，实现“从心所欲，不逾矩”的自由；孟子在继承孔子“仁”的思想基础上，提出“仁政”是制度价值的核心。孟子认为合理的制度应把“民”放在第一位，接着提出“民为贵，社稷次之，君为轻”①，“民”是制度价值实现的前提和基础。可见，无论是孔子的“礼”还是孟子的“仁政”，都看到了人和制度之间的主客体关系，看到制度不仅能够满足人和社会发展的需要，而且会规范和约束人的行为。法家追求的制度价值是“法治”，推崇社会制度应该以法为前提和准绳，认为法是维持社会稳定的重要前提，无论在社会的哪个阶层，都要知法、守法，法律面前人人平等。法家的“法治”制度价值起源于儒家荀子的“隆礼重法”，荀子认为法能够抑制人的“恶”，有助于维持社会的稳定。随后，管仲将荀子的“隆礼重法”进一步阐释，指出法是国家一统天下的唯一准则，这个思想也在商鞅变法中得到了具体实施。商鞅强调“刑无等级”，“自卿相将军以至大夫庶人，有不从王令、犯国禁、乱上制者，罪死不赦。有功于前，有败于后，不为损刑。有善于前，有过于后，不为亏法”②，强调法律（制度）面前人人平等。其后，法家思想的集大成者韩非子提出了“法、术、势”相结合，要求君王掌握权势同时推行国家法令，方可实现一统天下的制度目标。虽然法家忽视了道德的约束作用，一味重视严格的法律制度，主张用刑法去除人的“恶”，但法制和平等的价值观念在这一时期已经开始出现，这仍有较大的进步意义。道家追求的制度价值是“道”，在现实社会中表现为“无为而治”的执政理念，强调人性的自由、人与人之间的平等，主张制度应当顺应人性、合乎民情，没有压迫，赋予人性自由。“无为而治”是道家遵循的社会和谐的核心价值，老子反对社会强调重视礼法和仁义，认为社会应该遵循自然之法，提出国家应该在制度上采取轻徭薄赋、调富济贫、慎刑赏等措施。其后的庄子继承了老子“道”的思想，追求人性的自由和平等，主张制度不应束缚人性，国家制度的设计应该尊重人的个性发展，没有压迫和剥削。在道家学说中，追求的制度价值是顺乎民情，尊重个体自由，实现自然和

---

① 李双.《孟子》白话今译［M］. 北京：中国书店，1992：334.

② 商君书［M］. 石磊，译注. 北京：中华书局，2011：10.

谐，为我们今天制度价值中的民主、自由等提供了借鉴。综上所述，在中国古代，不同学派追求的制度价值不同，其核心是为了维护统治阶级利益，维持宗法等级社会的秩序，体现了制度价值概念中制度主体和客体之间的关系属性。同时中国古代社会追求的秩序、道德、集中等诸多制度价值也为今天我们研究制度价值问题提供了参考。

西方社会从古希腊开始，尤其是到近现代的思想家都追求不同的社会制度建设目标，其中无论是对自由平等的追求，或是对公正法治的向往，都彰显了制度价值的光辉。在古希腊时期，著名哲学家柏拉图认为，社会制度追求正义价值。他在《理想国》一书中建构了一个正义的城邦，他指出："在一个建立得最糟糕的城邦里最有可能找不到正义。"① 可见，柏拉图将政治的正义作为核心的价值追求。而在古希腊百科全书式的哲学家亚里士多德看来，"所有共同体中最崇高、最具权威，并且包含了一切其他共同体的共同体，所追求的一定是至善。这种共同体就是所谓的城邦或政治共同体"②，将至善作为制度的首要价值。到了近代，文艺复兴以后，随着新兴资产阶级的兴起，启蒙运动的思想家高举自由、平等的大旗，强调人的主体地位，将制度价值拉回到人的身上。英国思想家霍布斯就是主要代表人物之一。霍布斯强调，只有社会上的每个人转让自己的一部分权利，相互之间签订契约，形成公共意志（"利维坦"），人类的生存和发展才能得到保障，同时他注重法律对人的行为的规范，重视国家的秩序价值。霍布斯之后的英国哲学家洛克继承了其社会契约的思想，提出了天赋人权和三权分立。洛克认为，人生来均是自由、平等和独立的，一个好的制度必定是保障人的自由、平等和独立的制度。这个价值取向是在洛克的"三权分立"学说中体现出来的，目的是抑制绝对权力的形成，从而更好地保障人的自由、平等和独立。而后的法国思想家孟德斯鸠提出按照"法的精神"来设计制度，法律是保障人得以自由、平等的重要推动力。法国思想家

---

① 柏拉图. 理想国［M］. 郭斌和，张竹明，译. 北京：商务印书馆，1986：113.

② 亚里士多德. 亚里士多德全集：第九卷［M］. 苗力田，译. 北京：中国人民大学出版社，1994：3.

卢梭提出，制度必须以全体公民的自由和平等为价值目标，国家主权来自人民，人民是国家的最高主权者，国家就是要保障人民的自由和平等。近代思想家们为社会的制度建设提供了多种不同的观点，自由、平等、正义、法治是他们追求的价值，他们看到人创造了制度而非制度创造了人，同时注重人的自由并非绝对的自由，而是制度约束下的相对的自由。到了现代西方社会，西方学者对于制度价值概念的界定逐步清晰。制度价值即制度中的价值，其核心关键词是“价值”。制度是人制定的，具有人所需要的特定价值，制度是价值追求的手段，价值也是制度建设不可或缺的重要组成部分。制度价值所要探寻的是“善”的，是“好”的制度，只有这样的制度才能保障社会的秩序，进而推动人类社会不断向前发展进步。不同国家的制度有其不同的价值追求，正如美国著名政治哲学家罗尔斯强调的“制度正义”，他认为任何制度都有其特定的价值追求，这些价值追求会融入到制度的条文和规范之中，是评价制度是否“善”的重要依据。当然，任何一种制度的价值诉求都是多元的，这也为我们今天探讨不同制度下所追寻的具体价值是什么指明了方向。

从20世纪90年代起，制度价值问题开始进入我国学者的研究视野中。从目前所掌握的资料来看，虽然只有少数学者明确提出关于制度价值的概念，但是我们可以从伦理学、法学、制度经济学、高等教育学和哲学等学科中关于制度价值问题的讨论了解制度价值的内涵。在伦理学领域，学者对“制度价值”一词的理解更多体现于制度伦理的概念。比较早期且对后来学者影响较大的当属方军，他认为“从概念上分析，制度伦理不外乎两种：制度的伦理——对制度的正当、合理与否的伦理评价和制度中的伦理——制度本身内蕴着一定的伦理追求、道德原则和价值判断”①，侧重点在制度的伦理诉求上。此外，高兆明从制度“善”的角度剖析制度伦理的概念，指出制度伦理“是对制度的伦理分析，其核心是揭示制度的伦理属性及其伦理功能”②，强调制度伦理的主旨是探讨何为制度善等问题。在法学领域，制度价值被定义为法律制度存在的理论依据及追

---

① 方军. 制度伦理与制度创新［J］. 中国社会科学，1997（3）：54-66.

② 高兆明. 制度伦理与制度“善”［J］. 中国社会科学，2007（6）：41-52.

求的价值目标。张志铭认为，制度价值主要是以价值、作用、功能、目的等为题展开讨论的，具体包括法律制度是否能够规范社会行为、节约司法资源、增强法律确定性等十五个方面，侧重于法律制度的效用价值。而夏恿则从法律制度的工具价值和实体价值两个方面入手，论证法律制度价值区别于道德对人行为的精神约束，具有强制性和规范性①。在制度经济学领域，我国学者大多推崇新制度经济学派关于制度价值的观点，认为制度是价值的源泉，效用是价值的表现形式。例如黄少安指出，制度具有降低交易费用的功能，制度价值是合同等法律制度的存在为经济交易制定了清晰的规则，有效规避了交易成本无限增加的风险，为保证交易的有序进行提供了强有力的保障。在高等教育学领域，我国学者更加注重人和制度之间的主客体关系，主张要探究制度对于人的意义。例如别敦荣教授认为，制度的价值体现就是制度的功能和属性对于人的需要的积极响应②；王洪才指出，制度价值是制度建设的前进指标，制度建设能够满足制度主体的需要即实现了其自身的价值③；唐世纲也强调制度价值是关系范畴而不是实体性的存在，是主体需要与制度功能属性统一的有机结合体。在哲学领域，本书主要借鉴了李德顺关于制度价值问题研究的观点。李德顺教授从论述法的价值的角度谈及制度价值的内涵。他指出，“从哲学价值论的角度来看，所谓‘法的价值’问题，至少包括这样两层含义：首先是法的本质；其次是法的功能和作用”。他认为法律制度应当“反映和维护一定主体的利益、社会秩序和生活方式”，“法的根据、内容和实质就是主体价值”④。在李德顺看来，“法的价值性还表现为它的存在需要符合主体的利益，满足主体的需要”，指明制度价值的存在能够满足主体发展的需要。同时李德顺还认为法具有工具价值和目的价值，从这一观点我们可以推出制度也具有工具价值和目的价值双重价值。

综上所述，本书认为制度价值是把制度作为客体，探究其对人

---

① 夏恿. 法治是什么：渊源、规诫与价值［J］. 中国社会科学，1999（4）：117-143.

② 别敦荣，唐世纲. 现代大学制度的价值及其矛盾关系的调和［J］. 苏州大学学报（教育科学版），2016（4）：33.

③ 王洪才. 试论现代大学制度建设的价值导向［J］. 复旦教育论坛，2005（3）：21-26.

④ 李德顺，戚渊. 关于法的价值的对话［J］. 中国法学，1996（5）：38-41.

与社会等主体的意义。考察制度价值有两个维度：一是制度的内部构成，即制度本身包含的价值、价值目标、评判标准等，如公正、自由、情感等价值。二是制度的外部关系，将上述价值作为整体，探究制度对人和社会的意义，如制度的工具价值、制度的目的价值等。主体的价值是评判制度的准则，这些价值描述着不同制度主体眼中的好制度，构建着社会的共同的基本价值。制度价值是对制度的合理性、正当性事实如何及其应该如何从主客体关系视角进行的阐释与说明。

四、大学制度价值

“价值”本质上是主体需要与客体属性之间的一种关系，即一种关系性存在，“制度价值”是指主体需要与制度的固有属性之间的一种特定关系。那么，根据上文对价值和制度价值的分析得出，社会主义大学制度价值体现的是制度的功能和属性对于人的需要所做出的积极响应。也就是说，大学制度价值不是可以直接触摸到的实体存在，而是其主体需要的满足和大学制度属性之间的一种关系性的存在，这种关系性存在是主体需要和大学制度属性之间的完美结合，缺失任何一方，大学制度价值就不复存在。因此，我们应当从主体和客体关系的角度来理解大学制度价值。

大学制度价值是以大学制度作为客体的价值，探究大学制度对社会、人等主体的意义。大学制度价值可以从三个维度来考察：一是主体，探究主体制定现代大学制度的目的是否合理、正当；二是客体，现代大学制度之实然状态，即现代大学制度事实如何，这一状态经常存在着价值缺失；三是大学制度基本价值，即人们对大学制度的价值标准、目标等应然状态的探究。以上三个维度是相辅相成的关系。首先，大学制度作为客体，即主体实践与认识活动的对象，是客观、独立存在的。其次，大学制度主体是人，人的目的是现代大学制度应该如何从制度事实中产生和推导出来的条件，是衡量制度事实是否应该、正当的标准。最后，大学制度基本价值是客体事实与主体目的结合后产生的应然属性，是主客体的关系属性。主体、客体、基本价值相互支撑，成为了解大学制度价值的三个维度。

首先，大学制度价值的主体是多元的。从农业经济时代到工业经济时代再到知识经济时代①，大学对于经济社会的反作用力越来越大，大学已经逐步从“象牙塔”走到了经济社会的中心，其不仅是单纯的学术共同体，还承担着服务社会的职能。总的来看，政府、大学行政管理人员、教师、学生，以及其他社会组织共同构成社会主义大学制度价值的主体。不同价值主体对大学制度的需要共同构成现代大学制度价值的基础。第一，政府。政府作为国家权力的执行机关，在领导和管理大学的过程中，以维护和保障国家利益为根本目的，通过制定高等教育政策、制度、法规等方式影响大学的办学方向和制度选择。政府通过大学制度建设维护大学秩序，以培养有质量的人才满足国家建设的需要，这要求现代大学制度遵循集中、秩序等价值。第二，大学行政管理人员。行政管理人员作为大学内部的重要组成部分，通过行政管理的手段维持现代大学的办学秩序，追求高效率完成行政任务，从而实现大学组织的管理目标和个人抱负。因此，效率价值是大学行政管理人员对于现代大学制度的需要。第三，大学教师和学生。现代大学是学术共同体，从某种意义上讲也就是师生共同体，因此教师和学生不仅是大学学术发展的核心力量，更是大学最基本的制度价值主体。为追求和探寻真理，谋求自由和宽松的学术研究环境，大学必须要注重学术自由，实现“一切学术研究或教学机构的学者或教师们，在他们研究的领域内有寻求真理并将其晓之于他人的自由”②，民主和自由价值是大学教师和学生对现代大学制度的需要。第四，其他社会组织。“所谓其他社会组织是指除政府、大学之外，与大学功能相关联的各种组织或组织形式，包括企业、社会中介机构、媒体、家庭等。”③ 由于其涵盖范围较广，因而对大学制度需要也较多，集中体现为对高质量人才和知识产品的需要。综上所述，大学制度价值的主体是多元的，主体需

① 潘懋元. 多学科观点的高等教育研究［M］. 上海：上海教育出版社，2001：224.

② 戴维·M. 沃克. 牛津法律大辞典［M］. 北京：光明日报出版社，1988：352.

③ 别敦荣，唐世纲. 现代大学制度的价值及其矛盾关系的调和［J］. 苏州大学学报（教育科学版），2016（4）：36.

要也是多元的，这就是现代大学制度价值多元的根本原因所在。

其次，大学制度价值的客体是大学制度固有的功能属性。大学制度之所以能够满足各价值主体的不同现实需要，究其原因是大学制度具有多方面的功能属性，“例如维持功能、形塑功能、预期功能、规范功能、激励功能、指导功能等”。总结来说，“一是规范、制约功能；二是保障、引导功能”①。第一，规范和制约功能。规范和制约功能是大学制度最基本的功能。正如罗尔斯在《正义论》一书中所说的“制度是一种公开的规范体系”②。大学制度对大学制度价值主体的行为做出了规范，明确规定了他们能够做什么、不能够做什么。大学制度是一种行为准则，一经生效，所有人都必须严格遵守且执行，如若存在违反行为，就要受到相应的处罚。总的来说，大学制度规范和制约了政府、大学教师、学生和行政管理人员以及其他社会组织的行为，协调了不同大学制度价值主体之间的关系，有效维护了大学的工作、学习、生活秩序，保障了大学各项工作的正常运行。第二，保障和引导功能。关于保障功能，大学制度的存在有效保障了大学制度价值主体的基本权益，防止出现管理随意、无秩序等损害相关制度价值主体权益的问题。例如，现代大学制度追求自由、民主的价值，这就赋予了大学自治权，同时保障了大学教师和学生学术自由的权利。关于引导功能，大学制度不仅明确规定了大学制度价值主体能够做什么、不能够做什么，更严格按照规定引导他们应该做什么和应该怎么做。大学制度通过规定制度价值主体的权利和义务以及违反规定所要承担的责任来引导其行为，主要分为确定性引导和选择性引导。其中确定性引导是具有强制意味的命令，选择性引导则是鼓励制度价值主体在秩序内充分发挥自身的主观能动性。总之，大学制度价值的客体是大学制度固有的功能属性，这些固有的功能属性能够满足多元价值主体的不同需要，为大学制度价值的产生提供了客观基础。

最后，从大学制度价值类型划分来看，本书将采用工具价值和

---

① 唐世纲. 大学制度价值研究［M］. 武汉：华中科技大学出版社，2013：56.

② 罗尔斯. 正义论［M］. 何怀宏，何包钢，廖申白，译. 北京：中国社会科学出版社，1988：50.

目的价值的划分类型。按照主客体关系的尺度，从价值关系的主体需要出发，关注现代大学制度客体本身的实然状态，以大学制度满足主体生存与发展的作用为标准区分为工具价值与目的价值。亚里士多德将善的事物分为两种：目的善和工具善。自身即善的事物是目的善，作为手段而是善的事物是工具善。目的善与工具善都是主体欲求的目标，目的善是终极目标。大学制度从内部构成到作为整体的外部关系综合考察划分为目的价值与工具价值。一是目的价值，大学组织自身、教师、学生等学术共同体追求的是大学制度培养人的教育价值的最终目的。近现代以来，从裴斯泰洛齐、卢梭、康德、福禄培尔到雅斯贝尔斯，个人的自由发展一直是大学制度教育目的的取向。瑞士教育家裴斯泰洛齐重视教育对个体发展的重要作用，希望通过教育发展人性，根据人的天性开展教育活动，将促进人的全面和谐发展作为教育目的；法国思想家卢梭以“天赋人权”为理论基础，将自由看作大学制度追求的首要价值，提出大学应该培养符合自然要求的“自然人”；德国哲学家康德主张自由教育，注重对受教育者自由品格的培养，将实现人的自由看作教育的本质；德国教育家福禄培尔继承了裴斯泰洛齐的主张，认为一切教育应该遵循自然的法则，遵循受教育者内在发展规律，使其天性得到自由发展；德国哲学家雅斯贝尔斯则提出了大学自治和学术自由的观点，认为大学自治是大学追求真理的保障，学术自由是大学追求真理的前提，要求大学制度遵循自由价值。二是工具价值，政府、市场、社会组织等主体把现代大学制度作为实现政治、经济等社会目的的工具或者手段，追求的是工具价值，费希特、涂尔干、杜威等都提倡社会本位的教育取向。德国哲学家费希特作为国家主义的主要代表人物，将秩序作为大学制度追求的核心价值，主张国家是施行教育的主体，应该掌握大学制度制定和实施过程中的绝对权力，大学应为国家发展建设服务；涂尔干将教育目的设定为使受教育者的智力、体力、道德发展水平符合政治社会的要求，认为社会价值高于个人价值，要求大学教育以满足社会需要为前提；美国教育家、哲学家杜威将教育看作社会生活延续的手段，主张通过教育培养符合民主社会要求的合格公民，带有鲜明的社会本位倾向。综上，工具价值和目的价值各有侧重，共同组成了大学制度价值的全部内容。

第二节 大学制度价值生成

大学制度价值与社会环境之间存在着广泛而深刻的联系，且二者相互影响、相互作用。一方面，大学制度价值的生成和发展受到社会环境的制约。杜威在回顾进步教育运动时指出，经济、社会和政治会影响一个学校的发展，这是毋庸置疑的，不承认这一点那将是愚蠢的！政治、经济、文化环境是构成人类社会的三个不同层面，大学制度价值作为大学精神的重要体现，其产生和发展过程与社会政治、经济、文化环境密切相关。其中生产力的发展水平是大学制度价值产生与发展的根本动力，对大学制度价值具有决定性的意义；政治环境是影响大学制度价值产生与发展的重要因素，主导大学制度价值的发展与变迁；经济决定大学制度价值的产生和发展，政治对大学制度价值会产生直接性的影响，但无论是政治还是经济，它们都是通过文化的形式作用于大学制度价值。另一方面，大学制度价值也具有多方面的社会功能，在长期的发展中大学制度将通过特定的价值来推动社会政治、经济、文化的发展。因此，我们不能离开特定的社会环境来探讨大学制度价值的生成，同时不能忽视大学制度价值在人类历史进程中对社会发展产生的重要作用。

一、大学制度价值与政治环境的互构机制

在政治上占统治地位的阶级将大学制度价值纳入自己的控制范围，使其为自己的统治服务，同时大学制度在发展过程中也以自身的价值进一步影响社会政治的发展。“社会环境以某种与混乱有内在联系的东西为其特征的时候，正是学校想要避免混乱之时。社会环境充满怀疑和规范被破坏的时候，正是学校强调那些与确定和稳定有关的价值之时。教育跟随者，而不是领导者，如果要使教育成为一种稳定的力量，这就意味着学校必须要发挥那种实际上的训练的

作用。”① 社会环境与教育之间有着密切的关系，而大学作为高等教育实施的场所其制度价值与政治环境之间的关系也极为密切。欧洲中世纪处于封建社会，教会控制着国家发展，这一时期欧洲各国的大学也不例外地受到教会的控制和支配，大学制度体现出集中价值。之后随着政治民主化进程的推进，多种力量参与大学的办学与管理，大学制度民主价值得到了彰显。政治环境在引导大学制度价值变迁的过程中，大学制度也以自身价值来培养社会发展所需的政治人才，提升社会政治文明水平，维护社会政治秩序的稳定。

封建专制制度下，大学制度体现出集中的价值特征。法国杰出的启蒙思想家孟德斯鸠说过：“专制政体国家的性质是绝对的服从，君主无论下达任何圣意，都必须像玩掷球游戏一样，一个球击中另一个球，马上就会产生显而易见的成效。”② 在封建社会，政治上的专制会进一步体现在教育领域中，政治上的统治阶级为维护自己的统治，就会将本阶级的意志渗透到大学中，通过对大学制度的调整和控制，来满足自身的发展需要并进一步维护自己的统治。西方封建社会条件下教会与国家政权合为一体，教皇即君主，既是教会的首领，又拥有世俗的政权。“政治和法律都掌握在僧侣手中，教育也和其他一切科学一样，成了神学的分支，一切按照神学中通行的原则来处理。教会教条同时就是政治信条，圣经词句在各法庭中都有法律的效力。”③ 欧洲中世纪长期处于教会的统治之下，神权大于王权，在这种教会集权的政治环境之中，教会控制大学发展，大学成为教会的附庸，其宗教色彩浓厚，因此，这一时期欧洲各国大学制度集中的价值特征极为显著。中世纪大学在发展的过程中主要开设神学、法学、文学、医学四个学科，由于教会对大学的控制，神学在这些学科中居于主导地位。欧洲大学除了神学的统治地位以外，教师一般为僧侣和牧师，并且大学在发展过程中还培养了众多的教士，宗教的教义是大学办学的原则和学生学习的重要内容。中世纪

① 陆有铨. 现代西方教育哲学［M］. 北京 北京大学出版社，2012：63.

② 孟德斯鸠. 论法的精神［M］. 夏玲，译. 北京：红旗出版社，2017：24.

③ 马克思，恩格斯. 马克思恩格斯论教育［M］. 华东师范大学《马克思恩格斯论教育》（两卷本）辑译小组，辑译. 北京：人民教育出版社，1986：116-117.

德国大学如德国教育家、哲学家鲍尔生所说：“至少是德国的大学，无例外地是在基督教会的土壤上蒙受天主教会的庇荫而成长起来的。教会的教义成了它们教学的基本原则，教会的通用语言也是它们的语言。大学的成员，无论教师或学生，多数都是享受‘僧侣生活待遇’的在职人员或预备人员；大学讲座，至少在德国，多数都享有不必强迫居住寺院的僧侣的俸给。”① 欧洲中世纪在教会神权的控制之下，教育体现“政教合一”的特征，大学办学和管理完全服从于教会，大学制度集中价值凸显。

在民主政治体制下，大学制度民主价值不断彰显。“一定社会的教育具有什么性质，是由这个社会的政治制度直接决定的”②，因此，当一个国家的政治制度发生变化时会直接导致其大学制度价值的变革。随着资产阶级革命的发展，各资本主义国家都确立了民主政治体制，在各个民主政体国家中不同的利益主体都有其特定的权利和义务，他们共同参与国家和社会的治理，并且在这一过程中他们通过相互分权与制衡以实现政治和社会发展的稳定，如英国的议会制君主立宪制、德国的议会制共和制、美国的总统制共和制。“教育作为一项社会事业，深受政治的制约，任何社会的教育都体现着该社会的政治特征”③，因此在各国民主政治体制的影响下，各国大学制度体现出民主的价值特征。大学制度民主价值的特征主要体现为：在大学制度的保障下多元的力量日益参与到大学的办学和管理之中，各利益主体拥有特定的权力，各司其职，共同参与以维护大学的发展。在英国大学与政府的关系上，先后建立了拨款委员会和大学基金委员会这两个中间机构，这两个组织在大学和政府之间起着缓冲器的作用，这既减少了政府对大学发展的直接干预，又能够提高政府拨款的客观性和公正性。1992 年英国颁布《1992 年继续教育和高等教育法》，允许社会各界人士参与到大学办学中来，并对大学董事会、学术委员会、校长、副校长的职责都做出明确规定。此外，英国大学的学生和教师也能够参与到大学的决策和管理中来，

---

① 弗·鲍尔生．德国教育史［M］．滕大春，滕大生，译．北京：人民教育出版社，1986：18.

②《教育学原理》编写组．教育学原理［M］．北京：高等教育出版社，2019：63.

③ 鲁洁．教育社会学［M］．北京：人民教育出版社，1990：93.

既能够使大学的各利益相关者共同参与大学的治理，也能够实现各利益主体之间平衡的利益关系。德国是现代大学制度发展的先驱，德国教育改革家洪堡在德国大学改革之初就确定了“教授治校的原则”，但是在世界范围内民主政治不断发展的进程下，新一代大学生对这种传统的大学管理体制产生了强烈的不满，为打破教授对大学权力的垄断，学生举行了“六八运动”，这次运动一定程度上突破了过去的大学管理体制，使教授、学生、助教等利益群体拥有了一定的参与学校管理和决策的权力。美国大学在长期的发展过程中形成了较为完善的内外部治理结构，对董事会、校长、学术评议会、教师和学生等各个主体的权力进行了明确的划分和规定。分享治理或共同治理为美国大学治理的另一个特点。所谓分享治理，是指大学重要事务决策是由大学校长这一级别的高级管理人员、教职员以及学生所参与的。董事会是美国大学的最高权力机构，拥有任命校长、教员、职员，制定学校发展规划等事务的决定权；校长由董事会任命并且对董事会负责，负责执行大学管理以及发展等一系列具体事务；大学的学术评议会主要负责管理学术发展，学术委员会是由学校教职人员组成且代表他们的机构；学生也会通过学生会、学生评议会等一些学生组织参与大学的治理和运行，各个利益群体的权力都有明确规定，各司其职共同参与促进了大学制度民主价值的发展。

政治环境的变化会影响大学制度价值的彰显，但从长期的政治发展历程来看，社会政治的发展也离不开大学功能的发挥。随着政治不断向前发展，大学制度也会通过自身价值不断地为社会政治发展提供保障和支持。大学制度集中价值能够为当时的政治发展培养出所需要的政治人才从而服务于社会政治建设。政治人才是政治建设和发展不可缺少的重要因素，大学制度价值能够使受教育者形成社会政治发展所需要的理论基础和思想意识，为他们参与社会政治建设以及进入上层建筑领域提供支撑。“自古以来，各个社会的统治人才，在很大程度上是通过学校造就的。学校在培养这部分人才时，不仅形成他们的一定的思想观点，而且还向他们传授社会长期积累下来的统治、管理的经验与知识，并养成相应的能力。”① 首先，社

① 南京师范大学教育系. 教育学［M］. 北京：人民教育出版社，2005：52.

会上占统治地位的阶级会利用自身权力使大学在对学生进行教育的过程中传播统治阶级的思想观点和意识形态，从而使受教育者形成与社会政治发展相适应的政治思想，进而使学生形成统治阶级所需要的、与社会发展相一致的政治观点。此外，大学还设置专门培养政治人才的院系，并且使大学制度价值渗透到学生的培养中来，从而培养出统治阶级和社会发展所需要的人才。在封建社会神学是大学中占主导地位的学科，宗教的教条是大学的准则，因此，在教育过程中能够使学生具备统治阶级所需要的阶级意识和政治品行，不仅使他们能服从并维护社会发展的政治秩序，还能够巩固和加强政治建设。

大学制度价值的发展能够推动政治的不断进步，相较于封建社会大学制度的集中价值，大学制度的民主价值能够促进社会政治文明水平的提高。“在现代社会，教育发挥弘扬政治、思想、道德及文化领域的正面因素，抑制与抵御腐朽、落后等消极因素，进而提高社会政治文明水平。”① 大学是知识的殿堂、思想的发源地，大学聚集了最为优秀的人才和先进的知识技术，大学在发展过程中不断创造新的知识与文化，并且将其传递给一代又一代的时代新人，他们思想活跃且有很强的意识和学习能力，在经过学习和熏陶之后能够有较强的政治素养。大学制度价值并不只是通过对学生的培养来影响政治环境，大学是先进知识分子集中的场所，也是先进文化的发源地，通过舆论的宣传和思想的传播等方式影响群众的政治生活，不断加强人民的政治意识，增强全体公民抵御消极、落后、腐朽思想侵蚀的能力，并且使他们更加积极地参与社会政治活动，积极履行自己的政治义务且享受自己的政治权利，通过全体公民政治素养的提升来影响整个社会的政治文明程度。

大学制度的集中与民主价值在维护和促进一定时期的社会政治稳定上具有重要作用。“作为一种复杂的社会实践活动，教育的首要政治功能表现在它对维护社会政治稳定发挥十分重要的作用。”②大学制度价值对社会秩序的维护主要体现在它能宣传统治阶级的思想

---

①②《教育学原理》编写组. 教育学原理［M］. 北京：高等教育出版社，2019：72.

和培养出一定的具有阶级意识的人。在封建社会，大学体现出政教合一的办学特征，大学把教会的教义作为大学的办学准则和教学的主要内容，宣传神学思想，以维护封建社会的秩序。随着民主政治体制的确立，大学制度的民主价值不断彰显，大学开始宣传和灌输资产阶级民主政治的思想，自由、平等、公正、法治成为重要的内容，这对于维护民主的政治秩序具有重要的作用。“当然，统治阶级不仅通过学校，他们同样也利用其他各种途径来进行这种思想灌输工作。但不可否认，学校教育在灌输统治阶级思想方面具有特殊重要的作用。”① 通过对统治阶级思想的宣传和灌输，人们能够更好地接受这种思想，成为统治阶级中更为坚定的成员，并且自觉地遵守和维护这种思想，从而在维护政治秩序上发挥更加重要的作用。

二、大学制度价值与经济环境的互构机制

物质生产决定大学制度价值的变迁，同时大学制度价值在不断彰显的过程中也会影响物质生产和经济发展。“没有年轻一代的教育和生产劳动的结合，未来社会理想是不可能想象的：无论是脱离生产劳动的教学和教育，或是没有同时进行教学和教育的生产劳动，都不能达到现代科技水平和科学知识现状所要求的高度。”② 马克思指出，生产物质生活本身是人们的第一个历史活动，是一切历史的基本条件，因此，物质生产和经济活动的变革会折射到大学制度价值的变革中来。伴随着工业革命的到来，生产力获得了突飞猛进的发展，生产力水平的提高把人从过去的束缚中解放出来并对教育产生了新的要求，使得大学在人才培养的过程中更加注重人本身的发展，彰显了大学制度的自由价值。同时生产力的发展伴随着市场的不断扩大和市场经济的发展，在这样的经济环境下大学引入了市场机制，从而使大学制度的效率价值得到了彰显。教育与生产力相互作用，一方面，教育为生产力所制约；另一方面，教育推动社会生

① 南京师范大学教育系. 教育学［M］. 北京：人民教育出版社，2005：50.

② 列宁. 列宁全集：第2卷［M］. 中共中央马克思恩格斯列宁斯大林著作编译局，编译. 北京：人民出版社，1984：461.

产力的发展。大学制度价值是在实施高等教育的过程中不断彰显的，其在发展过程中既能够直接转化为生产力，也能够创造新的生产力来推动社会经济的发展。

工业革命提高了社会生产力，在社会化大生产的条件下大学制度的自由价值得到了彰显。工业革命的发生实现了由手工工厂向机器化大生产的转变，工人对资本家的依附变成了一种生产上的依附而不再是个人的人身依附，实现了一定程度上的“自由”。“从这时起，社会生产力开始直接向学校教育提出它的要求”①，随着生产力的不断变革，人类社会的经济结构也发生了变化，不同的经济结构下人们面临着不同的发展环境，其受教育的条件和性质都有所不同。“教育占据的人口资源与时间资源的限度，取决于社会工作日中工作时间（必须用于物质生产的部分）与自由时间（非劳动时间）的比例，以及在自由时间中教育时间与非教育时间再分配的比例。这个比例归根到底取决于劳动生产率。”② 劳动生产率的提高，使人们可以用更短的时间来完成生产任务，从而拥有更多的自由时间，人们将闲暇时间投入到自身的发展中，并在这一过程中慢慢发现了自己。生产力的发展，提高了社会生产效率，为人类其他活动争取到更多自由的时间，在这种情况下，大学也拥有更多的自由来专注自身的发展，大学制度的自由价值得到彰显，而大学制度的自由价值主要体现在大学自治和学术自由两个方面。欧美国家的学术在 19 世纪开始走向昌盛，在学术与经济、政治等的关系上，学术自治思想最初是在德国开始萌芽发展，然后逐渐被英美等国接受。1810 年，洪堡创办的柏林大学是第一所现代大学，柏林大学建立之初就提倡大学自治和学术自由，到 1850 年大学自治与学术自由被写入《普鲁士宪法》。美国现代大学制度的建立虽晚于欧洲其他国家，但是其资本主义经济高度发达，在经济环境的影响下其大学制度的自由价值也高度彰显。1915 年美国成立大学教授协会，第二年发表《关于学术自由和终身制的原则声明》，该声明指出：大学教授拥有自由发表学术见解的权利，大学应当保证教授拥有稳定的生活，不能以学术与见

① 南京师范大学教育系. 教育学［M］. 北京：人民教育出版社，2005：57.

② 陈桂生. 教育原理［M］. 上海：华东师范大学出版社，2012：80.

解违背为理由将教授解聘。这一声明明确了教授的权利，提高了教授的地位，促进了美国大学学术自由的发展。“正是由于这种工业革命，人的劳动生产力才达到相当高的水平，以致在人类历史上破天荒第一次创造了这样的可能性：在所有的人实行明智分工的条件下，不仅生产的东西可以满足全体社会成员丰裕的消费和造成充足的储备，而且使每个人都有充分的闲暇时间去获得历史上遗留下来的文化——科学、艺术、社交方式等等中一切真正有价值的东西；并且不仅是去获得，而且还要把这一切从统治阶级的独占品变成全社会的共同财富并加以进一步发展。”① 在生产力普遍提高的社会环境下，大学在发展过程中有了更多的自由空间，实现了大学自治和学术自由，使得大学制度的自由价值得以彰显。

随着经济的不断发展，市场机制被引入教育领域，大学办学和管理出现市场化的倾向，使大学制度的效率价值得到了彰显。生产力的发展大大提高了社会劳动生产率，大学办学和发展过程中也越来越注重投入与产出的比例，大学制度的效率价值得到了彰显，主要体现为大学引入竞争机制以及公立大学的营利性增强。“尽管有这些保护措施，大工业仍使竞争普遍化了……大工业通过普遍的竞争迫使所有个人的全部精力处于高度紧张状态。”② 工业革命以后，资本主义国家拥有了更广阔的市场，在生产力不断发展的条件下，市场经济的规模日益扩大，市场也被引入到教育领域，促进了大学市场化的发展。1997 年，经济合作与发展组织（OECD）给“高等教育市场化”下了这样一个定义：将市场机制纳入高等教育中，从而使高等教育运营具有一系列市场特征，如竞争、选择、价格、分散决策和金钱刺激等，这排除了绝对的公有化和私有化。市场经济条件下，竞争是广泛存在的，市场主体按照一定的准则参与竞争，努力获取最大利益。在这种普遍竞争的经济环境之下，大学的办学和发展也以市场为导向，为促进大学的进一步发展，大学也引入竞争

① 马克思，恩格斯．马克思恩格斯文集：第 3 卷［M］．中共中央马克思恩格斯列宁斯大林著作编译局，编译．北京：人民出版社，2009：253.

② 马克思，恩格斯．马克思恩格斯文集：第 1 卷［M］．中共中央马克思恩格斯列宁斯大林著作编译局，编译．北京：人民出版社，2009：566.

机制，使得大学制度的效率价值得到彰显。大学竞争主要是私立学校与公立学校之间的竞争，市场化条件下，公立学校也不完全归政府管控，政府对公立学校进行资助的方式也发生了变化。因此，公立学校与私立学校处于同等的竞争地位，而学生作为“消费者”有权自由选择学校并向其缴纳学费，在这种情况下，大学必须不断地优化自己的管理和办学，不断提高自身的水平，从而为学生提供更优质的教育和服务。此外，大学制度的效率价值还体现在各国公立大学逐渐被市场同化，盈利倾向日益显著。美国的教育事业拥有较为完善的市场，在20世纪90年代的教育改革中美国的一部分公立大学被私营公司以营利为目的进行经营管理。除美国外，英国的大学也出现了私有化的倾向，英国在20世纪80—90年代通过的两部教育改革的法令，明确要求教育转为完全面对市场的体制。这种私营的市场化倾向减少了政府对大学的投资费用，同时使大学能够在办学的过程中获取更多的产业收益。公立大学与私立大学的竞争以及公立大学日益显著的利益化倾向，都是深受市场经济影响的结果，为更好地在市场中脱颖而出就要求不断提高自身的发展水平，在这一过程中大学制度的效率价值不断彰显。

经济发展决定大学制度价值的变迁，但是随着经济发展方式的转变，教育和科技在经济发展中占有越来越重要的地位，大学制度价值通过教育的功能来提高生产力进而促进经济发展。大学制度价值中的自由价值在传播知识和经验的基础上，使人拥有更大的创作空间从而创造新的生产力。学校是传播知识的重要场所，教育是传播知识的重要途径。人类在长期历史发展过程中积累了丰富的知识和经验，无论是个人还是社会，要想继续向前发展就必须总结和继承前人留下的优秀财富。新一代要想在科学技术上取得新的突破，也必须要储备一定的知识，而大学正是在教学过程中将其所积攒的知识财富传递给一代又一代的新人，从而使科学知识为更多的人所了解和掌握。这一继承和传播的过程实现了科学知识的扩大再生产。大学除了通过教学传播知识以外，还承担着科学研究的重要任务。大学制度的自由价值使人们在科学研究的过程中拥有更多自由的空间，从而有利于发挥他们的全部潜能和创造力，大学制度的自由价值允许多种不同的观念存在，这为学者的创作提供了更多思想来源。正是在大学制度自由价值的影响下，大学拥有的科学研究职能才能够更好地发挥作用，并通过科学研究不断创造新的知识、发明新的技术、生产新的工具，进一步推动生产力向前发展。大学制度自由价值在教学科研双重工作中赋予人们更多的权利，使知识和技术得以继承和创新，从而创造出新的生产力。

大学制度的效率价值能够直接转化成生产力从而推动经济的发展。“教育是以培养人为己任的社会活动，而在生产力三要素中，人是最关键、最能动的因素。”① 人才培养是大学制度价值的重要功能之一，大学作为一种高层次的教育其所培养的人才是具备丰富的科学知识、先进的劳动技能的高层次人才。与简单的劳动人才相比，大学培养的人才蕴藏着更加先进的生产潜力，当他们投入到社会劳动生产过程中时，将自身所掌握的知识和技能投入到各个生产环节和部门之中，促进劳动的科学化和生产的现代化。美国经济学家舒尔茨的“人力资本”学说强调了教育投入对于经济发展所做出的重要贡献。对于大学来说，人才的培养和人力资源的开发都是一种生产性的活动，其必将创造出巨大的生产力和丰富的社会财富。马克思就曾“把人类支配自然的能力的无限发掘，人类创造的天才的全面发挥，也就是说发挥人类一切方面的能力”看作一种社会“财富”②。大学制度效率价值通过教育把人的潜在生产力转化为现实生产力，既能培养出具有先进技术的创新型人才，又能培养出高效率的操作型人才，生产发展过程中管理人才的培养也离不开大学制度价值的发挥，因此，大学制度效率价值能够转化成社会生产力，提高社会生产效率，从而促进社会经济发展。

大学制度价值的自由与效率价值共同发挥作用，为经济发展培养了一批有素质的劳动者。人是生产力发展过程中最活跃的因素，而作为劳动者的人的素质的高低对于生产力发展具有重要的影响。马克思指出：“为改变一般人的本性，使他获得一定劳动部门的技能

①《教育学原理》编写组. 教育学原理［M］. 北京：高等教育出版社，2019：69.

② 南京师范大学教育系. 教育学［M］. 北京：人民教育出版社，2005：65-66.

和技巧，成为发达的和专门的劳动力，就要有一定的教育或训练。”① 大学制度价值在教育和训练劳动力的过程中不断提高劳动者的素质，一方面，通过大学制度自由与效率价值提高劳动者的知识水平，同时通过技能和专业性的培训，劳动者能够很好地将其所学运用到生产过程中，提高劳动的熟练程度，从而进一步提高生产效率来促进经济发展；另一方面，大学制度自由与效率价值在对学生进行专业知识教育的过程中，还对他们进行道德理想的教育，从而使劳动者在受教育的过程中养成良好的道德品质和职业素养，以更加专业的态度和精神投入到生产过程中，这有利于进一步提高社会文明水平。此外，大学制度自由与效率价值能使劳动者在受教育过程中形成良好的学习能力和创新能力，能够使劳动者很好地适应和处理生产过程中出现的一系列变化，在提高劳动生产效率的同时实现其创新性和创造性发展。因此，大学制度价值能够为社会经济发展培育出具有更高素质的劳动者，这对生产力的进步和经济的发展具有重要的促进作用。

三、大学制度价值与文化环境的互构机制

文化环境制约大学制度价值的产生和发展，同时大学制度通过其特定的价值影响社会文化。“文化是制约教育的重要因素之一，尤其是对于传递与发展人类文化最高层次的高等教育来说，这种制约作用更加显得重要。”② 大学制度价值是在文化发展进程中逐渐彰显的，大学制度价值的变迁与文化环境的变化具有深层、密切的联系。启蒙运动推翻了中世纪教会和封建专制的联合统治使理性精神得到弘扬，在这种思想文化的熏陶之下，教育过程中强调通过学习达到对真理的认知，大学制度体现出理性的价值。欧洲三大思想解放运动相继发生以后，欧洲各国文化蓬勃发展，人本主义与自由价值理念广泛传播，在这种文化环境和思想氛围的影响下，大学制度体现

① 马克思，恩格斯. 马克思恩格斯文集：第 5 卷［M］. 中共中央马克思恩格斯列宁斯大林著作编译局，编译. 北京：人民出版社，2009：200.

② 潘懋元，邬大光. 文化传统与高等教育的理论思考［J］. 高等教育研究，1989（1）：3.

出自由的价值。大学制度价值在受文化环境的制约和影响的同时，“它能够依据自身的特点，发挥其应有的功能，主动地反作用于文化”①。因此，大学制度在发展过程中通过理性和自由的价值发挥其传承、选择与创新文化的功能。

在理性文化环境影响下，大学制度的理性价值得到彰显。古希腊将“爱智慧”作为最高范畴，致力于追求科学理性精神，但是到中世纪，在封建专制和教会的共同控制下理性精神遭到抹杀，经过启蒙运动，理性精神重新得到推崇和弘扬，并使大学制度的理性价值得到了凸显。中世纪时期天主教会与封建王权相互勾结，在全社会推行文化上的封建专制、大肆宣扬蒙昧主义，主张人类社会恢复到原始的蒙昧状态，以便统治者实行自己的统治。在这种文化环境的影响下，科学知识受到了贬低和否定，人类的理性思维遭到抹杀，一些思想进步的人也遭到了残害。在文艺复兴运动的推动下，自然科学技术得到很大的发展，这为人们推翻天主教会的统治提供了科学的理论依据，在此基础上，人们在思想领域发动了反对天主教和封建专制统治的启蒙运动，在这场运动中人们用理性驱散了过去的黑暗，将人们引向了光明。在启蒙运动中，人们通过经验的积累和理性的思考建立了独立于宗教之外的知识系统，同时提倡开展普及文化、宣扬新思想的运动来反对过去的愚昧主义。此外，启蒙思想家们在人文主义者的基础上还进一步用理论来论证封建专制的不合理性，形成完整的哲学理论和社会改革方案，在科学性的基础上反对和摧毁封建统治和天主教权威，从而建立起一个真正的以理性为基础的社会。启蒙运动弘扬和发展了科学知识，宣传了理性精神，使人真正地信仰理性，由此人类社会进入了“理性时代”。在理性精神的影响下，大学追求真理、崇尚科学，从而彰显了大学制度的理性价值，大学制度的理性价值主要体现为对知识的重视和对学术真理的追求。英国教育家纽曼在《大学的理想》一书中就明确指出大学是一个传授普遍知识的地方，“大学是所有知识、科学、事实和规则，研究与发现，实验与思索的制度性保护力量；大学描绘出智力

① 潘懋元，朱国仁. 高等教育的基本功能：文化选择与创造［J］. 高等教育研究，1995（1）：1-9.

活动的范围。每一领域的疆界都值得如宗教虔诚似的加以尊重；大学犹如真理的仲裁者，通过考查真理自身的特性及其主要意义，而确定各自在大学真理序列中的优先秩序。"① 洪堡在创办现代大学之初就十分强调要注重大学的学术研究，强调通过学术自由来促进大学的学术发展。理性价值在美国的大学制度中得到更明确的凸显，美国大学强调教学与研究并重，并坚持以理性精神统领大学发展。受社会文化中理性精神的影响，各国大学制度都在不同程度上体现出了理性价值。

自由的文化氛围使得大学制度的自由价值得到了彰显。自由是指人在现实生活中的状态，当作为社会主体的人达到"个性解放"和"自我实现"时人们才能真正地实现自由。正如马克思所说："这个领域内的自由只能是：社会化的人，联合起来的生产者，将合理地调节他们和自然之间的物质交换，把它置于他们共同的控制之下，而不让它作为一种盲目的力量来统治自己；靠消耗最小的力量，在最无愧于和最合适于他们的人类本性的条件下来进行这种物质交换。"② 欧洲三大思想解放运动的发生极大地宣传了自由解放的思想，营造了自由宽松的文化氛围，使人们摆脱了思想上的束缚，促进了大学制度自由价值的彰显。文艺复兴运动宣扬人文精神，坚持以人为中心而不是以神为中心，使人们摆脱了教会的控制，促进了人的个性解放，并且文艺复兴运动强调人们去追求现实生活的幸福，肯定人的现实价值和尊严，这极大地促进了人的精神自由。宗教改革运动打破了天主教对人们精神世界的垄断，极大地促进了人们的思想解放，从而为欧洲各国教育文化事业的发展提供了更广阔的空间。启蒙运动是一场反对封建主义和教会特权的思想解放运动，自由是该运动中极力宣传的重要思想，用政治自由反对封建专制，用信仰自由反对宗教压迫，这极大地促进了个人和社会的自由发展。这三大思想解放运动的开展，极大地促进了个人的自由发展，并营造了宽松自由的社会文化氛围，使得大学制度自由价值得到了彰显，而大学制度的自由价值主要体现在学术自由上。洪堡在创办柏林大

① 王晓华. 纽曼的大学目的观与功能论［J］. 清华大学教育研究，2001（1）：44-49.

② 石中英. 教育哲学［M］. 北京：高等教育出版社，2019：220.

学之初就十分强调大学环境自由及学术自由的重要性，他提出："进行这样的培养，自由是首要的和不可或缺的条件。"① 1919年德国颁布《魏玛宪法》，使学术自由上升为宪法权利，这是德国第一次通过宪法明文规定来保护大学的学术自由。为进一步保障大学的学术自由，德国还制定了大学自治制度，规定大学自治权的核心是保护大学的学术自由。英国大学制度的自由价值也不断发展，在《1988年教育改革法》中明确规定：进行学术性工作的人员，具有在法律允许的范围内，对现行的知识提出批判以及做出不同于流行性认知的见解的权利，这使得学术人员可以自由发表自己的观点和言论，极大地促进了英国的学术自由。在美国，学术自由也受到极大重视，美国《1787年宪法》对保护学术自由做了明确的规定，促进了美国大学学术自由的发展。正是在自由文化环境的影响下，各国大学制度的自由价值得到了彰显，使得大学内部的教师和学生有教的自由、学的自由，以及研究的自由，这能够不断地激发教师和学生的创作精神，从而促进学术研究的进一步发展。

大学制度价值的产生和发展与文化环境密切相关，大学制度价值受到社会文化影响的同时，会通过自身特定的功能影响社会文化的发展。大学制度的理性价值能够在文化选择的基础上促进文化的传承。"从人类的其他活动中分化出来成为一种独立的社会活动以来，教育就承担了文化传承的任务。"② 人类只有不断从过去积累的优秀文化中汲取营养才能获得更好的生存和发展，在长期发展进程中，各个国家、民族的文化发展都离不开其大学制度所彰显的价值。一方面，大学制度的理性价值本身就包含丰富的文化内涵，因此，大学制度的理性价值在彰显的过程中，能将其所蕴含的丰富文化内涵体现到学校建设、教师发展和学生教育各个方面，从而实现文化的继承和传播；另一方面，大学制度的理性价值主要体现在它对知识的重视以及对学术真理的追求，大学制度的理性价值在发展和传播过程中承担着生产和传播知识的特定使命。雅斯贝尔斯认为："所

① 威廉·冯·洪堡. 论国家的作用［M］. 林荣远，冯兴元，译. 北京：中国社会科学出版社，1998：30.

②《教育学原理》编写组. 教育学原理［M］. 北京：高等教育出版社，2019：76.

谓教育，不过是人对人的主体间灵肉交流活动（尤其是老一代对年轻一代），包括知识内容的传授、生命内涵的领悟、意志行为的规范，并通过文化传递功能，将文化遗产交给年轻一代，使他们自由地生长，并启迪其自由天性。"① 大学制度的理性价值就是在教育过程中将过去继承和积累的科学知识、思想理论、文化成果，通过教育的途径系统地、有序地传递给一代又一代的年轻人，从而使这些知识为新一代人所掌握，实现知识的无限积累和传承。大学制度理性价值在文化传承过程中并不是被动和任意的，而是对已有的文化有选择地进行传承。"教育的文化选择功能不仅涉及自身的进步与发展，更重要的是它将在很大程度上影响社会的进步发展。"② 大学制度理性价值在选择文化过程中会根据个人和社会的发展需要摒弃文化中消极的部分，将符合个人和社会需要的真、善、美的文化保留下来，优秀文化的选择和保留不仅有利于增强文化发展的生命力，还有利于个人的身心发展和社会的进步。

大学制度的自由价值能够促进文化的创新性发展。马克思主义认为，在与自然界相互联系、相互塑造的过程中，人类通过自身所特有的劳动实践活动创造了文化。"动物仅仅利用外部自然界，简单地通过自身的存在在自然界中引起变化；而人则通过他所做出的改变来使自然界为自己的目的服务，来支配自然"③，通过劳动实践创造文化是人与动物的根本性差别，是人类社会所特有的本质性活动。人类通过劳动实践创造出文化以后，随着人类社会不断向前发展，文化也不断发展，而大学制度自由价值在教育过程中对文化的发展和创新具有重要作用。"文化的生命在于它不断地创新，只有时时更新的文化才能源远流长，历久弥新。如果说普通教育主要的文化功能是文化的传递、传播，那么，高等教育在文化的选择与传递过程中则不断地批判旧的文化，创造新的文化，推动着整个社会文化的演进。"④ 大学制度自由价值使大学的师生实现了精神上的自由，在

① 雅斯贝尔斯. 什么是教育［M］. 邹进，译. 北京：生活·读书·新知三联书店，1991：3.

②《教育学原理》编写组. 教育学原理［M］. 北京：高等教育出版社，2019：77.

③ 马克思，恩格斯. 马克思恩格斯文集：第9卷［M］. 中共中央马克思恩格斯列宁斯大林著作编译局，编译. 北京：人民出版社，2009：559.

④ 潘懋元，朱国仁. 高等教育的基本功能：文化选择与创造［J］. 高等教育研究，1995（1）：1.

这基础上他们可以自由地追求学术上的真理和自我价值的实现，从而在传递知识的同时更好地进行科学研究和文化创造。一方面，大学制度自由价值可以使大学内存在多种文化观点，不同的文化在交流过程中碰撞出不同的火花促进新观点的产生；另一方面，大学制度自由价值可以为专家学者、教师、学生提供宽松自由的学术氛围和环境，使他们不受束缚地进行研究和创作，从而产生新的文化成果促进文化创新。大学制度自由价值能够在教育过程中唤醒人们的个人意识，培养人们的人格精神，使他们能够自由主动地追求理想价值和科学真理，从而促进文化创新。

第三节　大学制度基本价值

大学制度价值是大学精神的体现，“大学的制度形式，从一个侧面反映着一个时代的大学精神状况和社会发展水平”①。本节从大学制度出发，通过对大学制度基本价值的分析，探究其蕴含的大学精神，从而在审视现代大学制度的基础上进一步反思和寻找其蕴含的内在理念，弘扬其蕴含的本质精神。大学制度价值以大学制度作为客体，探究大学制度对于社会、人等主体的意义，是主体需要和客体属性之间的联结关系。大学制度价值的主体是多元的，因而主体的需要也是多元的，将主体需要和客体属性进行联结，形成了多元的大学制度基本价值，主要包括秩序、自由、民主、公正、效率、理性、情感等。

一、秩序

“秩序一般意味着在社会生活中存在着某种关系的稳定性、进程的连续性、行为的规则性以及财产和心理的安全性等，它主要表现为三个方面：（1）一定社会结构的相对稳定，即所有社会成员都被纳入一定社会关系的体系，每个人都被置于一种确定的社会地位，

① 邬大光. 制度之善：高等教育制度的伦理追求［J］. 清华大学教育研究，2012（1）：121-124.

各成员以及各种社会地位之间的关系都被社会明确规定；（2）各种社会规范得到正常的遵守和维护；（3）把无序和冲突控制在一定的范围之内，一个社会不可能没有冲突和无序的现象，但把它们控制在一定的范围之内也是一种社会秩序。”① 秩序是合规律性的，是一种有规则的状态，能够保障社会的有序运转。具体到大学制度价值中，秩序是由大学制度确立和保障的大学制度价值主体之间相互制约和相互作用而形成的稳定的、连续的、有规则的状态，秩序价值的实现以大学制度为保障，同时大学制度价值主体的需要被满足的前提是大学遵循一定的秩序原则，秩序价值是其他价值实现的基础。

秩序价值的形成需要制度的力量。秩序价值作为大学制度基本价值之一，其具体表现具有复杂性，既表现在大学外部大学与其他社会组织之间关系的规范，又表现为大学内部各价值主体行为的约束。如此复杂的秩序价值的形成因素有很多，诸如宗教、历史、文化等，但任何秩序价值的实现都离不开制度的保障，制度是秩序价值最基本的实现路径，脱离了制度的大学无法将办学理念付诸实践。从中世纪的大学开始，制度就成为大学秩序的保护神。“中世纪大学的历史加强了这样的观点，如果要使智力活动的契机不被消散，那么在取得学术成就之后，必须迅速做出制度上的反应。”② 当时的行会制度保障了中世纪大学的有序运转，推动中世纪大学逐步发展成为现代大学。到了现代，大学制度更加完备和健全，对政府、企业、其他社会组织、大学自身、大学内部行政主体、教师和学生等各大学制度价值主体的行为规范也愈加完善，秩序价值得到进一步保障。

其他价值实现以秩序价值实现为前提。大学制度基本价值（秩序、自由、民主、公正、效率、理性、情感等）往往不是处于对立的关系中，而是并存的，是大学制度追求的不同价值目标。大学制度是大学制度价值主体之间相互交往的规则，其最直接的功能就是约束和规范不同主体的行为，秩序价值是大学制度基本价值中相较于其他价值更为基本的价值。法国社会学家涂尔干曾说：“遵守纪律

① 柯武刚，史漫飞. 制度经济学［M］. 北京：商务印书馆，2004：182.

② 伯顿·克拉克. 高等教育系统：学术组织的跨国研究［M］. 王承绪，徐辉，殷企平，等译. 杭州：杭州大学出版社，1994：4.

的班级，会有一种健康的气氛和良好的情趣。每个人都各就其位，而且感觉也不错。相反，没有纪律就会产生混乱，而受害最多的却是那些似乎为没有纪律约束而手舞足蹈的人。”① 将涂尔干的论述放在大学制度层面来看，即遵循秩序是大学发展的前提，秩序价值是大学制度价值主体其他需要被满足的前提，也就是其他价值实现的前提。而在大学制度的现实表现中，我们也可以看到，对于不同价值主体权责的界定往往占据着国家大学制度和大学内部章程的重要位置，这就是大学制度对于制度价值追求的体现。

二、自由

“人生而自由，却无往不在枷锁之中。自以为是其他一切的主人的人，反而比其他一切更是奴隶。”② 这是卢梭在《社会契约论》中对其所处社会的人类生活现状的描述，既肯定了自由是人与生俱来的权利，又揭露了现实的人实则生存在一种不自由的状态之中。人类要想真正实现自由，必须要摆脱套在身上的枷锁，遵循其所签订的社会契约的规则，在承担义务的基础上获得自由的权利，自由应是人类毕生的追求，因为失去了自由，人也就失去了生存和发展的基础。正如社会契约是人追求自由价值的产物一般，大学制度是人的自由本性和组织约束相互作用的结果，自由既是作为客体的大学制度满足作为主体的人的自由发展需要的价值追求，又是在大学制度的约束和规范之下的相对自由。

大学制度是人类追求自由的表现。如果我们只关注大学制度的表面属性，可能会认为大学制度仅仅是一种规范人的行为的规则，是约束人的行动的外在强制力量，但当我们从大学制度的更深层次属性出发会发现，大学制度是人的自由全面发展的保障，体现在以下两个方面。第一，从大学制度的产生来看，大学制度价值主体的需要是大学制度产生的主要动因，而自由又是人的毕生追求，因而大学制度也将矢志追求自由价值。大学制度作为人类智慧的结晶，

---

① 涂尔干. 道德教育［M］. 陈光金，沈杰，朱谐汉，译. 上海：上海人民出版社，2006：113.
② 卢梭. 社会契约论［M］. 赵建兵，译. 北京：京华出版社，2000：117.

必然彰显着人类本质的价值追求，即对自由的追求。第二，从大学制度的本质来看，大学制度保障大学这个学术共同体有序发展，这也就意味着大学的价值追求决定了大学制度的价值追求。大学作为一个学术共同体，对知识和真理的探求是它的根本任务，大学的学术性质决定了它需要追求学术自由，教师要求有教学自由，学生要求有学习自由，这就需要通过大学制度来保障这些自由权利的实现。因此，大学制度服务于学术自由，服务于人的自由发展，是人对自由价值不断探究的制度成果。

自由是有秩序的自由。大学制度要追求自由价值，但不是追求无限制的自由，而是有尺度的自由，自由价值的实现需要大学制度发挥其制约功能。一方面，自由与秩序不存在冲突。正如德国哲学家加达默尔所说："自由要受到约束和限制，这一点并不与自由相矛盾。"① 大学作为一种社会组织，无论从何种意义上来讲，都必然会受制于一定的社会制度规范，大学制度的制定要以国家的法律法规为前提，这并不是对大学制度追求自由的扼杀，而是对大学制度能够更好地追求自由的保障。大学制度对自由价值的追求与大学制度本身所具有的秩序性质丝毫不存在冲突，而是一种和谐共生，大学制度自由价值是一种合秩序性的自由。另一方面，强行破坏社会秩序的大学制度从其本质上来说不是真正追求自由价值的大学制度。当大学制度错误地理解自由的含义，认为追求自由就是要追求无拘无束，追求随心所欲，实际上是在抹杀真、善、美的制度的性质，与自由价值背道而驰。

三、民主

"民主"一词早在古希腊时期就已经存在，"民"意指人民，"主"意指统治，连在一起为人民的统治，即主权在民或人民当家作主，这也就意味着民主的一般概念具有以下三层含义。一是从国家制度和人民的关系来看，国家制度为人民服务，而非人民服务于国

---

① 汉斯·格奥尔格·加达默尔. 真理与方法［M］. 洪汉鼎，译. 上海：上海译文出版社，1999：284.

家制度；二是从国家制度的产生来看，其根本的出发点和最终旨归都是人民；三是从程序上来看，要具有一套完备的民主程序保障人民权利的实现。将民主的一般概念放在大学制度价值中来看，即指大学制度价值主体平等地参与大学的管理，共同协商，反对少数人的专断，同时在组织决策和大学治理的过程中具有完整的民主参与程序和民主决策机制，从而保障大学制度价值主体的不同需要得到满足。

民主是大学制度价值不可或缺的重要组成部分。民主在一定概念上与专制是相对的，其主张平等参与、共同决策、相互监督，反对将决策权、管理权和监督权集中在少数人的手中，大学制度追求民主价值即追求大学办学过程中的民主决策、民主管理和民主监督。现代大学不是某一个人或者某一类人的私有物，既不应该将权力完全交付学术主体，也不应该让行政主体掌握大学建设和发展的绝对话语权，而是要实现民主治理。正如中世纪大学实行的学者共同治校制度一样，大学制度民主价值的具体表现可以概括为大学自治：在大学外部，政府简政放权，其他社会组织也给予大学更多的追求知识和真理的空间；在大学内部，无论是课程设置，还是师生管理，都由学校的行政主体和学术主体共同商讨实施。然而随着现代大学的社会职能不断增强，大学对社会产生的作用越来越大，各国政府、社会组织及大学的行政主体纷纷加强自身对大学的干涉，甚至将手伸到了学术领域，这不利于大学作为学术共同体的健康发展。因此，为了保障大学的良性发展，大学制度民主价值必不可少。

民主与自由息息相关。19 世纪 40 年代，著名教育家陶行知曾说，“只有民主才能解放最大多数人的创造力，并且使最大多数人的创造力发挥到最高峰”①，而具有创造力恰恰是人类思想自由的重要表现。大学是一个独特的社会组织，它不同于其他的政治或经济组织，大学是一个学术集体，是由无数个孜孜不倦追求知识和真理的学者构成的学术共同体，对学术自由的追求和保护是大学的应有之义，而民主就是保障学术自由的制度和手段，只有在民主的大学制度下，学术自由才能得以实现。在我国，2018 年修正的《中华人民

---

① 陶行知．创造力最能发挥的条件是民主［J］．生活教育，2011（14）：1.

共和国高等教育法》明确规定“国家依法保障高等学校中的科学研究、文学艺术创作和其他活动的自由”和“高等学校应当面向社会，依法自主办学，实行民主管理”，自由和民主是紧密结合在一起的，追求自由就必须追求民主，这不仅是我国大学制度还应是全世界大学制度所追求的发展方向。

四、公正

自古以来公正就是人类矢志追求的价值，在大学制度建设过程中也是如此。“古希腊三杰”之一的亚里士多德在《尼各马可伦理学》中指出：“所谓公正，是一种所有人有之而做出公正的事情来的品质，它使他们成为做公正事情的人。由于这种品质人们行为公正和想要做公正的事情。不公正的意思也是这样，人们由此做不公正行为和想不公正的事情。”① 亚里士多德认为，公正的具体内涵即合法、平等。美国政治哲学家、伦理学家约翰·罗尔斯则倡导社会上所有具有价值的事物，即劳动、物质产品及有利于人发展的各项权利等，要使每个人都能平等地享有和获得，除非其中一项或多项事物的不平等分配所产生的影响和结果能够被每个参与分配的人所接受或认同，将公正界定为由社会成员认可的平等。综合不同学者对公正的理解，我们认为大学制度价值中所讲的公正价值一是指程序公正，二是指实质公正。

程序公正既体现在现代大学制度的参与性中，又体现在现代大学制度的透明性、公开性中，是现代大学制度公正价值的外在体现。公正的现代大学制度具有广泛的参与性，这主要体现在制度的制定、运行、监督和反馈等方面。现代大学制度的制定并不是一家之言决定的，而是纳众家之言广泛听取各方意见形成的。以美国公立大学为例，参与制定制度的主体有校长、分校校长、大型实验室主任、评议会主席、校友会主席等，而参与主体的广泛性、多样性使得大学制度中更多的大学利益相关者的群体利益得以满足，从而为现代大学制度的公正增添了筹码。此外，参与性还体现在程序的运行和监督方面。以德国大学为例，在学校层面设有评议会，在各学院也

① 亚里士多德. 尼各马可伦理学［M］. 廖申白，译. 北京：商务印书馆，2003：131.

设有各种学术管理组织，这些组织由教授、学生，以及学校管理人员共同组成，组织成员对程序运行进行监督，并将监督结果反馈给大学的管理者，使其了解大学制度的哪些地方还未实现公正，从而对不合理、不公正的地方进行修正或改革，以减少弊端和危害，保障其程序运行的公正。公正的现代大学制度具有透明性和公开性，规定清晰明确，为人熟悉知晓，才可能便于人遵循。

实质公正是大学制度公正价值的本质属性。大学是一个学术组织，它担负着传承人类优秀文明成果、培养面向未来的高素质人才、推动科技学术创新、促进社会发展等使命，大学制度追求公正价值是要将公正从理论转为现实实践，通过大学制度、法律法规将公正价值呈现出来。追求大学制度实质公正，一是要实现大学的学术使命，因为实现大学的学术使命不仅是大学全部活动的目标，而且是大学各项制度的最终目的①。在现代社会，大学的定位不仅是学术共同体，还承担着更多的社会责任。大学所处的社会关系是十分复杂的，这就需要大学制度保障实质公正，捍卫大学的学术品格，帮助大学抵御来自外界（国家、社会组织、大学行政主体等）的干扰。二是要保障学术人员的权利。学术是大学的生命线，学术人员应该居于大学的核心位置，但现实情况却不容乐观。为了改变这样的现状，大学制度必须追求公正价值，学术主体能否掌握学术问题的决策权是大学制度实质公正是否实现的重要判断标准。综上所述，实质公正是现代大学制度公正的本质所在，其在现代大学制度运行发展过程中为其合理性提供了依据和保障。

五、效率

《辞海》（第七版）中对“效率”一词的解释为“消耗的劳动量与所获得的劳动效果的比率”，从经济学的角度给效率下定义，意指投入与产出的比例。而在现代社会，人们越来越追求效率价值，实则是希望利用更少的资源换取更高的经济利益。这就导致现代大学这样一种资源消耗型的社会组织不得不追求效率价值以换取更多的社会资源，这也意味着大学制度要追求效率价值，创造出更多的

① 别敦荣，吴国娟. 论大学制度的公正性［J］. 教育研究，2006（7）：17-23.

“人才产品”和“知识产品”，从而提升自身的社会贡献度。由此可见，现代大学对效率价值的追求就是现代大学制度对各种教育资源的最高投入产出比的追求，具体表现为对学术效率和行政效率的追求。

重视学术效率是大学制度的应有之义。根据效率的定义，我们可以得出学术效率意指“人才产品”和“知识产品”的投入与产出比。大学作为追求知识和真理的学术共同体，追求更多数量、更高质量的“人才产品”和“知识产品”产出是应有之义。现代大学十分重视学术效率，并通过制定相关制度保障和激励大学学术主体提升学术效率。从大学外部看，随着大学社会职能的不断扩大，政府和其他社会组织不断提升自身对大学“人才产品”和“知识产品”产出的数量要求和质量要求，希望自身为大学所提供的办学资源利用率最大化，这就要求大学树立效率意识，具有一套提高效率的制度安排。从大学内部看，大学会给予学术主体一定的激励政策，例如职称评定、奖学金评定等促使学术主体提升自身的学术效率，有关政策和文件的出台也彰显了大学制度效率价值。

追求行政效率是大学制度的现实需要。大学并非一个自给自足的社会组织，大学的建设和发展需要外部的政府和其他社会组织予以帮助，为其提供充足的资源，因而大学早已不是“象牙塔”，而与整个社会息息相关，这就决定了大学必须追求行政效率。追求效率价值的大学制度应该是能够降低投入、提高产出的大学制度，也就是说大学应该尽可能地减少各大学制度价值主体之间的交易费用，以最少的办学资源换取最大的收益，不断提升大学自身产出“知识产品”和“人才产品”的能力，从而提升大学的社会贡献度。虽然大学的本质是学术共同体，但当大学无法独立存在于社会之外时，大学就需要设立一套既符合自身学术追求，又能够满足社会发展的大学制度，而这个制度就必然要追求效率价值，这既是国家、社会和其他社会组织对大学的需要，也是大学选择自身发展的必然结果。

六、理性

理性是合乎自然、合乎人的本性的价值，按照德国社会学家马克斯·韦伯的划分标准，可以分为价值理性和工具理性。所谓价值理性就是“通过有意识地对一个特定的举止的——伦理的、美学的、宗教的或做任何其他阐释的——无条件的固有价值的纯粹信仰，不管是否取得成就”。所谓工具理性就是“通过对外界事物的情况和其他人的举止的期待，并利用这种期待作为‘条件’或者作为‘手段’，以期实现自己合乎理性所争取和考虑的作为成果的目的”①。价值理性关注的是行为的合目的性，工具理性关注的是达成目标的行为和手段，二者既有区别又有联系，统一在大学制度价值内。

价值理性是大学制度理性的内核。价值理性追求的是大学制度对大学精神和大学使命的彰显。大学作为一个学术共同体，其行为应该是纯粹的，应该是在大学自身所认可和接受并愿意遵循的大学制度价值指引下所做出的行为判断，其选择的动机是纯正的，不掺杂任何价值主体的个人私利，不考虑这种行为是否会损害大学的经济利益或者政治利益，只考虑是否遵循了大学制度的基本价值。例如，大学制度追求学术自由和大学自治，强调“大学是个公开追求真理的场所，所有的研究机构都要为真理服务，在大学里追求真理是人们精神的基本要求”②。大学为了追求知识和真理，维护自身的精神独立性，拒绝为金钱和资源做出让步，这就是价值理性的体现。尽管大学的这种行为可能不符合社会对其发展的要求，甚至可能由于资源不足产生不理想的结果，但是其行为的出发点是为了保障学术自由、大学自治，这种主观上的价值合规律性恰恰是大学制度理性的表现，正如英国哲学家怀特海对大学的评价：“大学存在的理由是，它使青年和老年人融为一体，对学术进行充满想象力的探索，从而在知识和追求生命的热情之间架起桥梁。大学确实传授知识，但它以充满想象力的方式传授知识。至少这是它对社会应起的作用。一所大学若不能发挥这种作用，它便失去了存在的价值。”③ 大学制度对价值理性的矢志追求，使大学真正成为以追求真理为己任的学术共同体。

工具理性是大学制度理性的合理性选择。尽管大学制度始终追

① 马克斯·韦伯. 经济与社会：上卷［M］. 林荣远，译. 北京：商务印书馆，1998：56.

② 雅斯贝尔斯. 什么是教育［M］. 邹进，译. 北京：生活·读书·新知三联书店，1991：169.

③ 怀特海. 教育的目的［M］. 徐汝舟，译. 北京：生活·读书·新知三联书店，2002：137.

求价值理性，但是大学并非“象牙塔”，只追求价值理性可能导致大学失去社会价值，最终走向衰亡。因此，大学为获得其外部组织在资金和资源上的帮助，保证大学的正常运转，大学制度必须追求工具理性。“现代大学制度的工具理性是指大学组织纯粹从管理效果最大化的功利性目的出发，制定出的各种大学制度具有典型的目标明确、手段和程序精准、操作上可计算性强和可衡量性强等实用性特征。这种工具理性是与现代社会结构在管理上的日益复杂化相适应的一种合理性选择，具有某种程度上的客观性。”① 在大学制度中，工具理性主要表现为等级森严的行政体系，各部门成员各司其职，追求工作效率，这使得大学能够更快速地适应社会需要，不断生产出更多数量和更高质量的“知识产品”和“人才产品”，保障大学的社会供给量和社会贡献度，但这也在一定程度上损害了大学学术主体的利益，偏离了大学制度价值追求的方向，现代大学制度只有将价值理性和工具理性有机融合，才能建设好的制度、发展好的大学。

七、情感

情感是人对客观事物是否符合其需要所产生的态度体验，是指与人的社会性需要相联系的一种复杂而稳定的态度体验，亦即具有稳定而深刻社会内涵的高级感情。情感可以表现为三种类型：道德感、理智感和美感。道德感是人们基于一定的道德认识，对现实中具体的道德关系和道德行为产生的爱憎、好恶等主观上的心理活动，是人们在道德方面对社会存在的主观认识；理智感是人在认知活动中产生的各种体验，如惊喜、犹豫等情感；美感是对事物产生的各种美的体验，如面对精美的艺术品、美丽的自然风景时所产生的兴奋、愉悦等情感。大学制度情感体现在大学制度重视人的存在，将人的存在作为一切存在的出发点，将大学制度建设和发展与个人的自我发展紧密结合起来。

“以人为本”的大学制度是大学制度情感的具体体现。雅斯贝尔斯提出大学应该注重个人的存在价值，指出大学的教育目的应是培

① 朱平. 现代大学制度的制度理性［J］. 现代教育管理，2013（4）：14.

养“全人”，大学的师生关系应是主体间的自由交往，大学的教育方法应是苏格拉底式教学法，大学的课程安排应是学生根据自我需要自主选择的。马克思也强调人的自由全面发展是社会发展的最终旨归，具体到大学制度也是其所追求的终极目标。大学制度情感表现为大学制度关注、重视人的存在，将人的存在作为一切存在的出发点，大学实施全面、自由的教育，而不是固定模式的“人才培养”，大学应该注重对人的精神世界的培育，给予人按照自我意愿生长的空间和能力。此外，大学制度情感还应重视人的道德情感培养，而不是将人训练成冰冷的机器，道德情感在人们之间相互作用、相互关爱、相互激发，进而激发出人的无限潜力去能动地创造和创新。因此，大学应该培养人与人的思想交流、情感沟通的能力。

中国大学制度在许多方面体现情感。党的十八大以来，我国大学将“立德树人”作为高等教育的根本任务，旨在培养社会主义的合格建设者和可靠接班人，重视对大学生“德”的教育，主要包括爱国主义教育、社会主义教育、集体主义教育等，这些对学生的思想品德教育，无论是哪一种，归根结底都是以情感为基础的。将情感作为大学制度基本价值自古以来就有，儒家文化中的“文道统一”“德智统一”的人才观，就是提倡既要注重对学生知识的传授，也要注重引导学生如何做人，先修身才能齐家治国平天下。到了近代，五四运动以来，尽管我国大学制度深受国外文化影响，追求自由、民主、理性的大学制度价值，但是情感价值也未曾被忘却，学生对老师的尊敬与爱戴自古流传，一直到今天都不曾改变过。新中国成立以后，我国历代领导人更是强调对大学生德智体美劳的全面培养和教育，培养全面发展的人已经深深植根在中国人的思想观念中，情感价值是中国大学制度的不懈追求，也应是全世界大学制度的应有之义。

第三章 大学制度价值思想传统

研究中国特色社会主义大学制度价值，不仅需要明晰大学制度价值的基本理论，还需要探寻大学制度价值的思想传统，把握其价值理念和文化精神的源头。从国内看，春秋战国时期孔子的私学已有大学的缩影，经过汉朝的太学、明清时期的书院、近代的大学，大学逐步走向制度化，这其中蕴含的情感、自由、秩序等制度价值，对现代大学制度价值产生重要影响。从国外看，大学制度价值主要源于古希腊教育制度价值思想，苏格拉底、柏拉图和亚里士多德的大学制度价值思想为现代大学制度价值奠定了理论基础，其中蕴含的大学制度价值成为现代大学制度价值的重要组成部分。卢梭的自然主义思想、费希特的国家主义思想、洪堡的新人文主义思想、杜威的实用主义思想以及雅斯贝尔斯的存在主义思想融入到大学制度建设之中，彰显了不同的大学制度价值，对现代大学制度价值产生不可磨灭的影响。探寻大学制度价值的思想传统，处理好中国特色社会主义大学制度基本价值的传统与现代、中国特色与国际借鉴的关系，才能更好地建设中国特色社会主义大学制度。

第一节 中国大学制度价值思想传统

中国大学制度价值不是凭空产生的，有其自身的思想传统。从孔子的私学，经过汉朝的太学、明清时期的书院、近代大学，大学逐步走向制度化、规范化。从某种意义上说，大学历史就是大学制度变革的历史。在整个大学的演化过程中，大学制度从无到有，从依靠道德约束到依靠成文的规章制度约束，随着大学的不断发展而发展。大学制度不仅要求有完善的大学制度形式，更要求反映和体现大学的理念，始终维护和彰显大学的精神，保障大学使命的实现。

如果大学制度仅有“制度形式”，弃大学理念、大学精神于不顾，这样的大学制度不是真正的大学制度。也就是说，大学制度是工具性和价值性的统一体。因此，探讨大学制度价值，追寻大学制度的价值合理性，是大学制度建设必须解决的重大课题①。传统的大学制度已有比较完备的制度形式，大学在其运行过程中反映了传统大学的理念、精神，保障其使命的最终实现。这种传统的大学制度还包含了丰富的制度价值，其包含的制度价值不是单向的，而是多元的，包括秩序、自由、民主、公正、效率、理性、情感和集中等价值。阐释清楚这些价值是我们研究中国大学制度价值的基础。

一、孔子与私学

先秦时期是古代中国大学制度伦理思想的萌芽时期。这一时期社会制度发生剧烈变革，礼崩乐坏，官学衰落，私学兴起，盛极一时。大学制度伦理思想处于“百家争鸣”时期。这一时期，孔子的私学最有影响力。孔子创办的私学独立于官府，是专门传授知识和研究学术的教育场所。孔子私学的制度伦理思想主要体现在情感、自由和秩序三个方面。

情感，指的是人对客观事物是否满足自己的需要而产生的态度体验，表现为三种类型：道德感、理智感和美感。孔子私学在很多方面都能体现出重视情感价值。如在私学的教学内容上，其教学内容以美育、德育为核心，高度重视道德情感，以追求高尚的道德情感为目标；在师生关系上，老师不仅是知识的传授者，更是学生情感上的导师。在私学的整个教育过程中，孔子之所以把美育、德育放在教育的中心，这是基于孔子对美育、德育的重要性、可能性的宏观把握和哲学考量。《论语》是孔子教育思想的集大成之作。据统计，《论语》共记述孔子言行 465 条，其中关于德育的就有 380 条左右。孔子认为弘扬德行，有利于个人完善、社会进步、国家发展，因此，学生要用毕生精力去追求道德修养的最高境界。那么人的德

① 别敦荣，唐世纲. 现代大学制度的价值及其矛盾关系的调和 [J]. 苏州大学学报（教育科学版），2016（4）：32-46.

行是先天遗传的，还是后天习得的？孔子说："性相近也，习相远也。"① 即人的道德品质不是天生的，而是后天接受教育的结果。个人只有接受后天的道德教育，才可能会拥有高尚的德行。从孔子的"兴于诗，立于礼，成于乐"②，可以看出美及审美的重要性。孔子私学继承了西周的六艺教育，但比西周更为广泛和深刻。"诗""书""礼""乐"是其私学学习的主要科目，主要分为道德教育和知识教育两大部分，其中以道德教育为重心。其私学的教材主要是经孔子整理的"六经"，即《诗》《书》《礼》《乐》《易》《春秋》。教《诗》《乐》重在感化人心，陶冶学生美的情感，以提升其美感；教《礼》则重在规范人与人相处的行为，亦是在加强自我修德。私学在进行德育、美育的同时，十分重视道德情感的培养。由于道德情感是人们道德品质中的内在因素，是在一定的社会实践和道德熏陶中形成的，因而进行道德教育必须注意培养良好的道德情感，进而形成高尚的道德品质。孔子私学的师生关系情同父子。孔子三千徒众立，七十二贤人。他不仅向学生传授知识，授之个人道德修养的原则、要求和方法，而且关心学生的家庭、情感等个人生活。孔子与学生的关系，犹如父与子的关系，爱生如爱子。孔门七十二贤人之一的原宪家境贫寒，孔子便多多接济；冉伯牛有疾病，孔子不仅去看望，还对此十分感伤。"颜渊死。子曰：'噫！天丧予！天丧予！'"③ "颜渊死，子哭之恸"④，对于子路之死，孔子捶胸顿足、痛不欲生。这些都生动形象地表达了孔子与弟子之间真挚的情感。弟子们对待孔子，像儿子对待父亲般恭敬。孔子周游各国，弟子们慷慨解囊，为其承担路费。陈蔡两国发生战争，缺乏粮食，很多人生病了，弟子们仍旧不离不弃地追随孔子。由于孔子热爱自己的学生，忠于自己的职业，深深影响了学生，在师生间搭起一座进行情感沟通和思想交流的桥梁。由此，学生们愿意接受老师的教导，愿意与老师一起学习探讨，共同进步。在孔子去世后，弟子们像为父

---

① 杨伯峻. 论语译注［M］. 北京：中华书局，2019：257.

② 同①：116.

③ 同①：160.

④ 同①：161.

亲服丧一样为孔子服丧。总之，大量的事实表明孔子与弟子之间有着深厚的情感，关系十分融洽。由此可见，孔子与弟子间的师生关系不是父子却胜似父子。

“自由”是一个多义概念。作为伦理学概念，自由指的是意志自由，主要表现在善恶选择上。孔子私学的“自由”是礼制、礼仪规范下的自由，是一种不断在自家身心上做“功夫”的自由①，即意志自由。孔子私学的管理理念是“克己复礼为仁”的自由。“克己复礼为仁”，即克制和约束自己，使言语行动都合于礼，就是仁。孔子的私学对其教学原则、教学方法、教学内容以及学生的行为等没有制定成文的规章制度，而是通过教育，使学生获得“克己复礼为仁”的自由，进而来管理私学。即教育学生获得“克己复礼为仁”的自由的过程就是私学的管理过程。那么孔子到底是如何管理私学的呢？即孔子的私学以“人”为管理对象，重在人的内心管理，并且在对人的内心进行管理的同时对人的行为进行管理，使人的内心符合礼的规范，同时人自身所发生的行为也符合礼的规范，进而获得自由。“其进行人的内心管理的标准是‘仁’，进行人的行为管理的标准是‘礼’，‘仁’与‘礼’的关系是‘克己复礼为仁’。”② 孔子的私学通过“克己复礼”达到“仁”的境界，最终获得自由，此为孔子私学的管理理念。孔子私学的教育目标是“从心所欲，不逾矩”的自由。孔子的私学是一个提升个人内心的道德情感和规范外在行为的教育过程，其最终的教育目的是让个体获得“从心所欲，不逾矩”的自由。“从心所欲，不逾矩”，即任何念头不越出规矩。这种“从心所欲，不逾矩”的自由要求人把礼法规范内化为自己的内心信念，并以此来涤除与社会的礼法规范不符的欲望、行为，使自己的欲望、行为符合礼法规范，进而自身感觉不到礼法规范与自己内心信念的矛盾。换句话说，“从心所欲，不逾矩”的自由就是一种规范内的自由，是一种不断加强自我修德的自由。子曰：“吾十有五而志于学，三十而立，四十而不惑，五十而知天命，六十而耳顺，

① 朱承．在规矩中自在：由“从心所欲，不逾矩”看儒家自由观念［J］．现代哲学，2008（6）：97-101.

② 涂又光．中国高等教育史论［M］．武汉：湖北教育出版社，1997：66.

七十而从心所欲，不逾矩。”① 随着年龄的增长和经验的丰富，人只有通过不断学习，不断提升内心的道德情感、规范与人相处的外在行为，方能使行为符合要求，获得最终自由。这是孔子自叙其接受教育的过程，即从 15 岁开始逐步提高精神境界的终身教育。同样，孔子教人，要求学生不断加强道德修养，对内提高自身的道德水平，对外不断规范与人交往的行为，从而使自己的欲望、行为都符合社会的道德要求和行为规范，进而感觉到自由自在，即为孔子私学的教学目标。

秩序是人们认识自然和社会的成果，也是人们在改造自然和社会时的遵循。孔子私学主要从政治秩序的主体、具体内容和秩序力等方面来维护政治秩序的稳定。首先，提倡“学而优则仕”，即让那些学习优秀、德才兼备的贤才去做官从政。“为平民而设，为未仕而学者设”②。在私学教育目标方面，孔子教人，要求学生成为有智、勇、仁、义的道德品格和较高的文学艺术修养的人，并且能够担当国家大任、为国效力。可见孔子私学先从政治秩序的物质载体上尽可能规范政治秩序。其次，在私学教育内容方面，孔子的私学以传授《诗》《书》《礼》《乐》《易》《春秋》为主，这些内容是政治秩序的具体内容和规则形式。其中《礼》为强制性的社会规范，《诗》《书》《乐》《易》《春秋》为非强制性的软规范。最后，私学向学生传授修己治人之道，即要求学生不断加强自我修养，达到“仁”，为未来以“仁政”治理国家、获得较高的政治权威做准备。这也是保证政治秩序长治久安的核心力量，即秩序力。孔子私学既维护社会政治秩序，又维护个体自由秩序。秩序是自由形成的基础，自由又包含在秩序价值之中③，进而达到平衡，共同促进个体的自由全面发展。

孔子开设私学，其对学生的教育目标是追求“从心所欲，不逾矩”的自由。这种自由是在“礼”的规范、约束下的自由，是个体已经把“礼”内化为自己的内心信念后，自觉地、发自内心而表现

---

① 杨伯峻. 论语译注［M］. 北京：中华书局，2019：16.

② 罗安宪. “学而优则仕”辨［J］. 中国哲学史，2005（3）：31-38.

③ 殷粲，金丽馥. 孔子对自由与秩序的理解及其现代启示［J］. 理论月刊，2018（4）：52-56.

出来的一种行为状态。也就是说，在任何情况下，个体的内心已经涤除与礼度规范不相符合的想法、欲念，其内心的想法都符合“礼”的要求，甚至已经感觉不到“礼”或规矩的存在，其行为举止也符合“礼”的要求，即为个体的自由秩序。

二、董仲舒与太学

董仲舒（前179—前104），西汉时期著名的政治家、思想家、教育家。他尤为推崇儒家学说，主张施行仁政思想来实现政治上的大一统，并且推崇以德治国，要求从上至下的官吏都需要有良好的德行。其“罢黜百家，独尊儒术”的主张被汉武帝采纳，开始在长安建立太学并迅速崛起为汉朝时期的最高教育机构。太学的兴起对汉朝乃至之后历朝历代的学校教育都有着不同程度的影响，也为我国封建社会统治基础的稳固起到了至关重要的作用。在太学制度中，主要蕴含着秩序、情感等基本价值。

秩序是太学制度的核心价值。秩序指符合社会规范的状态，其中主要包括政治秩序、经济秩序等基本秩序。董仲舒太学的秩序价值主要体现在政治秩序，即实现政治上的大一统。要维护政治上的大一统首先要做到思想统一。因此，他提出了“罢黜百家，独尊儒术”的教学主张以及通过考试选拔人才来维护政治秩序。首先，为了确保“罢黜百家，独尊儒术”政策的顺利实行，董仲舒提出兴办太学，从这一角度看，太学实质上是一所儒学的专门学校。太学在教学中只能讲授儒学：“《春秋》大一统者，天地之常经，古今之通谊也……诸不在六艺之科孔子之术者，皆绝其道，勿使并进。邪辟之说灭息，然后统纪可一而法度可明，民知所从矣。”① 这项制度的提出体现了董仲舒对儒学的态度，即“春秋一统”的思想无论何时都要严格遵守，凡不属于儒家六艺的内容都不应成为太学的讲授内容，这样才能保证全社会从上至下实现思想上的统一，从而让统治者的思想得到维护，这也有利于稳定社会秩序。其次，董仲舒主张通过考试选拔人才，他提出要将考试成绩与入朝为官联系起来，“博

① 司马迁. 史记·儒林传［M］. 长沙：岳麓书社，1988：451.

士弟子一岁皆辄课，能通一艺以上，补文学掌故缺；其高第者可以为郎中。太常籍奏，即有秀才异等，辄以名闻，其不事学若下材，及不能通一艺，辄罢之，而请诸能称者”①。这里表明在汉武帝时期，学生每年都要参加考试，能通一经以上的学生才有资格取得官位，而没有通过考试的人应被罢黜。这里国家给予了太学生入仕的有效途径，从根本上打破了从周代以来的官僚制度下世代为官、承袭爵位的社会秩序，这样做一方面让太学生对学业及考试更为重视，另一方面鼓励了在职的官员进入太学后继续学习。由于官职要依靠考试成绩而定，成绩高者可以得到更高的职位，所以，大批优秀人才选择入朝为官。正因为如此，汉武帝时期才迅速涌现出大批优秀的官员，这为维护封建阶级的统治起到了至关重要的作用。

情感是太学制度的重要价值。董仲舒认为的情感更强调提升人的道德感，他认为教育的目的主要是培养人的德行，通过道德教育教化民众维护社会的稳定，因此太学制度的情感价值主要表现为在选拔博士和太学生的过程中重视道德。董仲舒将太学的教师称为博士，在博士的选拔中道德的好坏是其主要的选拔标准，“儒林之官，四海渊源，宜皆明于古今，温故知新，通达国体，故谓之博士，否则学者无述焉，为下所轻，非所以尊道德也”②。可见若想成为博士，不仅在学术上要博学多才，在道德上还要有良好的德行，只有德才兼备的人才有资格申请博士。由于博士在学术和德行上都十分优秀，所以很多博士最后都成为朝廷重臣，这既满足了官僚机构对人才的需要，也为维护汉朝封建阶级的统治奠定了良好的基础。要保证太学的质量只依靠优秀的博士还不够，还需要有好的太学生，因此董仲舒将德行作为太学生选拔的重要标准，他提出：“太常择民年十八以上仪状端正者，补博士弟子。郡国县官有好文学，敬长上，肃政教，顺乡里，出入不悖，所闻，令相长丞上属所二千石。”③ 可见，对太学生的要求是年过十八并且仪态端庄，同时还要有良好的道德修养。这项规定让太学生基本道德素质有了一定保证，加上博

① 班固. 汉书·儒林传［M］. 北京：中华书局，1962：58.

② 班固. 汉书［M］. 北京：中华书局，1962：2499.

③ 同②：1032.

士对其进行日常熏陶，让太学培养出了诸多优秀的太学生。之后越来越多的太学生入朝为官，这既保证了汉朝官员有良好的道德素养，又能让太学培养出来的人才对百姓实施仁德教化，让老百姓的德行也能有所提升。

三、朱熹与书院

朱熹（1130—1200），字元晦，号晦庵，是我国宋代著名的哲学家、教育家和理学思想的集大成者。其一生主要从事讲学活动，尤其热衷于书院教育。他提倡学生自学，并提出门户开放、百家争鸣的书院理念及“明人伦”的教育目的。这既体现出封建社会对教育的基本要求，又反映出朱熹对书院教育的认识和基本主张。他的大学制度价值思想集中体现在自由和情感两个方面。

自由是朱熹书院制度的核心价值。朱熹提出书院需要遵循自由的价值思想，而自由思想主要体现为自由教育，自由教育的本质是培养学生的自由意识和自由能力，以实现人的全面发展。因此，朱熹书院制度中的自由价值主要表现为自我学习及“讲会”。朱熹非常看重自我学习，他强调，“书用你自去读，道理用你自去究索，某只是做得个引路底人，做得个证明底人，有难处，同商量而已。”① 他提出学习应该是学生自己的事情，教师只是扮演引导的角色，在遇到问题时应共同商量，至于书中的道理则需要学生自由探索。学生只有自己自由学习，充分发挥积极性和主动性，才能在学习中养成良好的自我人格，达到全面提升自我的目的。同时他还提倡在研究学术上需要“讲会”，“‘讲会’即大师、师友或师生甚至社会上的书生会聚在一起，自由讲学、自由辩论，从而提高学术水平的活动”②。可见要真正提高学术水平需要各家多交流沟通。淳熙二年（1175）春，朱熹与陆九渊分别代表两个学派，在鹅湖寺展开激烈的学术探讨，这次“讲会”史称“鹅湖讲会”。经过这次“讲会”之后，朱熹便在书院内开始讲学，各方弟子均可到书院听讲，也可以

① 黎靖德．朱子语类：卷十一［M］．北京：中华书局，1986：165．

② 朱永新．中国古代教育思想史［M］．北京：中国人民大学出版社，2011：294．

对其授课内容提出自己的见解，而这都没有门户之见。他提出：“学而有问，学离不开问；做功夫需有疑，疑方能进。读书无疑者，需教有疑，有疑者，却教无疑。到这里方是长进。”① 他指出学生在听教师讲课时需要及时提出疑问，如果学生不能主动提出疑问则需要教师引导学生提出问题，面对学生提出的疑问，教师不应立刻给出标准答案，而应一步步引导，让学生自己领悟并消除疑问，这样才能让学生真正进步。同样，传授知识不能只靠师生之间的交谈，还需要依靠学生之间的公开讨论，学生自己要对知识进行探索，在互相讨论中得出结论，这有助于学术自由之风的培养。这种“讲会”的风气也传递到其他书院，一时间各家书院纷纷效仿，而朱熹开创的自由“讲会”制度在当时形成了百家争鸣的局面，这种自由的学术氛围也让书院对教育的影响达到了一个新的高度。

情感是朱熹书院制度的重要价值。朱熹书院制度情感价值主要体现在道德感方面，他所提倡的教育的作用在于提高人的修养及道德素质，因此，朱熹书院制度的情感价值主要表现为“明人伦”的教育目的及在聘任教师中道德的重要性。首先，朱熹的书院制度表明教育的目的在于“明人伦”，这也是其学规所揭示的“教养”之道。他在《白鹿洞书院学规》中规定：“父子有亲，君臣有义，夫妇有别，长幼有序，朋友有信……其别如左：博学之、审问之、慎思之、明辨之、笃行之”，“学、问、思、辨四者，所以穷理也。若夫笃行之事，则自修身以至于处事、接物，亦各有要”②。在这里他指明教育的目的就是“明人伦”的五教，在朱熹看来，只有坚持并达到这个目的，才能培养出既有学问又具有崇高道德精神的人才。他提出的修身、处事、接物之道也被其他各家书院所采用，直到今天对我们仍有借鉴意义。其次，由于他对道德的重视，因此在选拔教师上也要以德为先，他规定，“第一，择士以有道德者为人师；第二，痛减太学解额之滥，以还诸州，罢去舍选之法，诸塞怀利干进之途；第三，诸州县教官，也当严格挑选，推荐道德之士。”③ 可见

① 朱熹．晦庵文集［M］．北京：中华书局，2011：89.

② 朱熹．朱文公文集［M］．北京：中华书局，1964：74.

③ 刘德华．中国教育管理史［M］．郑州：河南教育出版社，1990：50.

当时书院在聘任教师时首先要选择有德行的人，教师只有学问而无道德则不应被聘用。同时推荐教师也应慎重，无论是推荐还是被推荐的人都应是道德高尚之士。这项制度的实行直接提升了书院中教师队伍的素养，改变了当时衰微的学校风气，通过聘任一大批德才兼备的优秀教师，培养出大批的“圣贤”之才。

四、蔡元培与大学

蔡元培是我国首位教育总长、北京大学的首席校长及中国近代著名教育家。他一生都致力于教育事业的发展，在教育理论和教育实践上都有突出的贡献。他借鉴并融合了西方发达国家大学制度的先进经验和模式，形成了独特的大学制度价值思想。他提出教育的目的应是追求人的全面发展，要求学生既要有渊博的学识，还要有良好的品德。他的价值思想主要包含自由、民主、情感三个方面。

自由是蔡元培大学制度的核心价值。蔡元培提出“大学者，研究高深学问者也”。要做到这一点，需要大学在学术及办学上都有自由的环境，因此，蔡元培大学制度的自由价值主要表现为学术自由及大学自治。首先，人才培养和科学研究只有在学术自由的氛围下才能真正得以实现。他在《〈北京大学月刊〉发刊词》中表示：“我素信学术上的派别是相对的，不是绝对的，所以每一种学派的教员，即使主张不同，若是言之成理，持之有故的，就让他们并存……若是为人写斗方或屏联，即写篆隶章草，有何不可”①。因此，大学应该在不影响正常教学的情况下允许多种流派的学说共同存在、共同发展，各个流派之间在学术上都不存在绝对的对立，只要能言之成理就不应对其进行打压，在流派没有消亡之前，即使与主流的流派意见相反，也要让其有自由发展的空间。因此，要发展大学的学术就必须让学术和流派互相争鸣，只有在互相包容和争论中学术才能实现真正的发展。在聘任教员上，他同样遵循“思想自由，兼容并包”的原则，他规定，“只要学术上有造诣，能言之成理，持之有故

① 蔡元培. 中国人的修养［J］. 教育参考，2018（4）：2.

便聘请，而无关其政治、学派、年龄、国籍等条件。”① 因此，当时在北大的教员中，在政治派别方面，既有信仰马克思主义的陈独秀等人，又有拥护袁世凯的刘师培等人；在学术派别方面，既有提倡新文化运动的鲁迅等人，又有旧学著名人物陈汉章等人；在年龄方面，既有年长者如 67 岁的崔适，又有年轻学者如 27 岁的胡適；在国籍方面，虽然以国内学者为主，但是同样有外籍教师葛利普（Grabau）等人。北大在经过蔡元培的改革后，形成了学术各有所长、相互争鸣的局面，学术氛围日益浓厚。此外，蔡元培认为，大学应自己决定并管理自己的事务，他提倡大学自治。蔡元培早期在留学德国期间深受以洪堡为代表的“大陆派”思想的影响，因此，他在就任教育总长后便效仿德国起草了针对我国大学教育的法令《大学令》，该法令也是我国现代大学制度的早期文本，为“大学自治”提供了最初的法律基础。其中指出：“大学设评议会，以各科学长及各科教授互选若干人为会员；……审查学生属于该科之成绩；审查提出论文请授学位者之合格与否。”② 从这些规定中可以看出，蔡元培主张大学所有学科设置、学位授予等环节都应由大学自身设定，其他任何政党都不应干涉，只有大学自治才能实现学术自由，这也是其思想自由的重要体现。

民主是蔡元培大学制度的突出价值。民主是指在一定的阶级范围内，按照平等和少数服从多数原则来共同管理事务。当时北大的管理体制较为混乱，少数人独断专行，为改变这一局面，蔡元培在北大实行民主制度，主要包括教授治校及学生自治。蔡元培认为，高校应完全交给教育家管理，这样才能培养出国家、社会建设所需要的硕学闳才，为此他设立了几项制度。首先，他规定，“第一步组织评议会，给多数教授的代表，决议立法方面的事；恢复学长权限，给他们分任行政方面的事……第二步组织各门教授会，由各教授与所公举的教授会主任，分任教务。”③ 蔡元培规定，学校中的职位都由学有专长的教授担任，这一制度的目的就是防止大学的行政权力

① 高平叔. 蔡元培年谱长编［M］. 北京：人民教育出版社，1996：106.

② 高平叔. 蔡元培教育文选［M］. 北京：人民教育出版社，1980：138.

③ 夏仕武. 大学教师学术权利的制度设计研究［M］. 北京：北京师范大学出版社，2011：14.

被掌握在包括校长在内的少数人手口，这在根本上改变了旧时北大的官僚管理体制。其次，他对行政会议也做出了规定："设行政会议，行政会议是全校的最高行政机构和执行机关，评议会决定的事项，一般交行政会议实施。它掌握全校行政大权，成员以教授为限，下设专门委员会分管事务。"之后他在《各学科教授会组织法》中规定："各门重要学科，各自合为一部，设教授会。各教授会各设主任一人，由本部会员投票选出，任期两年……下设的十一个专门委员会分管一部分行政事务。"① 至此，北大在蔡元培的管理下基本上确立了结构良好的师资队伍，也基本上可以保证这一新的管理体制在北大的正常运行。最后，他在《北大成立二十五周年纪念会开会词》中指出："设各系教授会，主持各系的事务。最近又由各系主任组织分组会议，凡此种种设施，都是谋以专门为本校主体，凡此种种设施，都是谋以专门学者为本校主体，使不至因校长一人之更迭而摇动全校。"② 这一政策的落实进一步提升了教授在教学及行政方面的话语权，而这时北大已经构建起成熟的教授治校体制，学校不再是校长一人独大的局面，而是形成了民主高效的管理机制。除了教授治校之外，蔡元培还十分重视学生自治，他要求学生在学校管理方面扮演重要角色："学校事情本很简单，学生都可以管，既都让给管理员，学生便不知不觉的把一切学业自修卫生清洁种种责任，都交与管理员去做，自己一概可以不管的样子……这实在是有人代为管理的原故。"③ 因此，蔡元培一改旧时学校的管理方法，不再将学生视为被统治的人，而将学生置于与教师平等的地位。这样做一方面调动了学生自我管理的积极性，另一方面希望学生通过自治参与到对学校的管理，进而养成对学校、社会的责任感。蔡元培也制定了一系列制度，"以挽奔竞及游荡的旧习，助成体育会、音乐会、画法研究会、书法研究会（社）、平民学校、平民讲演团与《新潮》等杂志，以发扬学生自动的精神，养成服务社会的能力"④。他鼓励

① 中国蔡元培研究会. 蔡元培全集［M］. 杭州：浙江教育出版社，1997：475-476.
② 萧超然. 北京大学校史（1898—1949）［M］. 北京：北京大学出版社，1988：26.
③ 同①：467.
④ 高平叔. 蔡元培教育论集［M］. 长沙：湖南教育出版社，1987：113.

学生自主成立各种有益身心及学术发展的社团，以此来培养学生的自主能力，这也加强了他们对社会的关注。在蔡元培制定的制度下，北大的各类社团纷纷出现，这些社团之间经常合作交流，在丰富学生课余生活的同时激发了学生的学习兴趣。

情感是蔡元培大学制度的重要价值。蔡元培认为教育的根本目的是要培养学生的完全人格，培养完全人格的关键则是加强道德素质教育。因此，蔡元培大学制度的情感价值主要表现为对道德的推崇及通过美育实现道德情感。蔡元培始终坚持德育是实现健全人格的关键的观点，他指出："德育实为完全人格之本。若无德，则虽体魄智力发达，适足助其为恶，无益也。"① 因此，在蔡元培看来，德育在养成健全人格的过程中有着至关重要的作用。"人之所以异于禽兽者，以其有德性耳"。由此可以看出蔡元培把人格看作"人之品格"，认为这是人与动物相区别的主要标志，人格就是"德性"，因此他建议把德育作为完善人格的主要途径。他在担任北大校长期间规定："北京大学学生，颇为社会所菲薄。……讲堂以外，又无高尚之娱乐与学生自动之组织。故学生不得不于学校以外，竞为不正当之消遣。此人格所由堕落也。"② 可见，他要求整顿学生的生活秩序，并提倡学生组织社团来丰富其课余生活，这样学生才能用正当的娱乐代替不正当的娱乐，从而提升学生的道德品质。他也提出了进德会："本校提倡进德会，对于嫖赌的恶习，官吏议员的运动，是悬为戒律的……倘没有养成博爱人类的心性，服务社会的习惯，不但印证的材料不完全，就是研究的结果也是虚无。"③ 进德会的提出进一步规范了北大职工和学生的道德行为，净化了学校的风气，使北大的面貌焕然一新。蔡元培认为美育同样可以促进德育的发展。早在蔡元培首次担任教育总长时就提出："当读画吟诗、搜奇探幽之际，在心头每每感到一种莫可名言的恬适……人我之别、利害之念既已泯灭，我们还不能进德么？人人如此，家家如此，还不能治国

① 中国蔡元培研究会. 蔡元培全集［M］. 杭州：浙江教育出版社，1997：328.

② 高平叔. 蔡元培全集［M］. 北京：中华书局，1984：186.

③ 同①：33.

平天下么?”[①] 在这里他指出通过美育可以使人的心灵得到净化，通过美育可以培养人的道德修养进而推动全社会的发展与进步。之后他规定：“九月二日教育部部令第二号，公布教育宗旨如左：注重道德教育，以实利教育，军国民教育辅之；更以美感教育完成其道德。”[②] 这是蔡元培正式将美育作为单独的教育列入国家教育制度中，这项制度也表明了他坚持美育是以德育为目的，德育的发展需要美育的促进。他还强调：“美育能破人我之见，去利害之计较，陶冶性灵，使之日进于高尚，这样当着重要关头，有富贵不能淫，贫贱不能移，威武不能屈的气概。”[③] 他主张通过美育可以培养学生高尚的道德，陶冶其情操，使人拥有直面挫折的勇气，同时让学生有远大的理想与抱负。

五、梅贻琦与西南联合大学

梅贻琦是我国近代教育史上伟大的教育家之一。从 1931 年他担任清华大学校长开始，直到 1948 年的这 17 年间，梅贻琦倡导的大学制度在清华大学及西南联大都深深地刻下了烙印。梅贻琦十分重视大学对人的教化作用，指出大学是为了培养“通才”，因此，他在清华大学及西南联大制定了一系列教学管理制度。他的大学制度价值思想对中国近现代大学制度的发展产生了深远的影响，其中主要蕴含自由、民主等基本价值。

自由是梅贻琦大学制度的核心价值。梅贻琦认为做学问要有自由的学风，因此，他的大学制度的自由价值主要表现为学术自由及大学自治。首先，梅贻琦不仅学习了蔡元培在北大提出的学术自由价值思想，还进一步发展了这一价值思想。他在日记中写道：“对于校局，则以为应追随蔡孑民先生兼容并包之态度，以克尽学术自由之使命。”[④] 可见梅贻琦对蔡元培提出的学术自由思想的认同，其始终坚持学术自由作为学校发展的重要原则，学校的教学也应满足学

① 高平叔. 蔡元培美育论集［M］. 长沙：湖南教育出版社，1987：105.
② 高平叔. 蔡元培全集［M］. 北京：中华书局，1984：172.
③ 高平叔. 蔡元培教育论著选［M］. 北京：人民教育出版社，2011：394.
④ 梅贻琦. 中国的大学［M］. 北京：北京理工大学出版社，2012：214.

术自由发展需求。在他任清华大学校长期间，学校开设的每一门课程都由多位教授进行讲授，虽然所有教授都教同一门课，但是授课方式和重点却大不相同，如“‘中国通史’，雷海宗从历史事件发展角度入手，对相关发展规律进行总结；吴晗则以经济发展规律为基础，对相关社会、政治、经济文化特征进行全面总结等等”①。教授自由教学的制度不但促进了教授之间的交流，也让学生可以自由选择自己感兴趣的方向。他规定：“在教学活动中，教授可阐述自己最新的研究成果和学术意见，与学生探讨和切磋。”② 这一规定真正让学生做到向教师自由发表自己的观点，而不用担心被教师批评，解放了学生的思想，让学生有自由发展的空间。这一制度的实施让清华迅速涌现出大批优秀人才，也为之后大学的办学制度提出了新思路。其次，关于大学自治，梅贻琦提倡由大学自己处理自己的事务而不应由政府来代替，因此在他初任清华校长时便对学校管理做出改革，他将学校评议会的权力放大，规定：“凡学校的重要事务，如聘请教师、学校规划、制度改革等，都需评议会决定才能施行。”③ 从这一规定可以看出，在梅贻琦看来，大学的所有重要事务都应由大学自身设定，只有实现大学自治才能实现学术自由。在抗日战争时期，针对当时的特殊环境他规定：“在校内，它（教授会）有以民主的名义对抗校长独断专行的一面；在校外，它有以学术自由的名义对抗国民党派系势力对教育学术机构侵入和控制的一面。”④ 这项规定让大学自治的理念得以继续执行，让学校避免被外界环境所影响，也使大学自治的制度在这一特殊的历史时期日渐成熟，直至今日仍对现代化高校建设起到重要作用。

民主是梅贻琦大学制度的重要价值。梅贻琦主张大学不应由校长一人独断专行，而应将权力下放，因此，他对大学民主的价值思想十分推崇。梅贻琦大学制度的民主价值主要表现为教授治校及学生自治。他任清华大学校长期间大力推出“教授治校”的制度，认

① 刘述礼，黄延复．梅贻琦教育论著选［M］．北京：人民教育出版社，1993：101.

② 黄延复．清华的校长们［M］．北京：中国经济出版社，2003：48.

③ 同①：108.

④ 赵章靖．梅贻琦时期教授会在清华校务管理中的作用探析［J］．清华大学教育研究，2011（3）：120-124.

为校长虽然重要，但是真正发挥教育作用的应该是教授，因此一直以来他都给教授很大权力。他在《清华学校组织大纲》中规定："设立教授会，由校长担任教授会主席，教务长任副主席。教授会可以选举评议员和院长。"教授会对学校政策的影响也很大，"评议会议表决前要征求教授会的意见。如果三分之二的教授会成员否决，那么评议会要复议"①。这项制度的制定削弱了校长的权力，加强了教授的话语权，表明了学校政策是大多数教授的意见，这可以充分发扬民主。由于评议会的成员都是教授会推选出来的代表，因此，教授可以直接参与处理学校的事务。他还明确了教授会及评议会的任务，教授会负责"学术科研、学风改进、教务考核，并可以与评议会共同决议校务相关事宜"，评议会负责"学系设立，法案、章制的制定，以及决议建筑设备、统管留学生相关事宜等"②。任务的明确分工确保了学校工作的正常运行，教授会及评议会各司其职互相监督，不仅给教授们充分的自由和尊重，还避免了学校校长一人独大的问题，从而使学校每一项政策的提出都可以满足大多数人的利益，这也对现代高校的制度有着很大影响。梅贻琦的另一项民主制度体现在学生自治，他在清华设置学生自治会，并规定："学生自治会的代表由各院系二、三、四各年级代表组成……并向代表大会汇报审查同学过错行为，勉励与纠正同学生活。"③ 学生自治会的成立给予学生自由发展的空间，让学生自己处理自己的事务，学校对此不过多干涉。自治会的成立一方面保护了学生的利益，另一方面也提升了学生的主观能动性，提升了学生自我管理的能力。之后他提出："评议会负责草拟决议及各项章程，规划自治方案，审议代表大会的教育事项及干事会的送议事项……决议召集会员大会的临时会、设立各种特种委员会等。"④ 这项制度进一步提升了学生自治会的权力，使学生自治会可以参与学校的管理，进而使学生养成对学校、社会的责任感。梅贻琦同时规定："学生一年级结束后，如果不愿意

① 刘述礼，黄延复．梅贻琦教育论著选［M］．北京：人民教育出版社，1993：108.
② 黄延复．梅贻琦教育思想研究［M］．沈阳：辽宁教育出版社，1994：47-50.
③ 黄延复，马相武．梅贻琦与清华大学［M］．太原：山西教育出版社，1995：318.
④ 同③：5.

继续读该系，可以向学校要求转系或者转院。”① 这给予了学生选择学科的自由，让学生寻找自己学习的兴趣，鼓励学生发展自己的个性，让学生找到自己发展的方向的同时调动了学生学习的积极性，这对当今高校的管理提供了宝贵的经验。

第二节 国外大学制度价值思想传统

一、古代希腊教育制度价值思想

（一）苏格拉底的大学制度价值思想

苏格拉底（前469—前399），古希腊著名哲学家、思想家、教育家。苏格拉底生活在雅典政治由盛而衰的时代，他痛心疾首，立志要挽救国家的命运，培养一批道德水平高的治国人才。因此，他潜心研究哲学并积极从事教育工作。“善”是苏格拉底哲学的核心。他认为哲学的首要任务是研究“人”，人应当顺从自己的良心和理智，把追求善和美德作为人的终极目标。基于此，苏格拉底将哲学的思考与教育的责任紧密结合，提出了“美德即知识”的观点，强调教育的目的就是去挖掘、发展人的美德和善性，同时创造了传授知识的“苏格拉底教学法”，也就是我们常说的“产婆术”，将师生共同谈话、共同探讨问题作为传授知识的主要方式。在苏格拉底的大学制度价值思想中主要蕴含理性、自由、秩序等基本价值。

理性是苏格拉底大学制度追求的最高价值。苏格拉底大学制度追求的理性是建立在知识论基础上的，他认为德性等于知识，而恶是无知。苏格拉底把德性和知识等同起来，认为德性产生于知识。苏格拉底承认人的理性，力求从思维的角度把握人，主张从“心灵世界”中去探求真理。苏格拉底与古希腊的自然哲学家不同，他没有将眼光局限在自然界的理性认知，而是把目光转向人，研究人的

① 张思敬. 国立西南联合大学史料：第3卷［M］. 昆明：云南教育出版社，1998：114.

思维方式、德性和主观世界。在他看来，人不同于其他的动物，人是有思想、有理性的，应当注重对人的主体价值的张扬。苏格拉底认为是神创造了人，“神在人的身体中安排了能思考的灵魂”①（理性的灵魂），苏格拉底眼中的人是理性的动物。基于对人的关注，苏格拉底强调人所具有的理性认知能力首先关注的不应该是外在的自然界，应是人本身，即“认识你自己”，要到人的“心灵世界”中去寻求内在的知识。因此，苏格拉底通过在广场上进行对话和辩论，得出了一个主要集中在道德生活领域的结论，即“德性即知识”，这就是苏格拉底的知识论。苏格拉底将最高的知识界定为对“善”这个永恒、普遍、绝对不变的概念的认识，明确肯定理性知识在人的道德行为中的决定性作用，体现了大学制度价值思想中的理性价值。

自由是苏格拉底大学制度遵循的重要原则。苏格拉底的自由思想体现为强调人的思想、精神和选择的自由，突出人的主体性地位。在苏格拉底看来，明白自己的自由权利和自由目的的人才是真正自由的人，即使拥有人身自由，但是失去了表达自己想法的自由，这是成为奴隶的标志。苏格拉底主张从个人的内心世界着眼，通过不懈地求知使人向善，即通过个人的伦理化达到全社会的伦理化，从而实现真正意义上的自由，强调要“拿人自己的自我意识，拿每一个人的思维的普遍意识来代替神谕”②，真正地将自由建立在个人的自主意识之上。苏格拉底将自由价值融入到大学制度价值思想中，提出了“苏格拉底教学法”。在他看来，一切知识都早已植根于人的心中，每个学生的思想都是自由的，教师的作用是启发、开导，而不是灌输，教师应该尊重学生的精神自由，通过一种“催产式”的教学方法，唤醒学生的内在思维潜力，促使学生由内而外地产生一种自动的力量，使学生在不断回答问题的过程中进入寻求自我的境界。苏格拉底重视学生在教学中的主体地位，强调教师问、学生答的讨论关系，彰显其大学制度价值思想中的自由价值。

秩序是苏格拉底大学制度恪守的基本准则。苏格拉底重视教育

① 戴本博．外国教育史［M］．北京：人民教育出版社，1989：100.

② 黑格尔．哲学史演讲录：第2卷［M］．北京：商务印书馆，1981：86.

的社会功能，主张国家掌控教育。从生活背景看，苏格拉底所在的雅典崇尚将教育作为一种工具，希望通过教育为国家造就适合战时需要和承担平日工作的公民，以及注重培养掌权执政的人才。在政治立场上，相对于民主政治，苏格拉底更倾向于奴隶主贵族统治，他认为只有少数优秀人物才能胜任治理国家的任务，这些人和大众不同，执政者要有头脑、有理智、有判断力，因此，苏格拉底强调教育的目的在于为国家培养治国人才，教育要培养有才有德的人，即深明事理、能够掌握具体实际的知识、在处理问题时能够利用专业知识对是非善恶曲直做出应有的判断的人。可见，在苏格拉底的大学制度价值思想中，教育是为国家培养人才服务的，教育应当发挥维护与巩固奴隶主统治政治的作用，教育工作是国家政权建设的一个重要方面，这彰显了大学制度价值思想中的秩序价值。

（二）柏拉图的大学制度价值思想

柏拉图（前427—前347），古希腊著名思想家、哲学家、教育家。柏拉图师从苏格拉底，苏格拉底去世后他游走各国试图实现其贵族专制的政治思想，但未能如愿，于公元前387年返回雅典，成立阿卡德米学园，致力于教育工作。柏拉图是西方哲学史上第一位系统阐释教育思想的教育家，其著作《理想国》是其教育思想精华的集中。在《理想国》中，柏拉图详尽地论述了自己的制度价值思想，其主要蕴含了理性、正义和自由等基本价值。

理性是柏拉图大学制度遵循的首要原则。在柏拉图看来，理性是人们用来学习、思考和推理的能力，是人的心灵中最高贵的特质，它把人与野兽区别开来。教育的根本任务是通过不断训练人们的心灵，促使其灵魂转向直观善，剔除欲望的困惑，排除灵魂中低劣部分对认识理性世界的干扰，使灵魂不断理性化，而这一任务必须要通过教育的培养和训练使人拥有理性知识，以“理性”处世，以“公道”行事来实现。基于此，柏拉图强调要在教育的全过程中发展受教育者的理性，为此他提出了金字塔形的教学体系，将极少数理性健全的人放在金字塔的顶端，因为柏拉图认为一个国家是否有智慧取决于“它的人数最少的那个部分和这个部分中的最小的一部分，这些领导着和统治着它的人们所具有的知识”①，即统治者具有哲人的智慧，国家就有智慧。为了培养哲人，他设计了针对不同年龄段的全面丰富的教学课程，大学教育应该分属于柏拉图教育阶段的20~30岁年龄段内。柏拉图认为在这个阶段，学生应该经过严格的挑选然后接受为期10年的科学教育，在这个过程中不断发展学生的思维能力，继续加强对“四艺”（算术、几何、天文、音乐）的学习，成为具有理性的哲学家。

正义是柏拉图大学制度追求的核心理念。柏拉图追求超越个人利益的城邦正义，强调国家（制度）正义对于个人正义的优越性。在《理想国》中，柏拉图重视对正义概念的讨论，他对当时社会普遍流行的正义价值的定义进行驳斥后构建了自己对正义的定义，即正义不是个人的具体行为，而是更为广泛意义上的事物的本性达到的“善”的状态。在《理想国》中，柏拉图说：“我们建立这个国家并不是单为了某一个阶级的特殊的幸福，而是为了全体公民的最大幸福。因为我们认为在这样一个城邦里最有找到正义的可能”②，在这样的城邦之中，正义就是“每个人必须在国家里执行一种最适合他天性的职务”③。即统治者、护卫者、生产者应当按照自己的分工各安其分，各司其职，互不干涉。在柏拉图看来，只有当国家中所有的阶层都从事自己阶层内的事情时，个人正义得到实现，整个国家才能实现正义。而对于大学来说，大学制度的制定者、管理者和执行者都各自分工，各尽其责，大学才能够实现正义的价值，才能实现最高的“善”。

自由是柏拉图大学制度追求的重要价值。柏拉图师承苏格拉底，对于苏格拉底的大学制度价值思想中的自由价值思想进行了继承和发展，明确论述了自由教育的问题，致力于人的精神和心灵的自由发展，提倡教师引导式教育。柏拉图看到知识对于城邦和集体利益的重要作用，要求教育引导学生的灵魂趋向真善。在《智者篇》和

① 柏拉图. 理想国［M］. 郭斌和，张竹明，译. 北京：商务印书馆，1986：153.
② 同①：119.
③ 同①：154.

《法律篇》中，柏拉图系统阐释了关于自由教育的核心观点。在柏拉图看来，“教育是为了以后的生活所进行的训练，它能使人变善，从而高尚地行动”①；教育的作用是祛除心灵之恶，心灵之恶表现为无知，针对无知所进行的教导就是教育②；教育的本质在于实现灵魂的转向③，可见柏拉图眼中教育的本质是人的灵魂的塑造，是人的心灵的发展。此外，柏拉图还强调教师在教育中的引导作用。柏拉图认为学生的灵魂本就有对真善的认知能力，而教师的责任就是帮助“引导”学生的灵魂转向真理。教师通过向学生提问及同学生对话的方式，引导和调动学生学习的主动性，引导学生对真理的追求，从而实现学生的精神和心灵的自由发展。

（三）亚里士多德的大学制度价值思想

亚里士多德（前 384—前 322），古希腊著名哲学家、思想家、教育家，是百科全书式的学者。亚里士多德 17 岁开始到柏拉图创办的阿卡德米学园求学达 20 年之久，深受柏拉图的影响。柏拉图去世后，亚里士多德担任马其顿王国太子亚历山大的老师长达十几年，晚年回到雅典创办学园——“吕克昂”，在此讲学著书，一生中大部分时间都是在学园中度过的，形成了比较系统的教育思想，其中就包括其大学制度价值思想。亚里士多德的大学制度价值思想主要蕴含着公正、理性和秩序等基本价值。

公正是亚里士多德大学制度遵循的最高原则。亚里士多德认为“所有城邦都是某种共同体”④，政治是公共事务，人生活在城邦之中，就是这个政治共同体的一分子，个人与城邦之间是个体与共同体的关系，人应该追求共同体所追求的某种“善”，遵循城邦的法则。对于雅典，亚里士多德指出，“政治上的善即公正，也就是全体公民的共同利益”⑤。在亚里士多德看来，“城邦以正义为原则。由

---

① 陈村富，庞学铨，王晓朝，等. 古希腊名著精要［M］. 杭州：浙江人民出版社，1989：122.

② 同①：87.

③ 柏拉图. 理想国［M］. 郭斌和，张竹明，译. 北京：商务印书馆，2011：266.

④ 亚里士多德. 亚里士多德全集：第 9 卷［M］. 苗力田，译. 北京：中国人民大学出版社，1994：3.

⑤ 同④：98.

正义衍生的礼法，可凭以判断（人间的）是非曲直，正义恰正是树立社会秩序的基础”①。针对这一观点，亚里士多德在《尼各马可伦理学》中进一步提出，“公正是一切德性的总括”。他认为各种德性都可以囊括在公正之中，公正已经超乎诸种德性之上。而公正之所以备受关注，是因为它关系到城邦的共同生活，以及公正是政治共同体的组成部分。亚里士多德说：“我们把违法的人和贪得的人、不平等的人，称为不公正的。所以显然，我们是把守法的、公平的人称为公正的。所以，公正的也就是守法的和平等的；不公正的也就是违法的和不平等的。”② 基于以上观点，亚里士多德提出要用法律来体现制度的正义价值，这个观点反映在大学制度价值思想中就是制定教育相关法律章程，保障大学制度的正义价值。

理性是亚里士多德大学制度追求的核心价值。亚里士多德强调教育的终极目的在于发展人的理性，认为人只有运用和发展理性才能实现真正的自我。亚里士多德在对人的认识上综合了古希腊哲学家的人学思想，试图将理性的人和感性的人结合起来，他将人的灵魂分为植物灵魂、动物灵魂和理性灵魂三个组成部分，认为应该依据植物、动物、理性三者先后顺序依次升华，理性灵魂居于最高层次，是人要追求的最终目的。针对不同层次的灵魂，亚里士多德提出要适应三种不同的教育，具体是体育发展植物灵魂，德育发展动物灵魂和智育发展理性灵魂。发展理性灵魂是在 14～21 岁，这个最终的理性教育阶段包含了大学教育的时间段，以智力教育为主，设有算术、几何、天文、音乐理论、文法、文学、诗歌、伦理学、宇宙学、哲学等科目，并且进行严格的体育锻炼。亚里士多德希望通过对人进行三个阶段的教育来塑造出具有理性思维能力的人，从而推动人运用理性去探寻自我。亚里士多德将理性看作教育的最终目的，将理性摆在高于一切的地位上，将理性作为万事万物的根据，彰显了大学制度价值思想中的理性价值。

秩序是亚里士多德大学制度坚守的基本准则。亚里士多德强调国家必须重视教育，要求教育必须由国家来管理。首先，亚里士多

---

① 亚里士多德. 政治学［M］. 吴寿彭，译. 北京：商务印书馆，1997：9.

② 亚里士多德. 尼各马可伦理学［M］. 廖申白，译. 北京：商务印书馆，2003：128-129.

德看到了教育和政治之间的紧密关系，认为国家必须要重视和充分发挥好教育的社会作用，使教育为奴隶主阶级的统治服务，他断言，“邦国如果忽视教育，其政制必将损毁”①，要求国家统一管理教育事业。在《政治学》一书中，亚里士多德指出，“教育所要达到的目的既然为全邦所共有，则大家就应该采取一致的教育方案”②，再一次指明了国家对教育的掌控。其次，亚里士多德认为“人天生是一种政治动物，在本性上而非偶然地脱离城邦的人，他要么是一位超人，要么是一个鄙夫”③。他对城邦公民的政治属性分析得十分透彻，指出人是国家和社会的一分子，人和国家之间应该是从属关系，因此，必须要通过教育将个人的前途和国家的前途紧密联系起来。最后，亚里士多德认为国家管理教育既要人治，又要法治，明确提出了教育应由法律规定的主张，要求教育在国家的依法管理之下发展。综上，亚里士多德强调国家对教育的绝对掌控，体现了其大学制度价值思想中的秩序价值。

二、卢梭与自然主义

让-雅克·卢梭（Jean-Jacques Rousseau，1712—1778），18 世纪法国著名启蒙思想家、哲学家、教育学家、文学家，是人类教育史上伟大的教育学家之一，其大学制度思想主要体现在《爱弥儿》一书中。在《爱弥儿》中，卢梭从他的自然人性观出发，通过讲述爱弥儿和他的家庭教师的故事，构建出一个完整的教育体系，提出要顺应“爱弥儿”身心发展规律，通过自然教育，将“爱弥儿”培养成能够自由发展且能够适应社会发展的“自然人”。卢梭的自然教育思想不仅推动了当时教育事业的迅速发展，也为现代大学建设和发展提供了许多宝贵的思想借鉴。卢梭的大学制度价值思想中主要蕴藏了自由和情感等基本价值。

---

① 华东师范大学教育系，浙江大学教育系. 西方古代教育论著选［M］. 北京：人民教育出版社，2001：107.

② 亚里士多德. 政治学［M］. 吴寿彭，译. 北京：商务印书馆，1965：406.

③ 亚里士多德. 亚里士多德全集：第 9 卷［M］. 苗力田，译. 北京：中国人民大学出版社，1994：6.

自由是卢梭大学制度追求的核心价值。卢梭的大学制度价值思想是以他倡导的“天赋人权”的哲学思想和政治思想为理论基础的。在卢梭看来，人生来就具有一种天然的自由，自由是人类的自然权利。在教育问题上，卢梭反对将受教育者培养成封建社会下的顺民，提倡遵循自然规律，培养符合自然要求的“自然人”。而这种“自然人”就是要“完全为他自己而生活的”①，是不受传统束缚的人，是天性自由发展的人。卢梭认为任何一个“自然人”“首先是人：一个人应该怎样做人，他就知道怎样做人，他在紧急关头，而且不论对谁，都能尽到做人的本分；命运无法使他改变地位，他始终处在他的地位上”②。实质上，“自然人”就是卢梭所讲的能适应社会发展的“新人”。卢梭在《爱弥儿》中多次强调教育要顺应受教育者的身心发展规律，根据不同年龄阶段的需要制定不同的教育内容，同时要给予受教育者自主选择学习内容的权利，激发学生的学习兴趣，最终达到“爱弥儿的知识不多，但他所有的知识都真正是属于他自己的，而且其中没有一样是一知半解的”③ 的效果。尽管在《社会契约论》中，卢梭认为人的自由“无处不在枷锁之中”④，要求自由处于社会秩序之下，但他主张教育应遵循自然，顺应人的本性，促使受教育者自由发展，彰显大学制度的自由价值。

情感是卢梭大学制度强调的重要原则。卢梭基于自然教育的观点，将人的成长和发展划分为婴儿期、儿童期、少年期和青年期四个阶段，并针对不同年龄段的受教育者的需要，为其设定了不同的教育内容，其中卢梭对青年期的年龄界定是15~20岁，即接受大学教育的年龄阶段。这一时期，卢梭注重对青年的道德教育，旨在帮助“爱弥儿”在心中产生善良、博爱等一系列好的情感，同时遏制其心中仇恨、妒忌等恶的情感的滋生。在卢梭看来，只有进入青年期以后，人才真正开始生活，而教育也才真正开始。他说：“一般人所施行的教育，到了这个时期就结束了；而我们所施行的教育，到

---

① 卢梭. 爱弥儿：论教育［M］. 李平沤，译. 北京：人民教育出版社，1985：5.

② 同①：9.

③ 同①：269.

④ 卢梭. 社会契约论［M］. 赵建兵，译. 北京：京华出版社，2000：117.

这个时期才开始。”① 这个阶段的青年人由于情感和理性慢慢觉醒，同时处于激动和热情的阶段，所以需要以道德教育加以调节，指导他们处理好人与社会、人与人之间的关系。卢梭认为道德教育对于青年时期的“爱弥儿”来说是十分必要的，因为只有在青年时期使其了解道德，明辨善恶，“爱弥儿”才能从“自然人”转为“道德公民”。同时，卢梭还强调要掌握好道德教育的方法，他谈道：“我要不厌其烦地一再说明这一点，要以行动而不以言辞去教育青年，他们在书本中是学不到他们从经验中学到的那些东西的。”② 可见，卢梭反对灌输，要求通过实践的方式对青年进行道德教育。卢梭将道德教育作为“爱弥儿”青年时期主要的教育内容之一，并强调道德教育对受教育者成长的重要意义，这彰显了大学制度价值思想中的情感价值。

三、费希特与国家主义

约翰·戈特利布·费希特（Johann Gottlieb Fichte，1762—1814），德国著名古典哲学家、爱国主义者，19 世纪柏林大学首任校长。费希特与其他古典哲学家不同，他具有强烈的现实责任感。费希特一生都始终关注“国家”这个话题，先后构想了“法权国家、文化国家和民族教育国家”③ 三种国家形态，这是对人的自我意识的尊重、对文化建设力量的重视和对理性王国的建构。费希特的国家主义内涵丰富，其大学制度价值思想主要集中在民族教育国家构想阶段，既主张国家要通过制度建设全面掌控教育事业，又强调教育注重培养人的道德观念，对当时德国乃至整个欧洲的大学制度发展产生了重要的影响。费希特的大学制度价值思想主要蕴含了秩序和情感等基本价值。

秩序是费希特大学制度遵循的首要原则。费希特作为德国国家主义的主要代表人物，明确反对个人主义，主张集体主义和国家主

---

① 卢梭. 爱弥儿：上卷［M］. 李平沤，译. 北京：商务印书馆，1978：317.

② 同①：354.

③ 张东辉. 论费希特的国家观［J］. 阅江学刊，2011（3）：62-69.

义。在耶拿时期的法权国家构想阶段，费希特就在批判继承卢梭社会契约论的基础上，“从法权概念中推演出国家概念”①，他认为人的一切权利的获得只有在法权秩序的保障下才能实现，同时指出这种法权秩序需要借助国家的强制力量（法律、军队等暴力机器）进行维护。随着费希特的社会历史观和民族国家观思想的不断成熟，在构想民族教育国家阶段，他提出了国家主义教育思想，指出国家应该是施行教育的主体，国家应该以制定教育制度的方式掌握其教育目的、教育内容、师资力量和受教育者身份选择上的绝对权力。面对18世纪末的欧洲，“教育本来不是发源于国家，而是发源于大多数国家也由之获得权力的权力，即教会的天授精神王国”②，教育成为教会控制人们思想的枷锁，费希特振臂高呼：“如果国家承担这个向它建议的任务，它就会在它的整个领土上毫无例外地为它的每一位新生的公民普遍实行着这种教育”③，将受教育者培养成满足国家建设需要的人才。这凸显了费希特对国家作为绝对力量把握国民教育秩序的迫切希望。此外，费希特还很重视社会阶层的划分和不同阶层肩负的职责。费希特将人划分为生产者、手工业者和商人三个阶层并赋予其具体的职责以保障国家的正常运转，这一观点在其大学制度价值思想中具体表现为要求大学教师（学者）、学生和其他行政管理人员各司其职，遵循大学的制度章程。费希特强调国家是实施教育的主体，要求国家掌握教育的绝对领导权，重视大学各类人员的职责划分，彰显了其大学制度价值思想中的秩序价值。

道德情感是费希特大学制度追求的重要价值。费希特生活在18世纪末19世纪初的德国，在经历了奥斯特利茨战役和耶拿战役的惨败后，他意识到要挽救处于危亡关头的德意志民族，必须要革新教育，重视国家公民的道德培养。为此，他发表了著名演说《对德意志民族的演讲》，用十四讲的内容，设想了一个新教育机构，构思了以道德教育为主要内容的课程体系，提出了“知行合一”的教育理念，系统地阐释了“新教育”的全部制度主张。在《对德意志民族

① 张东辉. 论费希特演绎法权概念的方法［J］. 哲学研究，2008（12）：109-114.

② 费希特. 费希特著作选集：第5卷［M］. 梁志学，译. 北京：商务印书馆，1990：418.

③ 同②：423.

的演讲》开篇，费希特就论述了新教育的本质是“培养学子们去过纯粹伦理生活的一种经过深思熟虑的、确实可靠的技艺”①，也就是对学生道德品格的培养。他指出：“新教育必须按照一种确实可靠、普遍有效的规则，培养这种坚定不移的意志……在人心中培养坚定不移的善良意志的这样一种确实可靠、深思熟虑的做法，应当是我所提倡的那种教育方法，而这就是这种教育方法的首要特征。”② 此外，费希特还继承了古希腊哲学家“善”的理念，认为人对“善”的追求不是后天强制的，而是出于人的天性，人天生会对他人和集体表现出关切，这种道德是与生俱来的。出于对人的道德观念的保护，费希特在其“新教育”中提出要建立新式的教育机构。因为在费希特看来，旧教育泯灭了人的天然道德，使孩童染上了成年人的恶习，最终走向道德败坏。虽然费希特提出建立新型教育机构将孩童和大人进行隔离的方法直到今天也无法完全付诸实践，但是费希特对培养受教育者道德观念的重视彰显了其大学制度价值思想中的道德价值。

四、洪堡与新人文主义

威廉·冯·洪堡（Wilhelm von Humboldt，1767—1835），德国著名政治家、语言学家、教育改革家，新人文主义教育思想代表人物之一，柏林大学的创建人。“新人文主义”是相对于“人文主义”而言的，是“人文主义”思想和德国社会现实相结合的产物，主张培养“完全的人”，使人能够得到自由、全面、和谐的发展。洪堡依据新人文主义思想实施了柏林大学的教育改革，确立了柏林大学“学术自由”和研究与教学相统一的办学理念，推动柏林大学成为现代大学的典范，引领了现代大学制度建设的发展。尽管洪堡没有单独记述其大学制度价值思想的专著，但是从柏林大学的大学制度中很清晰地反映出洪堡的大学制度价值思想，主要蕴含了自由和理性

---

① 费希特. 费希特选集［M］. 梁志学，译. 北京：商务印书馆，2006：283.

② 费希特. 对德意志民族的演讲［M］. 梁志学，沈真，李理，译. 沈阳：辽宁教育出版社，2003：21-23.

等基本价值。

自由是洪堡大学制度价值追求的最高理想。学术自由思想是洪堡大学制度价值思想中的重要组成部分，主要包括大学自治和教与学的自由两部分内容。关于大学自治，洪堡认为，首先，大学应该与国家政治隔离，应该独立于一切国家的组织形式，“孤独和自由”是大学的“支配性原则”①，强调国家应主动与大学划清界限，不干涉大学的科学研究，允许大学自由发展；其次，大学应该与国家经济隔离，大学存在的目的是追求科学，而不是满足社会经济发展需要，只有“当科学似乎多少忘记生活时，它常常才会为生活带来至善福祉”②。关于教与学的自由，洪堡分别从教师和学生的个体自由进行论述，在他看来，师生不是为了彼此而存在，而是为了共同完成科学研究而存在。对于教师而言，拥有科研和教学自由，主要包括“可探讨引起求知兴趣的任何课题；可向学生、同事和他人发表他们的各种发现；出版搜集的资料和得出的结论而不受限制和审查；可用他们认为恰当的、符合专业要求的方式进行教学”③ 等自由。对于学生而言，拥有学习自由，主要包括除固有的课程安排外可以自主选择学习内容，可以根据自身学习兴趣自由调换专业和学校，可以根据自身需要自由安排学习和休息时间等。洪堡的“学术自由”思想在柏林大学得到了彻底的贯彻，直到2006年颁布的《柏林洪堡大学宪章》的序言中仍强调“洪堡大学坚持研究与教学的统一、学生与学者的共同体、学术自我负责和自主管理等原则，因为学术离不开自由，自由离不开责任”④，将学术自由看作柏林大学的最高原则。洪堡追求大学自治和学术自由，彰显了其大学制度思想中的自由价值。

理性是洪堡大学制度探寻的核心价值。“研究与教学相统一是柏

---

① HUMBOLDT W v.über die Bedingungen，unter denen Wissenschaft und Kunst in einem Volk gedeihen ［G］//FLITNER A.W.v.Humboldt：Schriften zur Anthropologie und Bidung. Frankfurt，1984.

② 陈洪捷. 德国古典大学观对中国大学的影响［M］. 北京：北京大学出版社，1998：27.

③ 英国不列颠百科全书：第8卷［M］. 北京：中国大百科全书出版社，1986：726-727.

④ 选自柏林洪堡大学官网（https://www.hu-berlin.de/de）.

林大学教育思想的核心”①，也是洪堡大学制度思想中理性价值的彰显。洪堡十分注重大学的教育研究功能，认为大学不同于专科学校，更不是职业院校，而是学术研究机构的顶峰，指出大学要完成的一个很重要的任务就是对科学的不断探索。在洪堡看来，大学作为科学研究的最高学府，其中的师和生都要独立地从事研究工作，因为“一旦人们停止对科学进行真正的探索，或者认为科学是不需要从精神的深处创造出来，而是可以通过收集把它广泛罗列出来的话，则一切都是无可挽回的，且将永远丧失殆尽”②。洪堡不仅提出了大学要重视科学的理论，还对其进行了实践。洪堡认为哲学就是纯科学，因此，在柏林大学的院系设置上提高了哲学院的地位。1817 年，由施莱尔马赫负责起草的《大学章程》明确规定柏林大学要遵循学院制，“神学、法学、医学和哲学四个学院，各个学院地位平等”③。将哲学院的地位摆在与其他学院（尤其是神学院）平等的地位上，足以看出当时的柏林大学对科学的重视。同时，基于研究与教学相统一的原则，洪堡对大学教师和学生的职责进行了规范，要求教师既要潜心开展学术研究工作，又要借助教学的途径将自己在科学研究过程中获得的一手资料和研究成果第一时间传授给学生，主动将科研成果转化为教学内容。而学生则要积极地与教师进行学术交流，学习教师的科研方法，不断培养自身的创新精神和科研能力。洪堡重视大学对科学（哲学）的追求，强调要将对科学的探索作为培养人才的手段，彰显了其大学制度思想中的理性价值。

五、杜威与实用主义

约翰·杜威（John Dewey，1859—1952），美国著名哲学家、教育家、社会学家，实用主义哲学创始人之一，机能主义心理学的先驱，美国进步主义教育运动的代表。杜威一生从事教育工作，被誉

① 别敦荣，李连梅. 柏林大学的发展历程、教育理念及其启示［J］. 复旦教育论坛，2010（6）：8-12.

② 彼得·贝格拉. 威廉·冯·洪堡传［M］. 袁杰，译. 北京：商务印书馆，1994：79.

③ FALLON D. The German University：a heroic ideal in conflict with the modern world［M］. Colorado：Colorado Associated University Press，1980：32-38.

为“美国精神的象征”，其实用主义思想具有超越时代的永恒价值。在其大学制度价值思想中，杜威主张大学是民主的学术共同体，要求大学尊重教师的学术地位和学生的教育主体地位，倡导大学追求学术自由，将学术自由看作大学探寻真理的前提和保障，这体现了民主和自由等基本大学制度价值。

民主是杜威大学制度追求的核心价值。杜威一生所参与的教育活动和撰写的教育理论著作无数，但是对大学制度价值的追求却始终如一，即对民主的追求。杜威的教育著作中最具有代表性的就是1916年撰写的《民主主义与教育》，此书和柏拉图的《理想国》、卢梭的《爱弥儿》被认为是人类教育发展史的三个里程碑。杜威一生从事教育工作，其大学制度价值思想的形成同他所受的教育和亲身参与的教育改革经历是分不开的。在杜威生活的年代，美国传统教育有两大弊端，一是脱离社会，二是脱离儿童。为了解决这两个问题，杜威提出了要构建民主主义社会，即人人共享利益、相互依赖、协同发展的社会，而建设民主的社会就要求必须建设民主的教育。在杜威看来，“民主主义不仅是一种政府的形式，它首先是一种联合生活的方式，是一种共同交流经验的方式”①。因此，民主的大学应该是以校长为核心，教师和学生积极参与、共同协商的学术共同体。在遵循民主价值的大学中，校长及其他的领导者要将权威式的领导管理变为民主式的领导管理，赋予教师参与学校管理、自由选择教学材料、自主选择教学方法和开展教学活动的权利；教师能够“呈现各种可能性，选择材料，创建各种活动，构建各种中心，处理各种刺激，设计问题，建立计划时间表，以及提供各种机会”②，实现个性的发展；学生居于教育的主体地位，反对“教材中心论”和“教师中心论”，避免出现“一言堂”的情况。杜威变革了传统教育模式，将大学设定为民主的学术共同体，将学生放在教育的中心地位，彰显了其大学制度思想中的民主价值。

自由是杜威大学制度遵循的重要原则。杜威作为美国高等教育

① 杜威. 民主主义与教育［M］. 王承绪，译. 北京：人民教育出版社，1997：92.

② 辛普森，杰克逊，艾科克. 杜威与教学的艺术［M］. 耿益群，译. 北京：中国轻工业出版社，2009：65.

学术自由发展史上不可或缺的重要人物，对于大学制度以及学术自由有着独到的见解。杜威认为，学术自由是大学探索真理的前提和保障。杜威指出："在高等学术机构中讲授真知、证明真理或直接研究真理的自由，这种自由是不应受政治、官僚、宗教权威干涉的。"① "我们的首要义务和压倒一切的责任仍然是维护探究和交流的自由和客观。这是大学要代表的，也是我们作为大学成员的道德承诺。"② 可见，在杜威看来，维护大学的学术自由是大学的首要任务和第一责任，应该赋予每一位大学成员自由进行学术探究和交流的权利，任何权威（政府、官僚、宗教）都不应对其进行干预、限制和打压。此外，杜威将大学的学术自由进行具体的划分，主要包括心灵的自由、思想的自由、探究的自由、讨论的自由等。当然，杜威的学术自由思想还包含了对学者遵循学术责任的要求，即在追求真理的过程中主动承担相应的义务，恪守公正诚实的原则，坚持学术立场，遵循学术标准。正如杜威在《民主主义与教育》一书中所说："真正人类生活的特点，是人必须通过自己的自愿努力，创造他自己，他必须使自己成为一个真正有道德的、合理的自由的人，这种创造性的努力有赖于人们有意识地努力教育他们的接班人，这种教育不是为了现状的需要，而是为了使未来更好的人类成为可能。"③ 杜威重视大学的学术自由，将学术自由看作大学探寻真理的前提保障，彰显了杜威大学制度思想中的自由价值。

六、雅斯贝尔斯与存在主义

卡尔·西奥多·雅斯贝尔斯（Karl Theodor Jaspers，1883—1969），20世纪德国著名存在主义哲学家、心理学家、高等教育家，对西方现代大学制度发展做出了杰出贡献。雅斯贝尔斯从事大学教学、科研和管理工作长达40余年，其大学制度价值思想主要体现在

---

① 张斌贤，刘慧珍．西方高等教育哲学［M］．北京：北京师范大学出版社，2007：152.

② 约翰·杜威．杜威全集·晚期著作：第十四卷［M］．马荣，王今一，等译．上海：华东师范大学出版社，2015：198.

③ 杜威．民主主义与教育［M］．王承绪，译．北京：人民教育出版社，1997：106.

他的两本教育类著作《大学之理念》和《什么是教育》当中。雅斯贝尔斯作为存在主义教育学派的集大成者之一，认为教育是人的灵魂的教育，主张教育是人的自由的生成，注重将人的存在作为大学教育存在的基础，对现代大学制度发展起到了极大的推动作用。雅斯贝尔斯的大学制度价值思想中，主要蕴含着自由和情感等基本价值。

自由是雅斯贝尔斯大学制度追求的核心价值。雅斯贝尔斯重视自由价值，提出了大学自治和学术自由的观点。首先，大学自治是大学追求真理的保障。雅斯贝尔斯生活在纳粹统治下的德国，看到国家和政府对大学发展的掌控与干预，他痛心疾首，立志要不遗余力地捍卫大学自治的优秀传统。在《大学之理念》一书中，雅斯贝尔斯对“大学是什么”进行了具体的阐述。在他看来，大学是“一个由学者和学生共同组成的追求真理的社团”①，“是一个时代的智力良心”②，大学只需要对真理负责，而不需要对政治负责，应该享有大学自治的权利。其次，学术自由是大学追求真理的前提。雅斯贝尔斯的学术自由观点具体可分为学习自由和教学自由。他指出，“大学也是一种学校，但是一种特殊的学校……大学生要具有自我负责的观念，并带着批判精神从事学习，因而拥有学习的自由；而大学教师则是以传播科学真理为己任，因此他们有教学的自由”③，保障师生作为独立个体所拥有的自由思考和自由选择的权利。而这种自由是需要大学制度进行保障的，因此，雅斯贝尔斯讨论了建立大学内部制度保障学术自由的必要性。在雅斯贝尔斯考察大学内部制度时，他发现，当时的大学存在学术管理行政化、教师自主权得不到尊重、学术腐败现象严重等问题，提出必须要避免这种学术行政化、官僚化的现象，将学术自由的理念贯彻到大学内部制度之中。雅斯贝尔斯强调，在处理国家与大学之间关系时，要注意对大学自由发展的保护；还强调通过建立大学内部制度尊重和保障教师的教

---

① KARL JASPERS. The idea of the university [M]. London: Peter Owen Ltd, 1965: 19.

② 同①: 132.

③ 雅斯贝尔斯. 什么是教育 [M]. 邹进, 译. 北京: 生活·读书·新知三联书店, 1991: 139.

学自由和学生的学习自由，这彰显了大学制度思想中的自由价值。

情感是雅斯贝尔斯大学制度恪守的重要准则。雅斯贝尔斯作为德国存在主义的代表人物，“认为个人的存在是一切存在的出发点”①，并将存在主义理论融入到大学制度价值思想中，强调大学教育应重视个人的存在，指出大学的教育目的应是培养“全人”，大学的师生关系应是主体间的自由交往，大学的教育方法应是苏格拉底式教学法，大学的课程安排应是学生根据自我需要自主选择的。雅斯贝尔斯是一个典型的存在主义教育思想家，他完全站在了西方传统教育的对立面，反对当时社会所追求的培养“科技人员”的教育目的，认为“培养出来的科技人员只是为了服务某些目的的专业工人，他们所受的并非教育”②，提出要在大学培养“具有自然科学素养的人”③，这是对“人”的重视，更是其大学制度思想中情感价值的彰显。在雅斯贝尔斯的两本著作《大学之理念》和《什么是教育》中，他具体阐释了大学教育要以人为出发点。在雅斯贝尔斯看来，教育“不过是人对人的主体间灵肉交流活动（尤其是老一代对年轻一代），包括知识内容的传授、生命内涵的领悟、意志行为的规范，并通过文化传递功能，将文化遗产教给年轻一代，使他们自由地生成，并启迪其自由天性”④。大学教育的最终旨归是启迪学生的自由天性，促成学生的自由生成，学生应该是活生生的、有血有肉、有思想的人，是大学教育的主体，而不仅仅是知识的容器。此外，雅斯贝尔斯还认为大学应该对大学生实施全面自由的教育，而不是固定模式的“人才培养”。雅斯贝尔斯认为传统教育的模式和内容是不利于学生发展的，他指出，“固定的学习计划（或者可称教学计划）……缺少这种在精神自由中的冒险，也就失去了独立思想的可能性的本源，而仅仅剩下发达的专业技巧而已”，强调要把学生培养成独立自主的人，而非国家需要的工具。雅斯贝尔斯关注、重视人

---

① 王爱玲．述存在主义与存在主义教育［J］．教育理论与实践，2006（11）：5-9.

② 雅斯培．雅斯培论教育［M］．台北：联经出版事业公司，1983：18.

③ 同②：20.

④ 雅斯贝尔斯．什么是教育［M］．邹进，译．北京：生活·读书·新知三联书店，1991：3.

的存在，将人的存在作为一切存在的出发点，将大学制度建设和发展与个人的自我实现紧密结合起来，体现了其大学制度思想中的情感价值。

第四章　现代大学制度价值国际经验与启示

本章选取英国、德国、美国和日本等典型国家进行现代大学制度价值分析，主要原因在于：现代大学制度源于德国，但经过两百多年的发展，不同国家在继承其基本文化基因的同时，结合本国实际，对现代大学制度价值进行“再创造”，逐步建立起有自身鲜明特色的现代大学制度价值，英、德、美、日成为典型代表。在现代大学制度形成和发展的道路上，这些国家的大学扮演着重要角色，引领不同时代的潮流，因而在不同时期成为其他国家模仿或学习的范例。现代社会大学制度的价值集中表现为自由、民主、公正、秩序、效率、理性等，这些多元价值共同支撑现代大学制度的运行与发展。本章根据各国大学制度的特色，选取了三种典型价值进行分析。每个国家的现代大学制度价值都是独一无二的，不仅表现在理念和形式上，还表现在功能上，都具有不可替代性，不能用某一国家的现代大学制度取代另一国家的现代大学制度。尽管如此，在形式多样、表现各异的现代大学制度中，研究一些典型的模式，揭示其蕴含的价值和理念，可以为我国构建现代大学制度提供借鉴和启示。

第一节　英国现代大学制度价值的经验

英国大学制度既保守又开放，既传统又创新，是一个多元统一的复合体，在发展中开放，在继承中创新，体现出独特的价值取向。英国现代大学制度形成于中世纪，传承和坚守了古典大学的学术自由和大学自治传统。有着悠久的历史和文化基础的英国大学成功地在古典大学制度的基础上融入了现代元素，产生了自由、民主、公正的独特价值，它不仅保障了英国大学的发展，而且在国际上独树一帜，成为英联邦国家及曾经的殖民地国家和地区探索和建立现代大学制度价值的典范，对世界其他国家现代大学制度价值建设也有重要的借鉴作用。

一、自由

英国现代大学制度的自由价值建立在学术自由和大学自治的基础上。在西方，学术自由思想古已有之，古希腊著名思想家苏格拉底曾说："学者必须有权利探索一个论点到他可能引向的任何地方。"① 英国著名哲学家和经济学家约翰·密尔指出："任何一个社会，若是失去了对思想自由、言论自由、出版自由、行为自由等自由的尊重，就不算自由；任何一个社会，若是上述自由的存在不是绝对的和没有规制的，也不算自由。唯一可称为自由的乃是按照我们自己的方式去追求好处的自由，只要不剥夺他们的自由即可。"② 英国大学一直受自由主义模式的影响，崇尚学术自由，"知识进步未为成见所妨碍，科学也未为非科学的权威所阻滞，自由一如我们呼吸的空气被视之为当然。"③ 大学自治是大学治理的基本传统，也是现代大学制度发展的基础。英国的大学自诞生之日起就被赋予了大学自治的自由，大学由最初的学者行会发展而来，提倡学者自己管理大学内部事务。英国现代大学一直秉承学术自由和大学自治的制度理念，认为最佳的大学管理理念是给予大学自己管理自己事务的权利，不能有明显的偏差，不应该过多干涉，以求达到最佳效果。

学术自由是英国现代大学制度的核心追求。英国《不列颠百科全书》将学术自由界定为："学术自由是学生、教师不受法律、学校规定的任意干预而进行知识传播、知识获取及研究的自由。"④ 对教师来说主要是学术研究自由、言论自由、出版自由及教学自由，对学生来说就是学习自由。学术自由一直是英国大学积极倡导和追求的办学理念，英国大学从诞生起，就一直在追求学术自由。特许状的独立法人实体确立大学法人合法性地位，最重要的特权是言论自

① J.B. 伯里. 思想自由史［M］. 宋桂煌，译. 长春：吉林人民出版社，2003：10.

② 约翰·密尔. 论自由［M］. 孟凡礼，译. 桂林：广西师范大学出版社，2012：106-107.

③ 同①：12.

④ 不列颠百科全书：第8卷［M］. 北京：中国大百科全书出版社，1986：726.

由。1963 年《罗宾斯报告》中强调学术自由，提出了大学教师学术研究自由、出版自由和教学的自由。1988 年《教育改革法》第 202 条规定学术人员所享有的学术自由权，是对学术人员的个人权利进行确认，认为大学教授和讲师都享有学术自由的权利。2018 年改革建立“学生办公室”，确保大学的高度自治权和更灵活的学生选择权，为所有不同背景的学生提供更充分的接受卓越大学教育的机会。

英国现代大学制度保障大学自治。英国的大学自治主要表现在两个方面：政治自由和财政自由。英国的大学一直拥有自治的传统，英国政府承认大学是自治和独立的机构，大学是获得特许状的独立法人实体，这就从法律上确定了大学的自治权。政府秉承“守夜人”的执政理念，给予大学财政支持，但不干预大学内部管理。1946 年《枢密院议长委任的科学人力委员会报告》中阐述了政府与大学的关系，指出政府要积极地研究、制定大学教育政策，但不应该干预大学的内部事务，应该保护大学的独立性。1985 年《加勒特报告》指出政府不干涉高校的内部事务管理，只负责向高校提供政策指导和进行检查，这意味着大学能够自己管理自己的事务而不受干涉。英国大学的财政主要来自政府拨款，但大学与政府之间是一种平等合作关系，政府将资金拨付到大学后，国家不干预大学对经费的具体使用，大学拥有用人和经费的自主使用权。这源于 1963 年《罗宾斯报告》中提出的大学拨款委员会制度，后修改为大学基金委员会制度。通过这一中介机构保证大学的独立自主性，使得大学在获得政府资金支持时能够不受政府的干预管理，从而真正实现财政自由。1997 年《迪尔英报告》就大学有效管理和治理强调大学自治。

二、民主

英国大学制度民主价值是多元管理下的民主。英国继承了古希腊和古罗马时期的城邦制度思想，大学自建立之初就具有浓厚的民主思想，而且英国作为市民社会的典型代表，民众参与意识很强，多元的社会力量积极参与大学治理。随着社会发展，尤其是工业革命以来，市场化作用越来越突出，利益主体多元化，催生了权力主体的多元化发展。在这种自由、民主的社会思想和市场经济影响下，英国也通过相关法案设立一系列的制度，确保大学治理科学、民主，形成了多元社会力量参与大学治理和权力主体多元化的内部管理民主。

多元社会力量参与大学治理。英国政府充分贯彻民主的大学治理理念，承认大学是享有自治的独立机构，政府不会干预大学内部事务。但是英国的大学经费基本来自政府拨款，因此政府有权对大学进行宏观指导和监督，政府一般通过法律和大学章程规范大学内部治理体系。在 1992 年颁布的《继续教育与高等教育法》中规定大学采用委员会和董事会共同治理模式，在董事会中，外部人员必须占一半以上，组成人员汇集社会各行各业。此外，英国的中介组织机构合法化参与到社会大学的治理中，如：2000 年通过《信息自由法——高校界定》规范信息公开制度，建立完善的监督评估体系等。2004 年教育法案通过的“公平入学办公室”（OFFA）、“高等教育统计局”（HESA）、“独立仲裁员办公室”（OIA）等，通过相关法律规范了中介机构参与大学治理，确保大学的质量和效益。多元的社会力量参与大学民主管理，还应该包括“有效监督”体系。

权力主体多元化的大学内部管理民主。英国大学内部管理民主化观念较浓厚，尤其是 19 世纪出现的大学，主要由民间机构或富商创建，大多数英国现代大学形成校外人员和学术人员共同治校模式，这一模式扩大了大学内部管理的民主参与。随着学校非教授教师的队伍的壮大，治校民主化趋势日益凸显。英国的大学教师协会，非教授教师所占比例拥有绝对优势，对治校民主化起了很大的推动作用。在英国大学的一些重要委员会中，都有学生会的领导成员，他们代表学生的利益参与制定章程、处理事务，直接参与到学校的各项重大决策之中，保证了学生在学校领导决策机构中的民主及权益。另外，由于管理主义的影响，近年来英国行政管理人员的影响也在扩大，“他们在英国大学中所起的作用总是比欧洲大陆大学同样人员所起的作用重要得多”，但是，“英国几乎没有人愿意把他们（行政管理人员）所起的作用扩大到美国大学行政人员所起的作用那么大”①。如今，英国大学权力主体多元化，不同的利益主体，如政府官员、教师、大学行政管理人员、职工、学生、校友以及校外机构人员和社会公众都通过各种方式参与大学的治理。

三、公正

教育制度公正是教育公平的保障。英国现代大学一直追求制度公正，这一追求贯穿于英国大学制度的改革历史中。市场作用和新经济管理手段融入到大学制度发展中，成为英国现代大学制度发展的典型特征。英国通过建立公正的入学机制确保入学机会平等，在相关的监督管理机制下保证制度施行的公正；教育多元化使不同类型的大学享有同等的社会地位，享有同样的教育权利，促进教育公平。

英国大学制度保障入学机会平等。《罗宾斯报告》提出，所有具备入学能力和资格并且希望接受大学教育的青年都应该获得入学接受教育的机会。在《罗宾斯报告》的影响下，英国大学教育开始从贵族走向了平民，1991 年英国政府发布了白皮书《高等教育的框架》，指出要让更多人有机会接受大学教育。在 2004 年颁布的《高等教育改革法案》中，进一步确立了英国大学学生资助制度，这一制度突出表现了大学教育的多元化、注重差异性和以人为本的特点。《高等教育改革法案》倡导公平入学并成立了“公平入学办公室”（The Office for Fair Access）来监督高校，希望通过完善的资助体系、采取有效措施帮助那些低收入家庭和弱势群体的学生接受大学教育，促进教育公平。为了给有着不同背景的学生提供接受大学教育的机会，英国启动“透明度变革”议程，以确保不同背景的学生在学校和课程选择上公平享有信息获取权和就学平等权。与此同时，英国通过建立信息公开机制，“要求所有大学及时公开发布不同性别、种族、民族、社会经济背景学生群体入学申请、招生以及学业成功率

① 约翰·范德格拉夫. 学术权力：七国高等教育管理体制比较［M］. 王承绪，译. 杭州：浙江教育出版社，2001：17，103.

的相关信息报告”①。在相关的监督管理机制下保证制度施行的公正。

英国现代大学制度通过教育多元化促进公正。1992 年英国《继续教育与高等教育法》改二元制为一元制，多科技术学院有了同正式大学相同的法律地位，英国取消了国家学位委员会，即使是那些升格的新大学也拥有了自主授予学位的权力。在专业设置和课程设置等方面，国家只设定标准，不干预具体事务，这极大地实现了大学间的平等竞争，促进了大学教育多元化发展。通过完善的教育评价机制，确保一元制大学的教育质量和水平。2017 年《高等教育与研究法》中提出了建立全国统一的“学生办公室”，充分整合高等教育拨款委员会和公平入学办公室的学生拨款和治理使命，改革拨款制度，引入市场机制，监督审查即以政府组织为主，重视高校内部自评，吸纳公众参与，建立高等教育质量信息公开制度。加强宏观调控，按照市场运行规律，通过丰富的社会组织、专业的技术手段，公开透明信息，保证学生受教育权利平等。激励高等教育机构之间良性竞争和协同发展，完善各类高等教育机构之间的竞合机制，促进大学间发展和教育资源有效利用，实现教育多元化平等发展。

第二节　德国现代大学制度价值的经验

德国柏林大学的建立被认为是现代大学制度的开端。在批判性地继承中世纪德国大学传统的基础上，德国现代大学制度践行教学自由、研究自由等现代大学自由价值理念；传授现代哲学与现代科学知识，构筑现代大学制度理性价值；引用现代经济管理手段，探索现代大学制度效率价值，为德国现代大学体系和世界现代大学制度价值的确立奠定基础，并指引方向。

① 武学超，罗志敏. 组织创新与制度优化：英国高等教育治理体制改革新向度及基本逻辑［J］. 清华大学教育研究，2019（3）：75-83.

一、自由

德国现代大学制度的自由价值包含两个方面的含义：一是组织管理方面的自由，即大学自治；二是在教学和研究方面的自由，即学术自由。“大学自治”与“学术自由”是互为存在和依托的两个重要理念，“大学自治是学术自由的初始行为，而学术自由则是大学自治的最终目的”①。德国现代大学制度的自由是通过大学章程和法律对大学自治和学术自由的规定体现出来的。1810 年，威廉·冯·洪堡主持创建的柏林大学可以说是现代大学制度的发端。柏林大学建立之初就确立了自由思想观，在柏林大学的筹建期间，洪堡就提出了大学自治和学术自由原则，洪堡认为大学最主要的原则是尊重自由的学术研究，而且国家应尽量减少对大学内部事务的干涉，只有将权力交给学校，才能实现大学自治和学术研究自由。

学术自由是德国现代大学制度的核心价值。第一，德国现代大学制度创立之初就具有学术自由思想理念。正如德国哲学家卡尔·西奥多·雅斯贝尔斯所指出的：“自从大学创立以来，学术自由就是并将继续是使创新与创造活动成为可能的中心价值与条件，学术自由是学术工作的中心、普遍性的指导原则。”② 德国现代大学制度的学术自由思想是在洪堡、施莱尔马赫、费希特等人的大学思想基础上不断构建和完善而来的。柏林大学将洪堡的学术自由理念付诸实践，把“学术自由”作为大学的首要原则。德国哲学家施莱尔马赫认为：大学的目的是培养学生养成科学精神，而这种科学精神的养成需要在完全自由的环境中才可以实现③。德国哲学家费希特在任柏林大学校长时主张：柏林大学要以自由探索真理为办学主旨，并将学术自由分解为“教的自由”和“学的自由”④。第二，从大学章程和相关法律上维护学术自由思想。19 世纪，德国在人类历史上第一

---

① 王建华．大学之道：理念与制度［J］．现代大学教育，2001（5）：30-34.

② 雅斯贝尔斯．什么是教育［M］．邹进，译．上海：上海三联书店，1999：142.

③ 陈洪捷．德国古典大学观及其对中国的影响［M］．北京：北京大学出版社，2006：40.

④ 别敦荣，李连梅．柏林大学的发展历程、教育理念及其启示［J］．复旦教育论坛，2010（6）：8-15.

次将学术自由写入了宪法，学术自由思想得到法律保护。德国在宪法里规定学术自由作为一项基本权利受法律保护，而且在《高等教育总法》（1976）中更是明确地将研究自由、教学自由、学习自由作为三大学术自由进行保护①。教授在大学里拥有绝对的权威，教授享有言论、教学、研究和出版自由的权利。学生的学术自由主要指选课的自由以及决定听不听课的自由，正如德国哲学家、教育家弗里德里希·包尔生所言："德国大学的学习过程是建立在学习自由基础上的……除了固定的学时以外，几乎所有的一切都留给了学生个人来进行选择。"② 学生具有广泛的学习自由和自主的权利。德国大学在知识上具有极大的包容性，倡导研究与教学相统一③。国家与大学紧密结合的同时保留了大学所追求的学术自由。

大学自治是德国现代大学制度实现自由的重要前提。德国现代大学制度的发展大致可以划分为两个阶段：一个是 19 世纪初期到 20 世纪后期洪堡模式的建立与延续阶段，另一个是 20 世纪后期以来的变革和调整阶段④，阶段不同，但都表现出对大学自治不同程度的强化。19 世纪的德国现代大学制度从创立起就担负着国家的使命，新人文主义学派希望通过改革大学，创造和发展德国文化科学，振兴民族精神，同时要保持政府和大学之间的适度张力，洪堡的"自由与寂寞"原则应运而生。洪堡指出，国家不能要求大学直接地和完全地为国家服务，"国家永远都不应该干预大学的内部事务，……国家不要也不可能对大学的工作越俎代庖，一旦干预，往往就会成为一种障碍"⑤。这一思想奠定了大学与国家的关系，使得大学保持相对的独立，也丰富了大学自治思想。此外，洪堡还成立了以讲座教授为主体的教授会，实行教授治校，将大学自治理念落到实处。20

---

① 联邦德国及巴伐利亚州高等教育法规选编［M］. 杭州大学中德翻译情报中心，译. 杭州：杭州大学出版社，1991.

② 弗里德里希·包尔生. 德国大学与大学学习［M］. 张弛，郄海霞，耿益群，译. 北京：人民教育出版社，2009：285.

③ 鲁道夫·施迪西伟，刘子瑜. 德国大学的制度结构［J］. 北京大学教育评论，2010（3）：40-50，188-189.

④ 别敦荣. 现代大学制度的典型模式与国家特色［J］. 中国高教研究，2017（5）：43-54.

⑤ 同②：54.

世纪 90 年代以来，随着德国资本主义的发展，经济管理理念被引入德国高等教育改革中，政府不断下放大学办学自治权，使大学拥有更大的自主办学权，除了校长委员会、评议会、学院协商会议和学院委员会等校内治理机制外，新增设的高校理事会是落实大学自治的主要措施之一。在自治原则指导下，德国大学逐步获得了独立制订战略与发展计划、自主处理财政和人事等事务的权利。德国《基本法》（宪法）第 5 条第 3 款规定："人人有自由从事艺术、科学、教育和研究的权利。"① 法律不仅关注学者的个人学术自由权利，而且为大学组织自治提供了法律保障。

二、理性

德国现代大学制度体现了人们的理性设计和选择，这种理性由工具理性和价值理性共同构成。韦伯认为："工具理性即通过对外界事物的情况和其他人的举止的期待，并利用这种期待作为'条件'或者作为'手段'，以期实现自己合乎理性所争取和考虑的作为成果的目的。"② "价值理性即有意识地对一个特定的行为——伦理的、美学的、宗教的或做任何其他阐释的——无条件的固有价值的纯粹信仰，不管是否取得成就"③，没有大学制度的价值理性的指引，其工具理性就很有可能走向极端，最终变成一种非理性。"制度、法律和惯例有一种事事都插手的习惯。一旦理念消失，那剩下的就只有干瘪的成规了。"④ 现代大学制度呼唤理性。

德国现代大学制度体现价值理性宗旨。在德国现代大学发展过程中，价值理性宗旨体现在现代大学的知识体系由对神学的信仰转变为科学理性的研究上。理性在德国现代大学思想中占主导地位，在理性影响下的大学，将自身的使命定位在探索纯粹知识和普遍真理、完善自由人格，并以超越现实和功利、固守古典人文教育为特征，康德第一个把教育这一复杂的社会现象置于"科学"的层面加

① 周志宏. 学术自由与大学法［M］. 台北：蔚理法律出版社，1989：53.

②③ 马克斯·韦伯. 经济与社会：上卷［M］. 林荣远，译. 北京：商务印书馆，1997：56.

④ 雅斯贝尔斯. 大学之理念［M］. 邱立波，译. 上海：上海人民出版社，2006：118.

以理性考察①。雅斯贝尔斯在《大学之理念》中也讲到大学作为探寻科学真理的机构，科学研究应该是大学的第一要务②。为了建立以科学研究为中心的组织制度，洪堡建立柏林大学的一个重大举措就是建立哲学院，这个学院跃居神、法、医学院之上，不仅是大学的核心和顶端，而且是统筹和评判各种学科知识的标准。洪堡还提出国家要给予大学充分的大学自治，减少对大学的内部干预，国家不能直接要求大学为国家服务，当大学实现自己的最终目标时也就实现了国家的目标。国家行为应当服从理性原则，承认科学活动的自主性，为科学活动提供保护和支持，使理性按大学自身原则得以发展。

德国现代大学制度的工具理性凸显。马克斯·韦伯称大学需要作为一种体制来考虑，认为大学应该是具有理性结构的组织，并不涉及制度目标及制度内容的合理性，它能够像一台机器一样在组织中灵活运转③。因此，韦伯所指的工具理性，其实是指手段的理性，不是目标的理性，所有涉及大学目标实现所应用的现代大学制度都是工具理性的具体体现。以目的为趋向的工具理性通过手段实现目标的效益最大化。“其理性在于手段的运用，并非目标的制定。如果目标的制定也讲求这种理性的话，那么有关目标必然不是终极目标，而是达到高一层次目标的手段。”④ 德国现代大学制度作为一种理性手段以期实现大学目标，康德说大学教育的根本目的在于使人成为人，因为“人是唯一必须受教育的被造物”，“人只有通过教育才能成为人，除了教育从他身上造就的东西以外，他什么也不是。需要注意的是，人只有通过人，通过受教育的人，才能被教育”⑤。德国现代大学制度的存在就是满足其大学目的的最有效手段，是一种工具理性。

---

① 尹建锋. 论大学章程的文化个性　基于欧洲三所大学章程的比较［J］. 比较教育研究，2016（12）：94-100.

② 雅斯贝尔斯. 大学之理念［M］. 邱立波，译. 上海：上海人民出版社，2006：22.

③ 马克斯·韦伯. 韦伯论大学［M］. 孙传钊，译. 南京：江苏人民出版社，2006：147.

④ 张德胜，金耀基，陈海文，等. 论中庸理性：工具理性、价值理性和沟通理性之外［J］. 社会学研究，2001（2）：33-48.

⑤ 米契尔·兰德曼. 哲学人类学［M］. 彭富春，译. 北京：中国工人出版社，1998：273.

三、效率

德国现代大学制度的效率价值随着资本主义市场经济制度而确立。经济学家认为制度是有效率因素的，不同制度带来不同的信息传递、激励和分权控制，从而产生不同的绩效。市场要求效率，在教育成本与教育收益的权衡中，我们需要考虑效率的诉求。资本主义市场经济制度的确立，使效率优先凸显出来，现代大学制度只有追求效率，提高社会资源利用率和社会经济效益，最大限度地产出人才产品和科技文化产品，才能在竞争与发展中开拓生存空间、增强生命力，才能为自己赢得更有利的发展机遇。20 世纪末德国进行了以市场为导向的大学管理体制改革，大学以崇尚竞争、追求卓越、提高绩效为建设重点。竞争机制引入大学，在提高大学的竞争力和大学效率的同时，完善的评估体系成为提高德国现代大学制度效率的重要保证。

引入竞争机制是德国现代大学制度追求效率的具体体现。第一，《高等学校总纲法》的第 5 条中，引入以大学业绩为基础的政府拨款模式。这种模式的要旨就是将大学的教学和科研成绩以及培养学生的质量作为政府拨款的变量指标，以增加拨款的弹性，最终将大学的办学业绩与政府拨款直接联系起来，“大学间的自由竞争促进大学自身效率提升”①。第二，改革校内人事制度，营造竞争环境，建立以市场为导向的劳动和工资制度。劳动和工资制度改革包括重新制定教师的评审办法和建立一种讲求业绩能力的灵活的工资制度。校内人事制度改革是提高大学办学效率的必然要求②，联邦政府的改革政策目前主要集中于从外围创造相应的开放条件和竞争的环境。开放的条件主要表现在放宽对学有专长的青年科学家在晋级方面的硬性指标规定，并更加注重其实际的才能。“竞争的环境则表现在设置

---

① 鲁道夫·施迪西伟．德国大学的制度结构［J］．北京大学教育评论，2010（3）：40-50，188-189.

② 娇怡程．德国高等教育体系认证：缘起、进展与成效［J］．外国教育研究，2016（2）：3-16.

短期教席、拉大工资差距以及引进评价机制等等。”①

完善评估体系是德国现代大学制度效率的重要保证。随着大学教育大众化、国际化、多样化发展的日益深入，原本行之有效的大学运行模式也受到了社会的质疑。大学从超脱于社会的“象牙塔”走向大众、社会、市场，承担了更多的责任，大学必须证明自己的质量与效率，向社会证明自己的学生是高素质的，向它的学生证明大学所提供的教育将为他们带来经济和精神方面的收益。为应对这些挑战，20 世纪 90 年代以来，德国建立了一系列教学评估体系。第一，建立具有独立性的专业评估机构，通过对大学教学、学科和科研机构的评估分析，对大学进行准确定位，为大学进行教育决策提供指导，帮助大学管理人员制定可行的发展规划，协助大学提升市场竞争力；同时，“也可以真实地反映各地大学的办学水平，为教育管理部门的投资决策提供依据，优化教育资源的配置”②。第二，为建立全方位立体化的评估体系和标准，德国大学采取了内部自我评估和外部专家评估相结合的评估模式。尽管对德国大学的评估内容和形式多样，但大学办学质量和社会效率仍然是教育评估最为核心的内容。教育管理部门根据评估结果对大学的办学效果提出相应的整改措施并监督其实施的同时，保证了大学内部的管理机制和工作流程的科学性和合理性③，从而提升大学办学效率和质量。

第三节　美国现代大学制度价值的经验

美国是一个有着多元文化的国家，在美国的现代大学制度中也体现一种多元价值的融合，美国现代大学制度经历了一个移植、借鉴到自主创新的过程，它移植和借鉴了英国、德国现代大学制度的一些价值理念，同时，融合美国多元的社会文化土壤，形成具有鲜明美国特色的现代大学制度。美国以立法为手段，保护学术自由和

① 胡劲松，周丽华. 传统大学的现代改造：德国联邦政府高等教育改革政策评述 [J]. 比较教育研究，2001 (4)：6-12.

② 杨峰. 德国高等教育评估制度概览及其借鉴意义 [J]. 中国高等教育评估，2017 (3)：71-74.

③ 张新科. 教育评估：德国高等教育界推崇的监督模式 [J]. 外国教育研究，2004 (7)：41-44.

大学自治传统；不断推进现代大学制度市场化，引领世界大学市场化的浪潮，追逐效率，为美国大学提高学术水平、迈向卓越之路提供了根本保障；以国家价值观为依据，追求民主的现代大学制度价值。美国高等教育制度在自由、民主、效率等多元价值的协调与互补中实现了发展。

一、自由

大学是具有自由的学术性组织，学术自由与大学自治是现代大学制度建构的基本原则。美国教育哲学家布鲁贝克指出："为了保证知识的准确和正确，学者的活动必须只服从真理的标准，而不受任何外界压力，如教会、国家或经济利益的影响。"① 探究学问、追求真理、培养人才的大学应当遵循认识论逻辑，享有广泛的学术自由权利。美国现代大学制度的自由主要体现为政治自由与思想自由。政治自由即政治能够直接或间接得到全体社会成员的同意，是最重要的自由。美国思想家萨托利认为：政治自由不是心理、思想、道德、社会、经济或法律意义上的自由，它是这些自由的前提。大学的政治自由主要体现在大学自治中，所谓大学自治就是大学"自己管理自己的事情"。思想自由主要是讲学自由、言论自由与出版自由，学术自由是思想自由的具体表现形式。因此美国现代大学制度自由价值具体表现为大学自治和学术自由。学术自由主要起着调节大学组织内部关系的作用，它是构建大学制度过程中的内在制度。而大学自治则主要抵御来自大学外部的压力，它是构建现代大学制度过程中的外在制度。

大学自治是美国现代大学制度价值中政治自由的集中体现。"美国大学的突出特点之一是享有显著的不受政府控制的自由。在美国，任何团体和组织都能建立私立学院或大学……已经受到社会承认的学院或大学，无论公立或私立，都有权不经政府审查自行任命教授。私立院校有权自由挑选学生，公立院校也一样。学院可以自行决定

---

① 约翰·S. 布鲁贝克. 高等教育哲学［M］. 王承绪，郑继伟，张维平，等译. 杭州：浙江教育出版社，2001：46.

所开设的课程。私立大学有权自行分配经费，公立院校也有很大权力分配从州立法机关拨来的款项。”① 同时，大学之间也合作建立了行业协会进行自我管理，从而避免政府对学校事务的过度干涉。这样的管理制度和结构使得大学与政府处于相对分离的状态，有力地保障了大学的自治地位。除此以外，大学自治还体现在“法人-董事会制度”，法人制度在法律上维护了学院和大学的整体性、独立性和政治自由，董事会的存在为大学与社会的沟通与对话提供了途径与通道。“美国公立大学实行董事会领导下的校长负责制。董事会是学校的最高决策与审议机构，董事会通过宏观调控实现对高校的治理（government），董事会成员主要由校外人士组成。董事会对大学享有全部的权力，主要有：确立大学的性质、发展目标，制定大学长期和短期规划；选聘、留用和解聘校长；批准法定文件、评估学校行政工作的绩效、审批学校的财政预算和合同等。”② 相对独立的自治制度赋予美国现代大学更灵活和宽松的发展空间，是大学永葆学术研究活力的源泉。

学术自由是美国现代大学制度自由价值的核心体现。美国《大美百科全书》将其解释为教师的教学和学生的学习，有不受不合理干扰和限制的权利，包括讲学自由、出版自由和宗教自由③。学术自由要求“无论人们如何著书，如何论述，如何授课，某些机构都必须支持并帮助他们，这种自由比一般的言论自由更为有力”④。美国在 19 世纪 80 年代以前，只存在以宗教宽容和信仰自由为表现的思想自由，19 世纪末 20 世纪初美国大学教授协会（AAUP）的成立标志着美国学术自由原则的初步确立，保障教师免于匮乏的自由成为 AAUP 的重要工作。1940 年，美国大学协会（AAC）与美国大学教授协会（AAUP）联名签署《关于学术自由与终身教职的原则声明》，这一声明提出学术自由的思想，确立了终身教授制度和学术自

① 德里克·博克. 美国高等教育［M］. 乔佳义，译. 北京：北京师范学院出版社，1991：34.

② 郭为藩. 转变中的大学：传统、议题与前景［M］. 北京：北京大学出版社，2006：82.

③ 田雪飞. 中美高等教育制度伦理价值比较［M］. 北京：社会科学文献出版社，2016：103.

④ 罗纳德·德沃金. 自由的法：对美国宪法的道德解读［M］. 刘丽君，译. 上海：上海人民出版社，2001：351.

由制度①。美国现代大学教授终身聘任制度初步形成，保障了学术自由的实现。20 世纪八九十年代，美国大学实行终身聘任后评审制度，进一步完善了保障学术自由的制度。

二、民主

民主的本意是人民当家作主，它的功能在于传达公众利益，协调高校、政府与社会的权利和义务分配。美国教育学家杜威认为民主是人类社会的最高价值观，民主代表着更广泛的共同利益。美国现代大学制度民主价值保障了最广泛的大学参与者的权利。美国现代大学制度受有限政府理论和自由思想的影响，体现出多元民主管理结构，美国现代大学由联邦政府、州政府、大众、外部团体、教师共同分权治理。另外，“美国社会的民主思想和市场化理念是美国大学治理中社会参与制度形成的价值理念基础”②。广泛的公众参与董事会决策制度、中介组织参与制度和社会问责制度无不反映出美国现代大学制度民主的价值理念。

美国现代大学制度的内部管理呈现多元民主结构。美国现代大学制度内部参与者包括董事会、教师和学生。首先，在美国现代大学制度中董事会是大学权力机构，由非教育界人士组成，掌握了学校所有的法定权力。“在学术问题上董事会与教授分享权力，对关系到学校福利的关键政策的制定与采纳上拥有最终决定权。董事会决定学校的大政方针，任命校长和重要官员，制定学校的重要规章制度、发展规划及财政预算，董事会经常通过下设若干委员会来进行工作。”③ 董事会之下的首席执行官员是校长，校长是美国现代大学制度体系的最高行政负责人，向董事会负责，管理学校的各项事务。其次，教师参与学校民主管理，这主要包括两个方面：其一，教师在院系级学术事务上发挥着关键性作用；其二，一些教师代表也会

① 高月，王秀成. 高等教育普及化进程中的制度建设：来自美国的经验与借鉴［J］. 教育探索，2020（3）：88-93.

② 张凤松. 社会参与大学治理：美国大学的实践与启示［J］. 高教探索，2018（1）：50-56.

③ 胡娟. 西方大学制度的几种主要模式及其启示：从权力结构的角度分析［J］. 中国人民大学教育学刊，2011（3）：23-40.

参与学院和学校的管理。例如评议会制度，主要由教授、副教授组成，评议会是学校学术管理的专门机构，“主要职责包括决定校历、课程计划，确定本科生和研究生的录取标准和学位标准，决定校内各种教学、科研设施的使用，确定教师与科研人员的聘任与晋升的相关政策，编制学术规划等等”①。因此，教师在学校的学术事务上有充分的决定权。最后，美国现代大学制度还保障学生民主参与权利。学生是大学的主要消费者，市场运行赋予他们越来越多的选择权利。学生可以通过州政府部门熟悉民主的具体程序，通过参与学校的选举和管理活动体验民主。因此，从美国现代大学内部管理制度的人员构成上呈现出多元民主管理的特征。

广泛的社会公众参与学校的管理和监督制度体现了美国现代大学制度的民主。美国是一个追求民主管理的国家，它的大学制度也受到政治制度的影响，形成了广泛的社会参与民主体系。美国现代大学制度的社会参与表现在以下三个方面。第一，宪法对美国现代大学管理权力的规定：州政府拥有“一般性”的权力，联邦政府拥有“有限的”权力，公民拥有“一般性”的权力，因此，美国高等教育机构只有极少数由联邦政府设立，超过99%的院校是州政府、自愿性组织或营利性企业所设立的②。第二，所有的管理机构都处于公众的监督之下，对大众的公共利益的回应和绩效责任通过各阶层代表组织的运作实现。另外，美国有着完善的中介机构组织，承担政府对大学的部分监督管理职能，为大学提供评估认证、教育研究与咨询、与政府沟通、提供资金支持等一系列中介性服务③。通过中介组织帮助实现教育决策的科学化和民主化。第三，美国的“法人-董事会制度”的人员构成多样化体现了美国现代大学制度广泛的社会公众参与民主。美国大学董事会的成员大多是政府的名流、金融企业界和法律界精英，这无疑为美国大学走向社会、成为社会的核心机构起到了重要的作用。大学与社会之间的关系更加紧密，大学加强了与企业的科学合作，参与到社会问题的交流和解决中，对社

① 张德祥. 高等学校的学术权力与行政权力［M］. 南京：南京师范大学出版社，2002：106.

② 田雪飞，史万兵. 美国高等教育制度伦理的价值研究［J］. 社会科学辑刊，2014（1）：43-46.

③ 张凤松. 社会参与大学治理：美国大学的实践与启示［J］. 高教探索，2018（1）：50-56.

会发展起重要作用。因此，美国现代大学制度的民主价值是通过政府与社会广泛参与管理与监督实现的。

三、效率

效率是美国社会生活的一种基本价值观，也理所当然地成为美国高等教育制度的重要价值之一。自 20 世纪七八十年代以来，美国现代大学制度开始市场化改革，整个大学教育系统成为一个复杂的巨型市场，效率成为美国现代大学制度的重要价值，逐利趋势日趋显著。2015 年，美国各州实施高等教育的绩效拨款制度①。企业管理、权力下放、市场的作用和新自由主义思想的普及是美国公共部门改革的关键要素，美国现代大学制度在这些因素的影响下，崇尚效率价值。

首先，美国商业型大学的出现已经越来越普遍，美国现代大学组织结构和功能都服务于经济逐利目的。跨国、跨境教育的出现，使登上世界大学排行榜成为衡量大学教育国际化的重要指标，成为建设世界一流大学战略的一部分，从而增强大学在全球高等教育市场中的竞争力。大学教育纳入服务贸易总协定的框架，成为商品和服务贸易全球化的一部分。美国现代大学制度正从一个为本社区的学生服务的学院和大学的松散联合系统向一个受强大的市场力量驱动的全球化的知识和学习产业发展。美国引领的这场全球化的浪潮，以及随之而来的市场化进程，使大学越来越成为服务于市场、追逐经济利益的工具。

其次，美国公立大学为市场所裹挟，已经进入市场化变革的轨道，越来越追逐效率，服务于利益。公立大学的市场化主要表现在公立大学收入来源由以州政府为核心向市场筹集转变，比如，在公立大学收入来源中，州政府对公立高校的平均资助从 1980—1981 年的 45. 6%缩减到 2010—2011 年的 22. 7%。与此同时，学费却大幅增

① National Conference of State Legislatures. Performance based funding for higher education [EB/OL]. [2022-05-08]. http://www.ncsl.org/research/education/performance-funding.aspx.

长，从12.9%增加到18.6%①。在美国，收取学费制度的正当性来自受教育者的个人回报，这些私人回报包括增加个人收入、增加就业机会和提高生活质量。从市场的角度看，学费标志大学的明确价格，从理论上这种价格可以使学生和高校产生成本意识，使高校对学生的需求更加敏感②。公立院校自《莫雷尔法案》颁布后得到政府直接的无条件的援助与资金支持，在20世纪70年代后，尼克松政府通过《高等教育修正案》，创立了学生助学金，这是联邦政府第一次以立法的形式直接资助学生。这改变了过去政府对公立院校有所倾向的做法，使私立院校和公立院校在争取经费上相互竞争，由于学生可以拿着政府资助选择学校，这些资助就变相地成为政府的拨款，这不仅迫使各高校更加重视学生的需求，同时使没有多大竞争威胁的公立院校进入竞争市场，模糊了与私立大学的界限。教育券制度就是在公立学校系统外树立一个竞争对手，推动私立学院的发展，目的是通过加强私立学校的竞争来提高教育质量，而公立学校的私人化管理旨在对公立学校的管理形成生存竞争，从而打破垄断，提高效率③。

第四节　日本现代大学制度价值的经验

日本的现代大学制度是从德国和美国现代大学制度模式借鉴移植而来的，但是日本的借鉴和学习始终在本国国情的基础上进行，因此日本现代大学制度价值中蕴含着日本传统思想文化。日本现代大学制度集日本特色与其他国家的优势所在，在尊重本国国情、继承传统文化基础上进行再创造，表现出秩序、理性、自由等价值。

① 美国大学理事会（College Board）. Trends in college pricing 2012［EB/OL］.［2022-05-08］. http://trends.college-board.org/sites/default/files/college full-report-121203.pdf.

② CRISTIAN BARRAL, ROBERTO ZOTTI. Measuring efficiency in higher education: an empirical study using a bootstrapped data envelopment analysis［J］. International atlantic economic society, 2016（22）: 11-33.

③ 田雪飞. “义利”共生：高等教育制度伦理之中美互纳研究［J］. 黑龙江高教研究，2017（1）：69-72.

一、秩序

大学是一种制度化社会组织，制度是维系和保障现代大学秩序的基础。大学办学秩序是一种复杂性社会秩序，日本现代大学制度中秩序的复杂性表现在大学与政府关系上。“日本现代大学是在政府的领导下建立的，政府一直或正在转向以间接方式来对大学进行调控，主要有人事任免、财政拨款等手段实现对大学的管理。”① 从日本现代大学办学主体来看，国立大学由政府领导下的文部科学省设置和管理，文部科学省掌握着国立大学的人事管理的决定权和财政拨款的使用权，干预大学日常事务管理是一种常见的现象。文部科学省制约着国立大学的行政权，同时，由于国立大学经费由国家支出，大学的行政权力和财政权力必然要受到政府的牵制，国立大学的人员和设施的所有权均归属于政府。总之，日本现代大学制度通过文部科学省对大学的行政权力和经费的管理实现了秩序。

文部科学省对大学人事的领导。日本的国立大学在管理上是中央集权管理，文部科学省掌握学校的领导权，学校一级管理人员尤其是校长的管理权非常有限。另外，负责监督大学的行政事务管理的事务局长，由文部科学省直接委派，事务局长按照文部科学省和大学制定的各种章程，通过所属的事务系统，监督大学的行政事务管理。随着日本的独立行政法人制改革，文部科学省不再是直接的办学者，对人事的管理变换了管理形式，直接的行政命令改为评估和监督。根据《国立大学法人法》的规定，政府作为国立大学法人的设置者和管理者，文部科学省对大学享有人事上的决定权。这个决定权主要体现在以下两个方面。第一，文部科学省通过任命监事对国立大学法人的权力进行监督。如设置会计监察人员进行财务监督，设置“大学评价·学位授予机构”实施教学评估等，文部科学省通过评估和监察机构实现对大学的监管。第二，文部科学大臣有任命和解雇国立大学法人校长的权力。《国立大学法人法》第十二条规定：根据国立大学法人的意见和建议，由文部科学大臣来任命和

① 管浏斯. 现代大学制度：日本的经验［J］. 世界教育信息，2012（5）：54-56.

解雇校长。法人化改革后，在大学里确立了以校长为核心的领导体制，虽然校长管理学校的权力得到了增强，但是仍然受到文部科学省的领导和制约。总之，日本现代大学秩序价值就体现在政府一直以直接或间接的方式对大学进行人事领导和控制。

文部科学省决定大学财政制度的领导权。在传统的“行政隶属型”框架下，文部科学省根据国家和社会的需要创办大学，并通过向大学提供财政资助，保证大学的教学活动正常运行①。随着日本国立大学法人化改革的开展，文部科学省由对大学全面的财政管控者变为监督者和协调者，大学逐步发展成为有一定自主性的法人机构。但是“政府拨款始终是国立大学最主要的经费来源，虽然政府对大学施加影响方式转变，但国家的意志依然存在，只是通过实行更具弹性和灵活性的管理实现对大学的控制”②。《国立大学法人法》中“第四章 财务和会计”规定：大学在中期计划结束时所积累的资金，经文部科学大臣承认可转到下期使用。为了获得土地，购置或安装设备，在文部科学大臣同意的情况下，国立大学法人能进行长期借款和发行以大学法人命名的债券……在财务方面规定了独立行政法人必须根据文部科学省的主管大臣设定的中期目标制订中期计划，并将此申报主管大臣审批，财政使用受到文部大臣的审批限制。文部科学省的官员在解释这一现象时说：国立大学在法律上始终是由国家设置的大学，国家需要承担大学进行的教育教学活动经费，并对其负有最终责任。这也反映了国立大学在法人化改革后，仍然要受到国家经费控制，大学依然要接受来自国家的强有力的影响。

二、理性

现代大学制度理性体现在它的价值理性和工具理性两个方面。价值理性和工具理性的思想最初是由德国社会学家马克斯·韦伯提出来的。韦伯认为工具理性是“通过对外界事物的情况和其他人的

---

① 鲍威. 法人化改革后日本国立大学财政管理体系的重构：从“行政隶属型”向“契约型”的转化［J］. 比较教育研究，2007（9）：62-67.

② 王轶玮. 法人化改革下日本国立大学财政转型的分析与启示［J］. 中国人民大学教育学刊，2017（4）：139-152.

举止的期待，并利用这种期待作为‘条件’或者作为‘手段’，以期实现自己合乎理性所争取和考虑的作为成果的目的”①。也就是说，人们为达到目的会考虑各种可能的手段，并选择最有效的手段行动，以实现效益的最大化。因此，持工具理性的人，不是看重所选行为本身的价值，而是看重所选行为能否作为达到目的的有效手段。与此相对照，价值理性即“通过有意识地对一个特定的举止的——伦理的、美学的、宗教的或做任何其他阐释的——无条件的固有价值的纯粹信仰，不管是否取得成就”②。也就是说，“现代大学制度的价值理性是指大学作为一个学术共同体纯粹是出于对大学组织的一种信仰、理念和价值判断而做出的维护大学组织的行为，这种行为因为是在自己所认可的大学理念和信仰指导下所做出的，因此这种追求往往是无条件的”③，不管这种行为最终给大学组织带来什么后果，只要强调动机纯正，其他一切都可以不去考虑。

日本现代大学制度的理性价值表现在法人化改革和评估制度中。法人化改革和评估制度实施的目的就是既要保护大学固有的自由自治精神，也要适应日本的社会发展需要进行大学结构化改革，以此来实现大学的经济效益。日本现代大学制度的价值理性表现在对“大学传统的为研究而研究的探究本性”的坚持上，而工具理性就表现在日本大学发展与社会发展相适应，选择新经济手段寻求大学办学制度的效益最大化。总之，日本现代大学制度的法人化改革制度和评估制度中充分体现了日本现代大学制度的理性价值追求。

法人化改革体现了日本现代大学制度价值理性和工具理性的双重意蕴。法人化改革以前，日本国立大学追求为研究而研究的学术传统，相对于工具理性更加重视大学的价值理性。日本的学者由于受到儒家文化的熏陶，并不欣赏企业的利益以及企业家式的“贪婪”。法人化改革前，大学教授们并不关注研究成果是否能够转化成经济效益，是否能为社会和企业服务。而 2004 年的法人化改革使日本大学从传统的重视研究向重视社会服务功能转变，这是大学在追

①② 马克斯·韦伯. 经济与社会：上卷［M］. 林荣远，译. 北京：商务印书馆，1997：56.

③ 田爱丽. 日本国立大学法人制度研究及启示：大学·政府·社会关系的视角［D］. 上海：华东师范大学，2006.

求价值理性和工具理性偏向之间的一次调整。“现代大学价值的工具理性是指大学组织纯粹从管理效果最大化的功利性目的出发，制定出的各种大学制度具有典型的目标明确、手段和程序精准、操作上可计算性强和可衡量性强等实用性特征。”① 法人化改革的出发点之一是提高国立大学的管理效率，因此引入了许多在经济界被视为非常有效率的手段和措施。例如：在法人化改革中引入绩效管理手段，制定大学中期目标；在大学内部管理中引入竞争机制，教师收入与各研究单位和教学单位的收入绩效相互关联。日本大学制度从只注重价值理性转向价值理性和工具理性相结合，保证了日本现代大学组织走向善治。

评估制度是日本现代大学制度工具理性和价值理性相结合的直接体现。日本大学评估制度既提供了大学教师相对自由的教学和研究空间，又通过审慎的评估保证大学教学和科研效率；既蕴含了大学作为学术共同体追求学术组织信仰的价值理性，又体现了现代大学制度追求大学作为社会组织的效益最大化的工具理性内涵。“大学评估被纳入制度化轨道并大规模地付诸实施，是在 1991 年文部省全面修订了 1956 年制定的大学设置基准之后。”② “1991 年日本大学改革有两大主要内容，一是以‘大学基准的大纲化’为名的教育课程自由化改革，另一个就是建立大学自我评估体制。各个大学可以按照各自办学理念，设定适当的评估项目并建立相应的评估执行机关，以便系统地开展评估工作。”③ 大学自我评估是通过客观标准进行自我矫正的一种理性体现。2000 年 4 月，学位授予机构改组为大学评估与学位授予机构，大学评估委员会主要由大学校长、教授等学者专家组成，从学术的角度（而非行政的角度）实施大学评估，以期通过评估为大学教师在大学教学和研究中提出合理化建议。2002 年，日本修改了《学校教育法》，确立了认证评估制度。从 2004 年开始，日本的大学相继开展了由大学评估与学位授予机构、大学基准协会、日本高等教育评估机构等第三方评估机构实施的认证评估。

---

① 朱平. 现代大学制度的制度理性［J］. 现代教育管理，2013（4）：12-15.

② 王红，李志宏. 日本大学评估制度及对我们的启示［J］. 中国高等教育，2006（10）：61-63.

③ 张晓鹏. 日本大学评价与排名［J］. 中国高等教育评估，2004（4）：37-38.

日本现代大学评估制度形成了自我评估和第三方评估相结合的模式，大学要根据学校的实际情况制定明确的自我评估指标，积极主动地进行自我评估，实现自我完善，充分发挥自我评估对学校办学的促进作用。同时，“政府和外部评估要充分尊重大学的主体性，重视大学自我评估的结果，以大学自我评估为基础进行下一步的评估，充分尊重大学办学自主性”①。综上所述，日本的大学评估发展有着一个逐步制度化的过程，经历了大学自我评估到自我评估与第三方评估相结合的演变过程，通过市场的绩效方式关注大学发展过程中的成本与效益。同时，日本现代大学评估制度是大学管理活动中切实落实学术自由理念的表现，对学者的管理和评价以遵循学术活动的规律为前提。因此，日本现代大学评估制度是一种价值理性和工具理性主导下的科学管理体系。

三、自由

日本现代大学制度的自由价值体现在两个方面：学术自由和大学自治。学术自由一般指学者在进行学术研究的过程中不受任何约束地探求真理，普遍认为大学中的学术自由是教授可以自由地发表有关学术研究的意见和建议，不受任何外界干涉进行学术探讨。日本现代大学制度的学术自由主要表现在日本大学对德国大学学术自由理念的继承，并且通过一系列立法保护和实现学术自由。大学自治主要表现在教授会治校，日本国立大学借鉴和学习德国大学办学模式的同时输入了德国大学“大学自治”的理念和形态，继承并发扬了德国传统，日本的“大学自治”从具体形态上来说实际上是“教授会自治”。

学术自由是日本现代大学制度追求的核心价值。中央集权往往与学术自由相对立，对大学实行中央集权管理的国家往往对大学的学术自由控制得比较严格，“但在日本现代大学制度中，中央集权管

① 秦琴. 日本高等教育质量评价与保障体系：历史演进与改革方向［J］. 高教探索，2018（1）：62-70.

理与大学学术自由并行不悖，它们各自在自身的调控范围内发挥作用”①。第一，日本现代大学始终坚持学术自由的大学理念。第二次世界大战前日本的大学制度主要受德国的影响，大学曾被视为“圣域”，社会承认其各项自由权利。日本法律明确规定大学教师和研究人员享有学术自由权利，大学教学活动是自由的，教师可以完全自由选择自己认为合适的教学方法，任何人不得干涉。第二次世界大战后日本大学按照美国教育使节团起草的《美国教育使节团报告书》的建议，进行大学制度改革，学术自由思想一直贯穿大学发展始终。第二，在法律上保障了日本现代大学的学术自由地位。首先，日本宪法第 23 条明确规定要“保障学术自由”。其次，1947 年发布了《学校教育法》，这一法律明确规定教师在履行教学任务和科研职责的过程中，享有完全的自主和言论自由权利。如《学校教育法》第 52 条规定：“大学作为学术中心，目的是在广泛传授知识的同时，深入讲授和研究专业知识，发挥知识、道德以及应用能力。”② 大学作为“学术中心”，主要是进行学问研究和知识传授，大学学术中心的活动主体是教授，不受国家的政治观点、政府的政治利益影响，具有独立进行学问研究的学术自由。因此，学术自由一直是日本现代大学制度所追求和保护的核心价值。

“教授会治校”是日本现代大学制度自由价值的保障。在教学和科研方面，教授处于绝对中心的地位，教授会的“权利至上”。另外，教授会的运作有法律依据，《学校教育法》第 59 条指出：日本教授会是体现法律尊重大学自治的中枢组织③。由教授们组成的“教授会”实际上领导着日本国立大学的发展，这是政府行政部门也难以进行干涉的，以法律的形式保证了教授会的治校地位。1893 年《帝国大学令》修改后，规定“各分科大学内设置教授会，以教授

---

① 张俊超. 从教授会自治到大学法人化：日本大学教师聘任制的改革趋势及启示［J］. 高等教育研究，2009（2）：99-104.

②③ 陈丽萍.《学校教育法》：日本大学管理制度的法律基础［J］. 东南大学学报（哲学社会科学版），2008（3）：122-125.

为会员。”① 从而实现教授会法制化，教授会自治开始得到正式承认。大学教师的评聘权由教授会掌管，在大学自治原则下，大学拒绝接受来自外部的评估，这也导致了教授会的腐败以及后来的法人化改革。总之，第二次世界大战前日本大学制度从总体上来看形成了教授会自治的基本架构。“二战后，美国占领军事当局也没有触动日本大学自治制度，反而颁布了一系列法律，明确了教授会的自治地位。”② 2004 年，文部科学省提出国立大学法人化改革，使大学摆脱国家和政府的干预，也改变了教授会独揽大权的局面，在一定程度上削弱了教授会的管理权，只保留了与学术研究相关的学术事务管理权，从此教授治学的理念又被赋予了新的内涵。不管是日本大学传统学院的教授会还是现阶段实行的国立大学法人化政策，都在一定程度上确立了教授的地位，保障了教授治学的顺利实施和大学自由，实现回归大学追求真理的最终目标。

第五节　现代大学制度价值国际经验启示

通过对英、德、美、日的现代大学制度进行梳理，发掘现代大学制度价值的共性和个性特征，为建设和完善现代大学制度提供发展方向。具体的经验和启示表现为：现代大学制度价值要扎根本国实际；现代大学制度价值应学习和借鉴国际经验；现代大学制度价值要融通国内国外再创造。

一、现代大学制度价值要扎根本国实际

通过前几节对英、德、美、日四国现代大学制度价值的梳理，我们发现没有任何两个国家的现代大学制度价值构成是完全相同的，这取决于每个国家不同的文化、政治、经济环境。每个国家所表现

① 丁建洋. 学术权力的凝视：日本大学治理结构的历史演进与运行逻辑：日本大学高层次科学创新能力形成的一个视角［J］. 清华大学教育研究，2016（1）：26.

② 徐国兴. 日本国立大学中“大学自治”理论和实践的嬗变［J］. 华东师范大学学报（教育科学版），2007（2）：22.

出来的大学制度价值都是结合了各自国家的文化传统和政治制度，在立足本国的政治、经济、文化基础上，结合自身独特优势，形成了各具特色的现代大学制度价值。因此，现代大学制度价值要立足本国国情，发挥个性优长。

各国现代大学制度价值往往都是在其原有大学文化传统的基础上发展起来的，不同的文化传统影响着现代大学制度价值的内容和表现方式。“大学作为连接着人类的过去、现在和将来的文化共同体，其魅力就在于它悠久的历史传统以及在此基础上形成的深厚的文化底蕴。”① 英国现代大学制度中还能够看到很多古典大学制度的形式，比如英国现代大学制度从建立之初就确立了自由价值，这源于英国吸收了古典大学制度思想并应用于现代大学制度建设中。而德国柏林大学可以看作现代大学制度的开端，它同样是在继承了德国 18 世纪后期哈勒大学和哥廷根大学开创性的现代大学制度实践思想基础上建立起来的，因此，德国现代大学制度自由价值是逐步争取的“为学术而学术”的大学自由。美国现代大学非常重视自身的文化传统，“哈佛大学、耶鲁大学等在其文化传统之上开始了现代化的探索，并成功地将传统文化与现代制度有机结合起来，在国际和国内风云际会之中攀上了世界现代大学之巅”②。而日本的现代大学制度带有明显的亚洲儒家圈层文化思想，建立之初就带有明显的尊师重教思想，重视教授社会地位，日本现代大学建立之初就给予教授很大的特权。由此可见，一个国家建设现代大学制度价值需要从优秀的传统文化中汲取养分并植入新的制度价值元素，不断加以培育和完善，逐步构建一个比较完整的现代大学制度价值体系。建设和完善中国特色现代大学制度价值，既要结合中国现代大学发展实际和借鉴发达国家大学制度改革的经验，大胆进行制度创新，也要将我国传统文化和现代大学制度价值历史发展中形成的合理成分保存、传承下去。

国家政治制度影响本国的现代大学制度价值内容和实现方式。英国现代大学制度的核心价值反映资产阶级的诉求，英国实行君主

① 胡钦晓．现代大学制度发展的若干特点分析［J］．现代大学教育，2005（3）：55.

② 别敦荣．现代大学制度的典型模式与国家特色［J］．中国高教研究，2017（5）：52.

立宪政治体制，通过间接方式管理大学。“在资产阶级社会中，资产阶级一方面通过国家政权来掌握教育大权……另一方面，资产阶级还通过增拨补助经费的方法，实现其对学校教育的领导。”① 英国政府通过第三方组织代理拨款的方式来指导和影响大学的发展。德国在第二次世界大战后的分治期间，联邦德国和民主德国不同的政治制度影响了各自所属大学的发展，联邦德国和民主德国统一后，在统一的联邦体制下，联邦政府和各州政府在法律许可范围为支持大学发展，不断扩大大学自治范围。“美国实行地方分权体制，教育是州政府施政范畴，所以联邦政府不拥有直接举办和调控大学的权力，州政府成为公立大学的举办者和调控者。”② 日本实行中央集权的政治体制，其现代大学制度也具有中央集权的特点，日本政府作为大学缔造者，自大学诞生起就发挥着“家长”的作用，对大学有着很强的直接控制力。政治体制的变化对各国现代大学制度的影响是显而易见的。可见现代政治及其制度直接影响现代大学制度价值，因此，我们要学习借鉴英、德、美、日的现代大学制度与本国国情相结合的思想，中国特色社会主义制度也决定了我们要建设中国特色社会主义大学制度，形成具有中国特色的现代大学制度价值。

中国的文化传统和政治制度决定了要确立具有中国特色社会主义大学制度价值。同其他国家相比，中国有着特殊的历史文化传统。在长达数千年的文明史中，儒学在政治、经济、文化中长期居于主导地位，道家和佛教等也有深刻影响，这些价值观和思维模式对大学的影响不可忽视，知识分子的学术生活、价值观、交往方式等亦都打上了文化传统的烙印。现代大学制度价值的构建不可能脱离历史文化传统，中国特色社会主义大学制度价值的变迁是伴随着中国文化、历史与传统的变迁而变迁的。正是与其他国家不同的文化传统，使中国特色社会主义大学制度价值有了自己的个性，而且作为屹立于世界五千多年的东方民族，我们绝对有理由相信一定有一些优秀传统是使中华民族生生不息的力量。比如中国特色社会主义大学制度价值的人文传统，“中国传统教育通过尊师重道培养儒家‘君

① 鲁洁，班华，钱孝珊，等. 教育学［M］. 北京：人民教育出版社，2005：47.

② 别敦荣. 现代大学制度的典型模式与国家特色［J］. 中国高教研究，2017（5）：52.

子'，使被教育者同时具有道德和情操，重视情感与止于至善的精神追求都是与众不同的情感，塑造德性、养成人格是中国传统高等教育制度发展的典范"①。中国特色社会主义大学制度价值必须传承这些优秀传统，要结合中国的历史文化传统，发挥个性优长。中国现代大学制度既打着历史的烙印，也散发着时代的气息。在几千年的阶级社会中，教育的目的都是为剥削阶级培养人才和供他们驱使的劳动者，并以此来巩固剥削制度。中国古代教育制度以"明人伦"为教育目的，封建社会教育目的在于培养封建官僚体系，因此提倡的是"学而优则仕"。而现在我们进入社会主义社会，教育的目的发生了根本性的变化，社会主义要求从政治经济上彻底推翻剥削制度，实现没有剥削没有压迫的共产主义，教育为这样的政治经济制度服务，就必须培养德、智、体、美、劳等方面全面发展的社会主义建设者和接班人。中国的现代大学经过百余年的发展，在调整、改革和完善中形成了自己的体系，不仅改变了以往大学制度赖以生存的环境，而且使曾经的文化传统优势在现代条件下显现出来。"传统文化是现代化的基础，如何从传统文化中汲取力量，是我国这个有着悠久高等教育历史的文化古国的重要课题。"②建设中国特色社会主义现代大学制度价值需重视对传统大学文化的保留与传承，也需要回归传统以寻求智慧，挖掘其当代价值。"构建中国特色的现代大学制度价值，必须对此予以回应，更好地承担起大学参与社会变革、推动时代进步和文明演进的历史重任。"③ 思考我国文化传统和政治制度，应对中国特色社会主义大学制度价值建设与发展的现实问题，应该树立问题意识，提倡实践路径，注重学习和借鉴国际的经验与教训，突出制度创新，强调创建高等教育的中国模式。

---

①② 田雪飞."义利"共生：高等教育制度伦理之中美互纳研究［J］.黑龙江高教研究，2017（11）：69-72.

③ 钟秉林，赵应生，洪煜.中国特色现代大学制度建设：目标、特征、内容及推进策略［J］.北京师范大学学报（社会科学版），2011（4）：5-12.

二、现代大学制度价值应学习和借鉴国际经验

结合国际经验，如何推进中国特色现代大学制度建设是我们要思考的问题。通过上文对西方现代大学制度价值的梳理，我们构建具有中国特色的社会主义大学制度价值在学习国际经验上存在可能性和必要性。目前在我国现代大学制度特指的是一种理想的大学制度，是人们把一切美好的价值都归于现代大学的一种“善”的制度①。中国特色社会主义大学制度的建立意味着大学治理理想状态的实现，追求理性、自由、民主、公正、效率、秩序等价值需要获得有力的制度支撑。但是现代大学制度价值演进是一个复杂的社会历史过程，中国的起步相对于西方国家比较晚，需要借鉴和学习西方现代大学制度价值实现的方式和经验。

中国有学习西方现代大学制度价值的可能性，因为具有中国特色现代大学制度价值同西方现代大学制度价值一样，都是建立在现代化大生产的物质基础上，现代社会物质基础的根本改变使现代大学制度价值具有了共性。“文化传统的影响虽然渗透在高等教育的全部活动之中，并且自始至终对高等教育的变革起作用，但它终究不能对高等教育的变革起决定作用。最终起决定作用的仍是社会的物质生产和经济发展。”② 我国和发达国家在经济方面有共性因素，因此我们可以学习西方现代大学制度价值在长期建设和发展过程中的实践经验，选择更加适合中国现代大学制度价值发展的道路。经济变迁使理性、自由、公正、民主等成为普遍性价值。具有中国特色现代大学制度之所以能够在20世纪80年代开始迅猛发展，也是源于中国的市场经济体制改革，形成了具有中国特色的社会主义市场经济体制。在中国特色社会主义市场化条件下，中国特色社会主义现代大学制度虽然不能完全市场化，但不可否认，市场经济对中国特色社会主义现代大学制度价值产生了巨大影响。

当今的中国大学需要学习西方现代大学制度价值，思考如何在

① 杨庆. 论我国大学章程建设的工具理性与价值理性［J］. 江苏高教，2014（1）：66-67.

② 潘懋元，邬大光. 文化传统与高等教育的理论思考［J］. 高等教育研究，1989（1）：5.

社会主义市场经济条件下推进中国特色社会主义现代大学制度价值的实现。英、德、美、日四国近代以来所进行的一系列具有典型性的宏观大学制度改革，为我们提供了有益的借鉴。结合我国实际对国外大学制度的合理因素进行借鉴，可以使我国现代大学制度建设少走弯路错路。我们要学习西方大学制度尊重和保护大学的本质。20世纪中叶开始，西方国家的现代大学制度都受到了以市场为主的经济力量的影响，为适应市场经济发展，重新引入了新公共管理手段。在教育领域，现代大学制度变成了一种投资，政府开始按照竞争、效率、目标导向以及绩效付费等原则对大学进行市场化改革，因此我们需要借鉴和学习西方现代大学制度价值的合理成分，坚持现代大学制度的自由、民主、理性、效率等价值。

三、现代大学制度价值要融通国内国外再创造

现代大学制度价值要融通国内国外再创造。一方面，现代大学制度价值是环境和遗传的产物，因此要结合本国特有的文化传统和政治制度，发掘各国自身现代大学制度个性因素，形成符合本国国情的现代大学制度价值。另一方面，学习和借鉴是大学制度价值发展史上永恒的重要主题，既要通晓不同国家现代大学制度价值之间的共性，还要学习借鉴国际经验；最重要的是要结合自己的个性和共性融会贯通，创造出有本国特色的社会主义现代大学制度价值。

各个国家的大学制度价值的表现形式尽管各有特色，然而绝大多数都是学习和拟制的产物，因此构建现代大学制度价值需要进行学习和借鉴。英国的现代大学制度价值从古典大学制度改造而来；德国柏林大学作为现代大学制度价值的开端，也是在借鉴中世纪大学的同时结合德国国家制度特色形成的德国现代大学制度；美国的大学先是学习英国而后又学习德国，并结合本地特色形成自己的大学制度价值；日本的现代大学制度价值则有着深深的德国和美国大学制度的烙印。特别是近一百年来，美国现代大学以其强大活力和创造力吸引了各国目光，成为各国现代大学制度发展和学习的中心，推动世界大学的管理体制和机制改革，在其他国家的现代大学制度里或多或少都可以看到美国现代大学制度的相关特征。而我国构建

现代大学制度价值不仅要学习国际先进经验并将其消化、内化成自己的“营养”，而且要始终坚守自我，将长期形成的办学精神、文化品格发扬光大，形成中国特色。“模式移植是世界大学发展史上的一种带有普遍意义的现象”①，对于现代大学制度的移植和借鉴是发展的基础，但是在借鉴的过程中要考虑到本国的传统和实际。每个国家都有自己的历史、传统和实际，中华文明几千年来薪火相传，形成了自己独特的文化体系。因为中国的现代大学制度受本国的政治、经济和文化等因素的制约，在很多方面已形成中国特色。今天对我国大学制度价值建设的探索，既要吸纳西方大学制度的精髓，又要考虑中国的文化与国情；既要保留西方大学制度的优点，又要彰显中华民族的气质与文化特色。

在社会主义现代化建设的新时期，建立与完善中国特色大学制度价值，需要在坚持中国文化传统和政治制度的基础上，结合西方现代大学制度价值进行再创造。传统文化是现代化的基础，我国作为有着悠久高等教育历史的文化古国，如何从传统文化中汲取力量成为我国高等教育发展的重要课题。建设和完善中国特色现代大学制度，既要结合我国高等教育实际和借鉴发达国家高等教育改革的经验，大胆进行制度创新，也要将我国传统文化和高等教育历史发展中形成的合理成分保存、传承下去。学习和借鉴西方现代大学制度价值，同时要警惕西方现代大学制度价值演进中产生的问题。比如西方国家现代大学制度在市场化的浪潮中不断追求效率，我国现代大学制度自近代产生之后，就开始借鉴、学习、跟随西方国家追求效率，这不仅使得传统与现代割裂、隔绝，而且还出现了类似西方国家的一些道德失范现象。“作为一个有着悠久文化传统的文明古国，在解决效率统率的金钱逻辑所带来的问题上，文明古国演化过程中对义利问题的探讨完全可以给我们提供更多的解决方案。”② 结合个性和共性，提出解决问题的中国方案。因此这种反思与警惕至

---

① 胡建华. 关于大学“模式移植”的若干思考［J］. 现代大学教育，2002（2）：11-14.

② 田雪飞. “义利” 共生：高等教育制度伦理之中美互纳研究［J］. 黑龙江高教研究，2017（11）：69-72.

关重要，只有仍然根植于本民族的特有的文化传统，加快迈入人文与科技、效率与公正、义与利统一的新的阶段，才能开启真正的中国特色社会主义大学制度的时代。

第五章　马克思主义大学制度价值思想的产生与中国发展

在马克思主义经典著作中虽然没有专门为大学制度价值撰写的单册，但是马克思主义理论中仍旧蕴藏着十分丰富的大学制度价值思想。马克思主义大学制度价值思想是时代的产物，工业革命、阶级斗争、科学文化繁荣都是其产生和发展的温床。马克思主义大学制度价值思想完成了对旧大学制度价值思想的批判和超越，深刻揭示了旧大学制度价值行政主体、学术主体及其他社会组织的异化，并在此基础上通过马克思主义人学思想和唯物史观完成了对人类自由与解放事业的深入探索。马克思主义大学制度价值思想作为马克思主义的重要组成部分，对中国特色社会主义大学制度价值产生了深远的影响。毛泽东思想中的大学制度价值思想探寻秩序、集中、公正、情感价值，指导了新中国成立初期我国大学制度的建设和发展。邓小平理论中的大学制度价值思想追求秩序、民主、效率、情感价值，将我国大学制度价值思想与改革开放发展规律相融合。“三个代表”重要思想中的大学制度价值思想厚植秩序、民主、情感、理性价值，为新时期我国高等教育发展指明了方向。科学发展观中的大学制度价值思想探求民主、自由、公正、情感价值，为推进社会主义现代化建设提供了科学理论指导。习近平新时代中国特色社会主义思想中的大学制度价值思想蕴藏秩序、情感、公正、理性价值，为中国特色社会主义大学制度价值发展方向提供了根本思想遵循。

第一节　马克思主义大学制度价值思想的产生

一、马克思主义大学制度价值思想产生的时代背景

马克思主义大学制度价值思想是时代的产物，它的产生有其深刻的物质基础、社会基础和理论基础。马克思、恩格斯生活在19世纪的欧洲，工业革命推动社会生产力迅猛发展，备受压迫的工人阶级通过阶级斗争谋求自身的权利和自由，以自然科学三大发现为代表的科学文化取得前所未有的成就，这些都为马克思主义大学制度价值思想的产生准备了充足的条件。

（一）生产力的发展是物质基础

基于生产力决定生产关系，经济基础决定上层建筑，社会存在决定社会意识的基本原理，社会生产力的发展必然会影响大学制度的价值取向。19世纪，欧洲大部分国家受到资本主义工业化的影响，将自然科学技术应用到机器大工业生产中，极大地提高了社会生产力，改变了社会生产关系，为马克思主义大学制度价值思想的产生提供了物质基础。

机器化大生产需要大学建构大规模、标准化的教育模式。在工业革命之前，人民的居住地主要集中在农村，生产方式以手工劳动为主，城市是商品交易的中心，这使得多数人除了学习手艺和谋生的手段外，几乎没有接受过任何教育。国家的教育实行的是“双轨制”，接受教育是富人才能享受的特权，然而工业革命改变了这一切。19世纪，资本主义生产关系在欧洲逐步确立起来，许多国家都由工场手工业转为机器化大生产。工业革命由英国兴起，随后以极快的速度席卷整个欧洲，使得生产力有了质的发展，生产规模不断扩大，生产方式发生根本变革，世界市场逐步形成，大批的手工业者和农民涌入城市和工厂，成为工人，就连妇女和儿童也不例外。由于社会形态日渐趋于工业化，为了与这个崭新的国家社会形态相适应，学校教育也开始发生转变。大机器生产方式使工厂主倾向于

招收具有读写算术能力、能够胜任工厂工作的平民，这在一定程度上推动了人们对教育的需求，学校纷纷拔地而起。但那时的教育是一种工业体系下的教育模式，旨在将学生培养成熟练的劳动工人，学校是一个“微型工厂”，而学生犹如接受教育的机器。学生习惯于听从学校和老师的安排，高效率和强执行力是其追求的目标，老师则担任车间主任的角色，发放标准化任务，要求学生给出唯一固定的答案，这是一种标准化生产线式的教育模式。

资本主义经济的发展呼唤社会倡导自由和平等价值，要求教育追求公平。当资产阶级在其不到 100 年的阶级统治中通过“自然力的征服，机器的采用，化学在工业和农业中的应用，轮船的行驶，铁路的通行，电报的使用，整个大陆的开垦，河川的通航”①，创造出前所未有的生产力时，“自由竞争以及与自由竞争相适应的社会制度和政治制度、资产阶级的经济统治和政治统治”②也随之确立起来了。商品交换不再局限于单独的地区和行业，商人要求自由交换的平等权，资本家要求自主雇佣权，工人希望获得人身自由，这都是人们对自由和平等的呼唤，因而在资本主义社会就确立了自由平等的人权，在教育行业表现为由贵族享有教育逐步转为大众化教育，每个人都有平等接受教育的权利。但马克思和恩格斯却看到了资本主义制度下自由平等虚伪的外衣，对资产阶级的教育平等进行了批判，指出：“现代资本家，也像奴隶主或剥削徭役劳动的封建主一样，是靠占有他人无酬劳动发财致富的，而所有这些剥削形式彼此不同的地方只在于占有这种无酬劳动的方式有所不同罢了。这样一来，有产阶级胡说现代社会制度盛行公道、正义、权利平等、义务平等和利益普遍和谐这一类虚伪的空话，就失去了最后的立足之地……”③可见在马克思和恩格斯看来，在资本主义社会真正实现教育权利的公平是不现实的，在资本主义教育制度下人的发展仍旧是畸形的，要想彻底实现教育的公平，必须要改变社会条件，改革社会制度，

①② 马克思，恩格斯．马克思恩格斯选集：第 1 卷［M］．中共中央马克思恩格斯列宁斯大林著作编译局，编译．北京：人民出版社，1995：405.

③ 马克思，恩格斯．马克思恩格斯选集：第 3 卷［M］．中共中央马克思恩格斯列宁斯大林著作编译局，编译．北京：人民出版社，1995：338.

只有在无产阶级的领导下，工人阶级受教育权的问题才能够真正被解决。

（二）阶级斗争形势的发展是社会基础

19 世纪的欧洲经历过文艺复兴、启蒙运动的思想解放，经历过产业革命和资产阶级革命的洗礼，资本主义生产关系的确立推动社会生产力大发展，资本主义经济高度繁荣。但同时资本主义制度的内在弊端也日益暴露，资产阶级和无产阶级的矛盾日益尖锐，工人运动风起云涌，为大学教育理念和制度的变革提供了社会基础。

阶级矛盾激化凸显教育的阶级性。19 世纪中期以英、美、法三国为主要代表的资本主义国家，依托产业革命实现了资本主义经济发展质的飞跃，但是以私有制为基础的自由竞争造成了社会贫富差距不断拉大，社会矛盾不断激化。资产阶级表现出只追求资本积累的丑恶嘴脸，对内残酷剥削工人，对外进行大肆侵略。马克思对此评价说："资本来到世间，从头到脚，每个毛孔都滴着血和肮脏的东西。"① 同时，随着产业革命的不断推进，科学技术发展进步，智力因素变得日益重要，欧洲上层社会认为"无受教育的穷人比有教育的穷人更为可怕"②，提出让工人接受适当的教育使其遵纪守法以此来维护资本家的个人财产，但一定要避免工人因具备过多的知识而产生反抗意识和解放思想来与统治阶级做斗争的现象。这充分体现了在 19 世纪，教育不是全面的，而是阶级的，不是为了追求人自由而全面的发展，而是为统治阶级、为资产阶级积累更多的资本服务的。总之，社会的一切都表现为人与人之间的激烈斗争，都表现为资本主义制度下为了谋求自身利益的功利主义思想，人们对金钱的崇拜愈演愈烈，只重视自身发展的利益，完全丧失人本身应具备的基础道德。而当时的欧洲大学，无论是课程设置、教育方法还是教育管理都存在着诸多弊病，高等教育与社会现实相脱离，"是由社会

① 马克思，恩格斯．马克思恩格斯选集：第 2 卷［M］．中共中央马克思恩格斯列宁斯大林著作编译局，编译．北京：人民出版社，1995：297.

② 约翰·穆勒．约翰·穆勒自传［M］．吴良健，吴衡康，译．北京：商务印书馆，1987：104.

通过学校等等进行的直接的或间接的干涉决定的”①，完全处于一种危机状态，高等教育无法发挥实效，不能够将人从自私自利的深渊拉回到自由、平等、公正等价值维度中来。

无产阶级个人意识觉醒寻求教育自由与平等。19 世纪 30 年代至 40 年代，法、英、德三国无产阶级先后开展三大工人运动，标志着无产阶级作为独立的政治力量登上了历史舞台，开始为自身权利进行斗争，而三大工人运动的失败也揭示了科学的革命理论指导的迫切性和无产阶级需要接受文化教育的现实性。“工人之所以能够如此强烈地反抗有产者的暴政，应当归功于他所受的教育，或者更确切地说，应当归功于他没有受过教育。”② 从马克思的论述中可见，19 世纪的工人完全生活在资本家的控制与压榨下，在资本主义社会，无产阶级不能真正享有受教育的权利。但随着无产阶级革命斗争的不断实践，“无产阶级经历了各个不同的发展阶段”③，从产生阶段到形成阶级阶段，再到阶级、政治斗争和无产阶级革命阶段，无产阶级逐步联合起来，取得结社自由、集体谈判和产业行动等权利。随着无产阶级力量不断壮大，无产阶级个人意识逐渐觉醒，他们为寻求教育自由与平等进行了不懈的斗争。“如果说工厂立法作为从资本那里争取来的最初的微小让步，只是把初等教育同工厂劳动结合起来，那么毫无疑问，工人阶级在不可避免地夺取政权之后，将使理论的和实践的工艺教育在工人学校中占据应有的位置。”④ 由此可见，尽管 19 世纪的无产阶级尚未从根本上改变自身受教育条件，彻底获得平等且自由的受教育的权利，但这无疑是未来发展的趋势，无产阶级自我意识的觉醒必将推动教育走向自由与平等。

（三）科学文化的发展提供了理论基础

19 世纪，随着资本主义生产的发展，机器大工业取代了工场手工业，深刻地影响了科学文化的研究内容和研究方法，自然科学由

---

① 马克思，恩格斯．马克思恩格斯选集：第 1 卷［M］．中共中央马克思恩格斯列宁斯大林著作编译局，编译．北京：人民出版社，1995：418.

② 同①：104.

③ 马克思，恩格斯．马克思恩格斯选集：第 2 卷［M］．中共中央马克思恩格斯列宁斯大林著作编译局，编译．北京：人民出版社，1995：407.

④ 同③：232.

经验科学阶段发展到了理论科学阶段，德国古典哲学也达到了顶峰，极大地推动了大学课程设置和管理方式的变更，为马克思主义大学制度价值思想的产生提供了理论基础。

自然科学发展推动教育科学化过程。中世纪的欧洲，“教育到处都掌握在天主教教士手里，而教士的首脑们像大封建地主一样，是迫切需要保存现有制度的”①，马克思对此深刻地批判：“大学都办成这个样子：只容许它们造就充其量在种种专门知识领域可能有比较高深造诣的专家，但无论如何不允许进行在别的大学里可望进行的那种全面的自由的教育。”②这充分体现了中世纪的欧洲大学只能承担少部分专业技能教育的责任，并没有将人的自由全面发展纳入教育范畴。但随着自然科学的发展，教育也进入了新的阶段。19世纪初开始，自然科学从搜集材料阶段进入到整理材料阶段，取得了一系列重大科学成果。其中，细胞学说的创立、能量守恒定律的发现、达尔文生物进化论的问世，具有特别重要的划时代意义，恩格斯评价其为：“三大发现使我们对自然过程的相互联系和认识大踏步地前进了。”③ 19世纪中期，自然科学受到重视并被纳入了欧洲大学课程，这展现了大学对自然科学的重视，同时推动了自然科学的进步和发展，使教育科学理论和实践得到进一步完善。罗素在其《西方哲学史》一书中这样评价自然科学：“科学引起的另一件事就是关于人类在宇宙间的地位的想法发生了深刻的变化……哥白尼学说本来应该有伤人类自尊心，但是实际上却产生相反效果，因为科学的辉煌胜利使人的自尊复活了。”④ 人文学家和思想家开始极力讴歌人性的美好，这推动教育的目的观向整合人文伦理和科学精神方向变革。

德国古典哲学大繁荣推动大学制度发展。19世纪是欧洲教育取得大发展、大繁荣的阶段，功利主义、科学主义、社会主义等思潮纷纷涌现，其中德国古典哲学对欧洲大学将制度价值思想纳入大学

---

①② 马克思，恩格斯．马克思恩格斯选集：第1卷［M］．中共中央马克思恩格斯列宁斯大林著作编译局，编译．北京：人民出版社，1995：591.

③ 恩格斯．路德维希·费尔巴哈和德国古典哲学的终结［M］．中共中央马克思恩格斯列宁斯大林著作编译局，编译．北京：人民出版社，1997：37.

④ 罗素．西方哲学史：下卷［M］．北京：北京出版社，2007：34.

制度产生了很大的影响。德国古典哲学革命是由康德开启的，经过费希特和谢林的努力，后由集德国唯心主义之大成的黑格尔建立了客观唯心主义体系。尽管黑格尔提出“教育的最终目的是培养‘纯粹是为国家服务的’、‘为政府’办事的、有良好教养的合格的‘国家公民’”①，仍旧是“上升到普鲁士国家哲学地位的资产阶级哲学”②，具有极强的保守性，他的教育思想也蕴含了极其明显的唯心哲学的教育观，彻底否认了资产阶级对无产阶级的残酷剥削，但是黑格尔的教育观中也蕴含着丰富的制度价值底蕴。黑格尔认为，“教育学是使人们合乎伦理的一种艺术。它把人看作自然的，它向他指出再生的道路，使他的原来天性转变为另一种天性，也就是使这种精神的东西成为他的习惯”③。教育必须使人面向伦理共同体，健康的人性和美德的形成有赖于共同体的善。黑格尔的观点尽管在形式上是唯心的，在内容上却是现实的、深刻的、有价值的。德国古典哲学的发展无疑推动了19世纪大学制度的变革，在无数哲学家思想的碰撞与交锋下，教育的制度价值需要越来越得到大学的重视，人的自我完善逐步在教育目的中占据越来越重要的位置，关注人自身成为近代大学的必修课。

二、马克思主义对旧大学制度价值的批判

“大学制度是内部制度和外部制度的有机统一”④，是为了符合现代大学制度主体的需要而构建的。旧大学制度价值是服务于资本主义大学制度的虚伪的公正、民主、自由等价值。马克思主义对旧大学制度价值进行批判，本质上是对与大学制度相关的利益主体的异化的批判，是对人的异化的批判。人的异化指的是：“人作为有意识的能动的类存在物亲手创造出来的力量作为异己的存在物，不以

---

① 黑格尔. 法哲学原理［M］. 范扬，张企泰，译. 北京：商务印书馆，1979：3.

② 恩格斯. 路德维希·费尔巴哈和德国古典哲学的终结［M］. 中共中央马克思恩格斯列宁斯大林著作编译局，编译. 北京：人民出版社，1997：5.

③ 黑格尔. 法哲学原理［M］. 范扬，张企泰，译. 北京：商务印书馆，1982：171-172.

④ 别敦荣. 我国现代大学制度探析［J］. 江苏高教，2004（3）：1-3.

人为转移，反过来支配人、奴役人。”① 在大学制度价值中主要表现为人的工具化和人的功利化。

（一）旧大学制度价值中行政主体的异化

行政主体作为现代大学中的重要组成部分对大学制度的建构及其功能的实现有着深刻的影响，对大学制度是否是“善”的、是“好”的起着重要作用，包括作为“科研经费的提供者、向学生和大学贷款的银行家、学校规章制度的调节者、许多学术活动的评审委员会”② 的政府和大学内部行政人员。因而旧大学制度价值中行政主体的异化是政府的异化和大学行政人员的异化。

旧大学制度价值中政府的异化。政府作为“高等教育的提供者和购买者”③，掌握着制定大学制度的话语权。尽管当时欧洲的每个国家都奉行着不同于邻国的独特的教育制度，不同地区教育发展程度也存在很大的差异，但是都不可避免地呈现出资本主义制度下国家政府对高等教育的全方位掌控。英国哲学家密尔在《论自由》中写道：“共同的国家教育只是一种要把人民铸造成彼此完全相同的人的设计，由于把他们投入铸造的模子是政府中占统治地位的势力所喜爱的模子。”④ 可见政府作为有权力支配教育、制定教育政策的行政主体，随时根据国家发展以及自身利益的需要，制定办学政策和大政方针，并通过强制性的手段进行监督和执行，从而使得教育成长为他们所期望的模样。这种人为地对高等教育的左右使教育的目的发生了转变，大学不再是以人的发展和满足人的需求为目的，而是转向以社会发展和社会需求为目的，成为满足国家和社会需要的工具。大学作为教育组织机构，本应该是培养人才的基地，但是在19世纪的欧洲，却是“对绝大多数人来说是把人训练成机器”⑤ 罢了，大学呈现出“工具教育”的姿态，在那里，人丧失了全面发展

① 陈飞. 异化与自由：马克思《1844年经济学哲学手稿》中的自由思想探析［J］. 求实，2012（2）：4-7.

② 胡赤弟. 高等教育中的利益相关者分析［J］. 教育研究，2005（3）：38-46.

③ 李盛兵. 高等教育市场化：欧洲观点［J］. 高等教育研究，2000（4）：108-111.

④ 约翰·密尔. 论自由［M］. 许宝骙，译. 北京：商务印书馆，2015：108.

⑤ 马克思，恩格斯. 马克思恩格斯选集：第1卷［M］. 中共中央马克思恩格斯列宁斯大林著作编译局，编译. 北京：人民出版社，1995：417.

的权利，成为片面的人，只能为了满足社会对个人的需要，从大学课堂中汲取政府希望他们汲取的学术营养。

旧大学制度价值中大学行政人员的异化。随着资本主义社会经济的蓬勃发展，大学越来越无法置身于市场化的洪流之外，追求效率成为大学行政人员的首要目标，“部分大学甚至全面走上了学术资本主义的道路，成为公司化、企业化的大学”①。这就导致了大学行政人员与学术人员在价值观上的对立，他们将实现管理目标作为自身行动的最高准则，不惜把学术人员“物化”作为代价。在大学行政人员看来，一切人都是维持大学这台机器运转的零部件，人可以被“定量化、精密化、数理化”②，教师和学生是可以被计算价值的工具。在大学制度制定上，大学行政人员通过制定教学资源的分配、教学管理、师生管理等相关制度将学术主体纳入被管理者的范畴中，要求学术人员为大学创收服务，为满足社会对大学的需要服务，而不是为师生的自由而全面发展服务。例如在美国的许多高校，“行政人员要求课程开发与学校的使命保持一致，并以学术标准的监护人自居；行政人员通过资源控制的方式，掌控课程开发”③ 等，这样的具体事例层出不穷，而这都反映着其背后更为深层次的内涵，即“强有力的行政主管控制气氛和市场优先的战略选择”④。这时的大学行政人员从人对人的依附阶段进入了人对物的依附阶段，尽管他们从旧的封建束缚中逃离出来，却还是逃不开资本主义的魔爪。

（二）旧大学制度价值中学术主体的异化

学术主体是指“以传播、应用和创新知识为己任，以发展学术、追求真理为目的的一类群体”⑤。学术主体作为一个集合概念，应该包括教育者、受教育者、思想者、知识分子等群体，今天我们主要探讨大学中的教师和学生以及二者关系的异化。作为学术主体的重

---

① 别敦荣. 我国现代大学制度探析［J］. 江苏高教，2004（3）：1-3.

② 邓晓芒. 西方哲学史［M］. 北京：高等教育出版社，2014：285.

③ 刘爱生. 美国高校教师与行政人员冲突的内容、特点与根源［J］. 高教与经济，2011（1）：23-28.

④ 王英杰. 大学学术权力和行政权力冲突解析：一个文化的视角［J］. 北京大学教育评论，2007（1）：55-65.

⑤ 董立平，周水庭. 学术人：高等教育管理的人性基础［J］. 江苏高教，2011（2）：15-18.

要组成部分，大学中教师和学生及两者之间关系的异化使得旧的大学制度丧失情感价值，演变成冰冷的只追逐功利的工具。

旧大学制度价值中教师的异化。欧洲经历过漫长的中世纪以后，人类不断地认识世界，科学知识不断积累，学科分类逐渐细化。从17世纪开始，欧洲大学开始出现以学科为基础设立的学院，尤其是在德国的柏林大学创办伊始，就将科学研究作为大学的主要功能之一。随着新的大学办学模式的出现和演进，教师在大学中所扮演的角色也开始转变，不仅承担教育者的角色，同时承担着研究者的角色。大学的研究并不是完全依托于教师的个人兴趣自由开展的，往往要和社会需要紧密结合，使得大学呈现出一种工具化倾向，教师也成为为国家进行研究的工具。此外，部分教师更加追求功利化，教育“变成了维持他的个人生存的手段”①。教育本身应该是能够使人感到幸福与快乐的事情，因为它是能够激发人的潜能，使人在不断地工作和学习的过程中实现自身的发展与完善。但是，在异化了的资本主义社会，教育发生了变质，或者说教育者发生了变质。本应是高校学术引领者的教师却不再对学术钻研感兴趣，也不再愿意为学生提供更多的知识付出努力，只是“完成目前机器还不能做的事情”，教学变成了一种义务，变成了一种负担。教师越是可以通过教书获得财富，通过育人获得地位，他们就越是把教育当成他们牟取名利的手段，而热爱、钻研、创新等精神反而变得一文不值，因为异化了的教师不需要思考，他们只需要完成社会赋予他们的任务。

旧大学制度价值中学生的异化。旧大学制度价值中学生的异化主要表现为学生教育主体意识的丧失，这导致学生个体发展受损，学生不能“作为一个完整的人，占有自己的全面的本质”②。应然的学生主体意识是学生从自身的兴趣爱好以及专长、特长出发，充分发挥自身的主观能动性，从学习生活中积累经验，增加自身的阅历，将自己培养成自由而全面的人。但实然是学生的主体意识发生异化，

---

① 马克思，恩格斯．马克思恩格斯选集：第1卷［M］．中共中央马克思恩格斯列宁斯大林著作编译局，编译．北京：人民出版社，1995：57.

② 马克思，恩格斯．马克思恩格斯全集：第42卷［M］．中共中央马克思恩格斯列宁斯大林著作编译局，编译．北京：人民出版社，1979：123.

学生在大学中完全演绎着受教育者即教育客体的角色。首先，在学习知识的内容上，大学的逻辑是国家到社会再到学生，学生不能自主选择学习内容，只能按照学校要求进行相关科目的学习。尽管不同国家在课程设置上存在着不同的侧重点，但都是按照该国家对学生的期望和要求设立的，学生丧失了自由发展的空间。其次，在获取知识的途径上，主要是通过听取教师的讲授和课堂讨论获得知识，很少有学生可以通过完整的自学来提高知识水平。尽管学生可以在讨论中积极展示自己的思想，产生思想的碰撞，从而提升个人知识技能，但是这并不能从根本上解决学生在教育教学中主体性丧失的问题。

旧大学制度价值中师生关系的异化。19 世纪西方大学的师生关系是一种雇佣关系。随着资本主义的不断发展，人们的思想观念也在发生着变化，金钱拜物教思想盛行，越来越追求物质生活的享受。在大学里，师生之间不再是共同追求“善”的学术共同体，而是转化为一种雇佣关系。具体表现为学生从教师那里学习知识，掌握技能，而老师则通过出售知识和技能的方式从学生那里获得相应的酬劳。马克思、恩格斯在《共产党宣言》中批判这种“完全平等”的师生关系：“资产阶级抹去了一切向来受人尊崇和令人敬畏的职业的神圣光环。它把医生、律师、教士、诗人和学者变成了它出钱招雇的雇佣劳动者。”① 在这样的师生关系中，教师不再是神圣的职业，而是众多普通工作者中的一员，这份工作仅仅是教师谋生的手段，他们不再关注学生的全面发展，而只是局限于对自我劳动报酬的追求，满足于物质追求而丧失了精神追求。当师生关系表现为雇佣关系时必然会导致师生之间的情感淡薄、关系紧张以及功利化倾向。双方之间没有情感可言，只是相互利用。“每个人都建立了自己的小小的隔离体系；两个人一心想着将来不在一起的时候，他们只是勉强待在一起。”②

① 马克思，恩格斯. 马克思恩格斯选集：第 1 卷［M］. 中共中央马克思恩格斯列宁斯大林著作编译局，编译. 北京：人民出版社，2012：403.

② 卢梭. 爱弥儿：论教育［M］. 李平沤，译. 北京：商务印书馆，2011：33.

（三）旧大学制度价值中其他社会组织的异化

“所谓其他社会组织是指除政府、大学之外，与大学功能相关联的各种组织或组织形式，包括企业、社会中介机构、媒体、家庭等。”① 对于现代大学制度的建构而言，满足企业和家长的需要是至关重要的，因此，今天我们探讨旧大学制度价值中其他社会组织的异化问题主要是围绕企业和家长这两个主体的异化展开讨论的。

旧大学制度价值中企业的异化。企业追求经济利益最大化，人才和知识成为特定的商品。在私有化和市场化的驱动下，经济利益是企业追逐的首要目标，只要能够获得最大的利润，其他的一切都变得微不足道。一方面，为了实现自身的发展，企业对人才的需求不断扩大，同时，企业需求的是“合适的人才”，进而企业要求大学为其输送专业能力与其需求相契合的毕业生，而大学为了迎合企业的需要，不得不将学生进行“售卖”，甚至可以说大学就是在为企业量身定制“产品”。“伴随着世界范围的工业化、市场化，教育与经济的结合就不可避免”②，尽管培养全面发展的人是大学的应然追求，但其现实表现却是大学的人才培养目标不得不向就业需求低头。另一方面，市场经济的快速发展要求企业不断提高效率，企业便将这种压力转嫁到大学身上，它不断地从大学手中购买知识产品，但是却对知识产品的产生过程漠不关心。对此，马克思、恩格斯在《共产党宣言》中写道：资产阶级使“人和人之间除了赤裸裸的利害关系，除了冷酷无情的‘现金交易’，就再也没有任何别的联系了”③，大学成了社会经济的助推器。企业为了追逐利润和效率，使得大学由学术共同体转变为服务企业的机器，并和资本主义社会融为一体。企业的这种行为亵渎了一切神圣的东西，在企业眼里，人才和知识不再是高贵的，而只是可以被衡量价值的商品，大学不再是为了学术研究而存在，而是为企业提供“原材料”的基地，企业使大学为多种市场服务，唯独放弃了为人的发展服务的初衷。

---

① 别敦荣. 我国现代大学制度探析［J］. 江苏高教，2004（3）：1-3.

② 田雪飞. 中美高等教育制度伦理价值比较［M］. 北京：社会科学文献出版社，2016：88.

③ 马克思，恩格斯. 马克思恩格斯选集：第1卷［M］. 中共中央马克思恩格斯列宁斯大林著作编译局，编译. 北京：人民出版社，1995：403.

旧大学制度价值中家长的异化。家长只关注子女的学业成绩而忽视子女的全面发展。子女接受教育需要家长支付一定数量的金钱，从这个角度来讲教育是一个商品，家长和大学之间是商品交换的关系，因此，作为消费者的家长有权力干预大学的教育和管理，以求得大学产出更好的“产品”。但是在家长眼中，一个优秀的“产品”并不是获得了全面占有自我本质的子女，而是学业成绩优异的子女。从家长的视角出发，他们认为，只有子女的成绩优异，将来才可以获得较高的成就，反之，如果成绩一般，将来便无法成为社会的栋梁之材，明显表现出了家长以成绩代替全部的“晕轮效应”。家长所期冀的子女是“片面的存在物”，而不是“普遍的、无限的存在物”①。此外，家长对其子女的期盼是自私且功利的，他们只关注自己子女能否获得最好的发展，完全漠视其周围同学的个人发展，甚至部分家长将其他同学视为自己子女的竞争者，认为别人的进步就意味着自己子女的退步。但是他们无法阻碍他人的进步，因此只能不断地给教师和子女施加压力，要求教师更关注子女的成长，要求子女不断学习，当然这种学习并不是为了追求自我价值的实现，只是为了成为同龄人中的“佼佼者”。

三、马克思主义对旧大学制度价值的超越

马克思主义从人学和唯物史观的视角出发，把追求自由全面发展的人作为大学制度价值的最终目的，克服了大学制度价值主体工具化和功利化的表征，完成了对旧大学制度价值主体异化的超越。马克思以社会关系为基准将社会划分为人的依赖关系、物的依赖关系和人的自由个性三个阶段，而这三个阶段分属于前资本主义社会制度、资本主义社会制度和共产主义社会制度之下，由此可见制度的变化和人的发展之间存在紧密的互动联系。马克思主义批判旧大学制度价值主体的异化，其目的是探寻大学制度价值主体的应然，最终实现人的自由全面发展和人的解放。

---

① 马克思，恩格斯. 马克思恩格斯选集：第1卷［M］. 中共中央马克思恩格斯列宁斯大林著作编译局，编译. 北京：人民出版社，1995：875.

（一）马克思主义人学对旧大学制度价值主体异化的超越

人学是从根本上审视人的价值和人的本质的学说。马克思主义人学克服了以往任何一种人学观念的缺陷，将社会发展与人的发展结合起来思考，将人的自由全面发展作为出发点和根本旨归，指出人的自由全面发展是共产主义社会的基本表征，更是人类社会的最终追求。为了实现这一理想，必须要借助教育这个必不可少的手段。马克思说：“最先进的工人完全了解，他们阶级的未来，从而也是人类的未来，完全取决于正在成长的工人一代的教育。”① 只有通过教育才能达到“每个人的自由发展是一切人的自由发展的条件”② 这一最高目标，只有完成了对旧大学制度价值主体异化的超越，才能真正促进人的“类特性”全面发展、人的“个性”自由发展、人的“社会特性”充分发展。

人的“类特性”全面发展要求旧大学制度价值主体改造“片面”的活动。“自由的有意识的活动恰恰就是人的类特性”③，人和动物最大的区别就在于个体思维的能动性。在大学，每个人的活动都不仅仅是为了满足肉体的需要，而是“不受这种需要的影响才进行的真正的生产”④，大学制度价值主体的活动应该是自觉的、自由的、自发的，其活动的内容应该是有计划、有目的、有创造性的，活动的形式应该是丰富的、多样的、完整的。而在资本主义社会，其活动却是片面的、机械的、碎片化的，正如前文所描写的那样，旧大学制度下的行政主体、学术主体和社会其他组织都无一例外地处于异化的状态，他们被自己创造出来的制度、知识、财富所掌控，沦为“社会”这台机器的零部件，日复一日地完成着规定性的动作，毫无人的“类特性”可言。资本主义制度下“让工人受的教育只是

① 马克思，恩格斯. 马克思恩格斯全集：第 16 卷［M］. 中共中央马克思恩格斯列宁斯大林著作编译局，编译. 北京：人民出版社，1960：217.

② 马克思，恩格斯. 马克思恩格斯文集：第 2 卷［M］. 中共中央马克思恩格斯列宁斯大林著作编译局，编译. 北京：人民出版社，2009：53.

③④ 马克思，恩格斯. 马克思恩格斯文集：第 1 卷［M］. 中共中央马克思恩格斯列宁斯大林著作编译局，编译. 北京：人民出版社，2009：162.

合乎工人自身利益的那么一点点”①，这种教育最多只能称为一种训练，必须要使教育摆脱资产阶级的影响，要真正使教育为广大劳动人民所服务。具体来看，政府应更加注重人才的培养而不是人才的制造，给大学更多自主选择和发展的空间和权利；大学行政人员不应片面追求效率，更要注重学术氛围的构建和满足学术主体自我实现的诉求；作为学术主体的教师和学生应该都享有按照自己的特长、喜好和社会需要自主自由地选择自身从事何种研究的权利；企业应更多地承担自身的社会责任，而不是一味地追求利益的最大化。

人的“个性”自由发展要求旧大学制度价值主体挣脱“物役”的个性。在马克思看来，大学制度价值主体的“个性”自由发展包括以下几个方面：一是潜力的充分发挥。高等教育应该不断地挖掘和激发教师和学生的潜能，帮助他们在学习的过程中不断地认识自我，做到“使自身的自然中沉睡着的潜力发挥出来，并且使这种力的活动受他自己控制”②。二是身心的完善。在《临时中央委员会就若干问题给临时代表的指示》中，马克思说小学的教育是弥补工人身心所受摧残的“抗毒素”，自然高等教育应该是更高程度的表现，通过教育净化由社会分工所造成的人的异化。三是需要的全面发展。大学制度价值主体的需要应该从私有的、功利化的需要转向对自我本质确认的需要。恩格斯将人的需要划分为生存需要、享受需要、发展需要三个层次，逐级递进。大学制度价值主体应该追求最高级的需要，全面发展自身的能力而不是停留在肉体和精神上的享乐。四是自我意识的完备。马克思早在他的博士论文《德谟克利特的自然哲学和伊壁鸠鲁的自然哲学的差别》中，就通过对原子的偏斜运动的论述揭示人的自我意识的自由规律，大学制度价值主体更应是充分彰显自我意识，摆脱工具化的真实的人。

人的“社会特性”充分发展要求旧大学制度价值主体打破“雇佣”的社会关系。人不是独立的抽象的个体，一定是处于某种或多

---

① 马克思，恩格斯. 马克思恩格斯全集：第20卷［M］. 中共中央马克思恩格斯列宁斯大林著作编译局，编译. 北京：人民出版社，1982：348.

② 马克思，恩格斯. 马克思恩格斯文集：第5卷［M］. 中共中央马克思恩格斯列宁斯大林著作编译局，编译. 北京：人民出版社，2009：208.

种社会关系之中的，“社会关系实际上决定着一个人能够发展到什么程度”①，社会关系决定了人的地位和角色，其中起决定性作用的是经济关系。也正是从人与社会关系的角度出发，马克思论述了“人的依赖关系”“物的依赖关系”“人的自由个性”三个不同的发展阶段。在资本主义社会，人无法通过社会关系全面地确证自身，人也无法完全摆脱个人、地域、民族等方面的狭隘性，人和人之间的交往还未形成完全良性的互动，而是利己主义的交换，大学行政人员、教师、学生、家长既是买家也是卖家，彼此的价值都通过金钱、成绩等指标进行衡量，而没有看到其自身存在的思想价值和能力价值。即使这种“雇佣”的社会关系是资本主义制度下的必然产物，是人在没有获得自由、全面、充分的发展之前的必经阶段，但是马克思仍强调：“个人的全面性不是想象的或设想的全面性，而是他的现实关系和观念关系的全面性。”② 大学制度价值主体应该不断扩大自身的交往范围，增强交往对象的普遍性，共同构建学术共同体，在物质交往和精神交往都得到充分发展的过程中摆脱彼此之间相互分离的状态，实现自身对个人社会关系的全面占有。

（二）唯物史观对旧大学制度价值主体异化的超越

大学制度价值主体应该是从事社会实践活动的人，是真正处于一定社会关系中的人，是有自身特定利益诉求的人，而不是无自我意识的人、独立存在的人或抽象的人。“要从费尔巴哈的抽象的人转到现实的、活生生的人，就必须把这些人作为在历史中行动的人去考察。”③ 马克思和恩格斯批判旧唯物主义，批判费尔巴哈的“抽象的人”，以“现实的人”作为出发点建立了自己的唯物史观。所谓“现实的人”，就是处于一定社会历史条件下的人，是有血有肉的人，是促进人的自由全面发展的起点。大学制度价值主体的本质归根结底是人，是现实的历史的人，是真实存在着的活动着的人，“现实的

① 马克思，恩格斯. 马克思恩格斯全集：第 3 卷［M］. 中共中央马克思恩格斯列宁斯大林著作编译局，编译. 北京：人民出版社，1960：295.

② 马克思，恩格斯. 马克思恩格斯文集：第 3 卷［M］. 中共中央马克思恩格斯列宁斯大林著作编译局，编译. 北京：人民出版社，2009：171.

③ 马克思，恩格斯. 马克思恩格斯文集：第 4 卷［M］. 中共中央马克思恩格斯列宁斯大林著作编译局，编译. 北京：人民出版社，2009：294.

人”是马克思唯物史观的出发点，也是对旧大学制度价值主体异化超越的重要表现。

大学制度价值主体是从事社会实践活动的人。人最基本的需要就是生存需要，“首先就需要吃、喝、住、穿以及其他东西。因此第一个历史活动就是生产满足这些需要的资料，即生产物质生活本身”①。第二层次的需要就是精神需要，在人们的基本生存生活得到满足之后，就会开始追求政治、艺术、宗教等方面的精神满足，因而精神活动是高于物质资料生产的第二层次实践活动。但是无论是哪一种，都是社会实践活动。马克思说：“现实中的个人，是从事活动的，进行物质生产的，因而是在一定的物质的、不受他们任意支配的界限、前提和条件下活动着的人。”② 可见，从马克思主义的观点出发，每一个大学制度价值主体都是从事一定社会实践活动的人，他们或为满足基本的生存需要，或为满足更高层次的精神需要，或追求最高层次的发展需要。尽管他们之间存在着个体差异性，其对待生产活动的态度和与生产劳动所匹配的能力都不尽相同，但是大学乃至整个社会都应该不断地培养其进行实践活动的积极性，增强其从事实践活动的能力，进而实现大学制度价值主体的自由全面发展，这也在一定程度上保证了大学制度的合理性。高等教育要做的不是消灭利益，而是用利益引导利益，帮助人们辨清获得物质利益不是占有利益的最终归属，追逐利益应当成为符合人自由而全面发展这一终极目的的有效途径。

大学制度价值主体是真正处于一定的社会关系中的人。“人的本质不是单个人所固有的抽象物，在其现实性上，它是一切社会关系的总和。”③ 从一开始，马克思所谈论的人就是处于社会中的人，这就要求我们要从人所处的不同的经济、政治、文化等多重关系、不同角度出发去看待人、掌握人。“社会关系制约人的需要，决定人的

---

① 马克思，恩格斯. 马克思恩格斯文集：第1卷［M］. 中共中央马克思恩格斯列宁斯大林著作编译局，编译. 北京：人民出版社，2009：531.

② 同①：524.

③ 同①：501.

本质。”① 大学制度价值主体作为现实的人必然处于一定的社会关系之中，教师与学生的关系、家长与子女的关系、行政人员与学术人员的关系等，在不同的社会关系中饰演的不同角色都有着不同的需要，我们要在特定的社会关系中去考察特定的大学制度价值主体，这样才具有真实性和说服力，因为“人的一切不能根据有关他的事实加以解释，还必须考虑他所生活的社会是一种什么样的社会”②。马克思没有否认社会关系的客观存在，相反，他的出发点就是处于一定的社会结构之中的人，他否认的是大学制度价值主体所处的社会关系的畸形存在。在资本主义制度下，大学制度价值主体被异化，个体的工具化和功利化导致了彼此之间社会关系的扭曲，行政人员为了追求效率将学术人员看作工具，师生之间仅仅保留着金钱和教育进行交换的雇佣关系，甚至父母和子女之间都横着成绩这个难以跨越的鸿沟，大学不是帮助每个主体追求自由全面发展的殿堂，而成了阻碍其需要和能力全面发展的地方。这是现实的人，但不是自由全面发展的人，大学应该构建的是公平、正义、友爱、互助的学术共同体，在那里，每个人都能够获得需要、社会活动、个性、能力的满足与发展。

大学制度价值主体是有自身特定利益诉求的人。与费尔巴哈的“抽象的人”不同，马克思和恩格斯看到了人的阶级性，看到了人与人之间利益诉求的差异，不同阶级的人必然具有不同的利益要求。正是因为人是处于一定的社会关系之中的，所以人也必然从属于某一个与自身利益诉求相同的利益联合体，也正是部分人追求的利益具有同一性或在根本上是相同的，国家、社会、阶级才产生。大学制度价值主体既然都是现实的人，那么他们也就都从属于不同的阶层和利益集团，为各自不同的利益不懈奋斗，例如企业追逐利润最大化、行政人员追逐效率最大化、政府追求人才利用最大化等，虽然他们没有追逐发展的需要，但这不是大学制度价值主体的错误，而是制度的错误，这是资本主义制度的固有桎梏，是必须被批判和超越的旧的东西。促进人的发展，首先就要满足人们的利益诉求，

① 徐斌. 制度建设与人的自由全面发展［M］. 北京：人民出版社，2012：74.

② 莱斯利·史蒂文森. 人性七论［M］. 袁荣生，译. 北京：商务出版社，1994：86.

人是历史的人，因此满足其利益诉求的方式也应该是历史的，我们要从历史的角度出发，判断最适合当下历史情况的满足其利益的内容和方式。对此，马克思指出，要关注群众对社会的发展程度和热情有多少，从而判断什么才是符合人民利益的制度。因而，对于大学制度价值主体，不应使他们受到对象物利益的支配，成为物的奴隶，而应该创造性地运用人的能量，帮助其积极主动地生活，不断追寻符合自己需要的、符合自己发展要求的自我独特的利益诉求。

第二节　马克思主义大学制度价值思想在中国的发展

一、毛泽东思想中的大学制度价值思想

毛泽东思想是马克思主义在中国的运用和发展，是被实践证明了的关于中国革命和建设的正确的理论原则和经验总结，是以毛泽东同志为核心的党的第一代中央领导集体智慧的结晶，是一个庞大的理论体系。大学制度价值思想是毛泽东思想中的重要组成部分，指导了中国的大学制度建设，其中主要蕴含着秩序、集中、公正、情感四种基本价值。

（一）秩序

秩序（社会秩序）“意指在社会进程中存在着某种程度的一致性、连续性和确定性”①，由社会规则所构建和维系，具体的大学制度中的一致性、连续性和确定性便是其秩序的体现。在毛泽东思想中的大学制度价值思想中，秩序价值具体表现为我国高等教育制度规定大学服从党的领导，培养党需要的人才。首先，在大学与社会的外部秩序上，大学为国家建设服务，是满足社会经济、政治需要的工具。新中国成立之初，我国大学制度价值取向总体上趋向于秩序优先，其依据可以从当时第一代中央领导集体的讲话和国家高等教育制度中折射出来。1949 年党的七届二中全会上，毛泽东指出教

---

① E. 博登海默. 法理学：法哲学及其方法［M］. 邓正来，译. 北京：华夏出版社，1987：207.

育工作始终要“围绕着生产建设这一个中心工作并为这个中心工作服务”①；同年12月，第一次全国教育工作会议明确指出“教育必须为国家建设服务”②；1950年6月，第一次全国高等教育会议确定了新中国高等教育方针、任务，指出“我们的高等教育，必须密切地配合国家经济、政治、文化、国防建设的需要，而首先要为经济建设服务”③；1952年“中央人民政府教育部根据‘以培养工业建设人才和师资为重点，发展专门学院，整顿和加强综合性大学’的方针，在全国范围内进行了高等学校的院系调整工作”④，新增工业、钢铁等12个专业为满足国家建设发展的需要。可见，新中国成立初期大学是为了国家发展服务的，毛泽东思想中的大学制度价值思想反映着极强的秩序价值。其次，在大学内部秩序上，大学制度实行党委领导。新中国成立后一直到“文化大革命”前，我国高校领导体制经过多次变革与发展，最终确定为党委领导下的校长负责制。毛泽东同志十分重视党对高校的领导工作，新中国成立初期就提出“党委制是保证集体领导、防止个人包办的党的重要制度”⑤，并在此基础上发展了他的党对高校领导的思想。1950年8月，国家教育部颁布《高等学校暂行规程》，明确指出大学及专门学院采取校（院）长负责制，高校要始终坚持党的领导，对党负责，对国家负责；1958年，毛泽东同志视察天津大学时指出，“高等学校应抓住三个东西：一是党委领导；二是群众路线；三是把教育和生产劳动结合起来”⑥；同年9月，《中共中央、国务院关于教育工作的指示》出台，强调“一切教育行政机关和一切学校，应该受党委的领导”，“在一切高等学校中，应当实行学校党委领导下的校务委员会负责制”；1961年颁布的《教育部直属高等学校暂行工作条例（草案）》

---

① 毛泽东. 毛泽东选集：第4卷［M］. 北京：人民出版社，1991：1428.

② 中华人民共和国教育部办公厅. 教育文献法令汇编（1949—1952）［M］. 北京：中华人民共和国教育部办公厅，1958：15.

③ 马叙伦. 第一次全国高等教育会议闭幕词［J］. 人民教育，1950（3）：15-16.

④ 建国初期全国高等学校院系调整文献选载（一九五一年—一九五三年）［J］. 党的文献，2002（6）：62-63.

⑤ 毛泽东. 毛泽东选集：第4卷［M］. 北京：人民出版社，1991：1340.

⑥ 中华人民共和国教育大事记（1949—1932）［M］. 北京：教育科学出版社，1983：229.

再次规定大学要实行党委领导下以校长为首的校务委员会制。至此，我国高校建立起较为完备的党委领导体制，增强了党对高校的领导，彰显了秩序价值。

（二）集中

集中意指“权力的适度集中”①，有助于维持新中国成立初期的社会秩序和政治稳定。在毛泽东思想中的大学制度价值思想中，集中的价值具体表现为在大学制度中政府对大学的领导，政府既是大学的创办者，又是管理者。新中国成立初期，受我国高度集中的计划经济体制和苏联高等教育管理模式的影响，大学和其他的社会机构一样处于政府集中统一的管理之下。1950 年政务院第 423 次政务会议通过的《中央人民政府政务院发布关于高等学校领导关系的决定》明确指出：“全国高等学校以由中央人民政府教育部统一领导为原则，中央人民政府教育部（以下简称中央教育部）对全国高等学校（军事学校除外，以下同）均负有领导的责任。”② 1953 年，政务院对上述决定进行修改，指出：“中央人民政府高等教育部必须与中央人民政府各有关业务部门密切配合，有步骤地对全国高等学校实行统一与集中领导。”③ 1956 年，高等教育部颁布《中华人民共和国高等学校章程草案》，明确了政府与高校之间的领导与被领导、管理与被管理的关系。同年，毛泽东在《论十大关系》中发表对学习苏联经验的看法，指出不要走苏联走过的弯路，在中央和地方关系上“应当在巩固中央统一领导的前提下，扩大一点地方的权力，给地方更多的独立性，让地方办更多的事情”④。随后，我国教育部门开始研究教育管理权力过于集中的问题。1958 年中共中央颁布《关于教育事业管理权力下放问题的规定》，其中指出，要结束一味地对苏联教育模式的照搬照抄，开始实行教育权力的下放，将部分权力分给地方和高校自行使用。但随后由于高校规模和数量的不断扩大，办

---

① 别敦荣，唐世纲. 现代大学制度的价值及其矛盾关系的调和［J］. 苏州大学学报（教育科学版），2016（4）：32-46.

② 中央人民政府政务院关于高等学校领导关系的决定［J］. 福建政报，1950（8）：54.

③ 中央人民政府政务院关于修订高校领导关系的决定［J］. 人民教育，1953（11）：66.

④ 毛泽东. 毛泽东文集：第 7 卷［M］. 北京：人民出版社，1999：44.

学质量逐渐降低，教育由分权重新回归集权的呼声越来越高。1961年，教育部制定了《中华人民共和国教育部直属高等学校暂行工作条例（草案）》（即《高教六十条》）来整顿高等教育发展的无序情况。《高教六十条》中的第七条要求“教育部直属高等学校，行政上受教育部领导，党的工作受省、市、自治区党委领导。省、市、自治区党委和学校党委对这些学校的领导，应该根据中共中央、国务院的方针、政策和教育部的各项有关规定办事。高等学校的规模不宜过大，教育部直属高等学校规模的确定和改变，学制的改变和改革，都必须经过教育部批准”①，再次确立了中央政府对高校的集中领导体制。但不久之后《高教六十条》就被“左”的错误思潮打断，1969年中共中央颁布《关于高等学校下放问题的通知》，权力再次被下放到地方和高校手中，高等教育管理再次失控。“文化大革命”期间高等教育一直处于失序状态。1978年12月党的十一届三中全会召开后，高领教育领域进行了拨乱反正，我国高等教育再次步入正轨。综上所述，从1949年至1978年近30年时间，虽然我国政府和高校的权力划分经历了“集权—分权—集权”的不断演变过程，但总体上我国高等教育制度中彰显的集中价值始终居于稳定状态，全国有统一的教育目标、教育计划、课程内容、评价标准，政府掌握着集中的行政权力，大学服从于政府的一切安排。

（三）公正

公正，即公平、正义，“其核心实质是一个权利、机会等资源和利益的分配和再分配问题”②。教育公正是公正问题在教育领域的延伸，在毛泽东思想中的大学制度价值思想中，公正价值具体表现为高等教育面向劳苦大众，保障工农子弟的受教育权利。1949年10月1日，新中国成立当天，毛泽东发布政府公告，确定中央人民政府施政方针为《中国人民政治协商会议共同纲领》，其中第四十七条明确指出，要“有计划有步骤地实行普及教育，加强中等教育和高等

① 中华人民共和国教育部. 中华人民共和国教育部直属高等学校暂行工作条例（草案）[Z]. 中华人民共和国第二届全国人民代表大会第三次会议，1961：7.

② 杜瑞军. 从高等教育入学机会的分配标准透视教育公平问题：对新中国50年普通高校招生政策的历史回顾[J]. 高等教育研究，2007（4）：29-35.

教育”，新民主主义的教育是对我国半殖民地半封建社会的教育制度的彻底改造，使教育成为“大众的文化教育”。1950 年，我国大学的招生政策中特别强调了要向工农开放，中央人民政府教育部发布的《关于高等学校 1950 年度暑期招考新生的规定》指出：“有三年以上工龄的产业工人、参加工作三年以上的革命干部及革命军人、兄弟民族学生、华侨学生，考试成绩虽差，得从宽录取。”1951 年，政务院颁布的《关于改革学制的决定》，不仅确定了高等教育的教育目标和内容、修业年限、入学年龄等具体内容，还提出了工农干部、少数民族学生、华侨子女都应享有同等的教育权利，教育是为工农服务的。同年，我国教育部门在毛泽东的指示之下大规模开展扫盲运动，开办工农干部文化补习班，以提升人民群众和工农子弟的受教育水平。1954 年全国人大通过了《中华人民共和国宪法》，规定了“中华人民共和国公民有受教育的权利。国家设立并且逐步扩大各种学校和其他文化教育机关，以保证公民享受这种权利”，这是新中国成立以来第一次以法律的形式保障了我国公民的受教育权。1960 年，毛泽东对于我国人民的文化程度做了估算，他指出“占人口百分之十的地主、富农、城市资产阶级和知识分子，中国有文化的主要是这一部分人。还有百分之十左右的人是识字的，就是上层小资产阶级和富裕中农。百分之八十的人过去都是文盲”①，毛泽东十分强调提高农民的文化水平，要求农民接受教育。1949 年至 1965 年，我国年均扫盲 600 多万人，显著提高了工农群众文化水平。综上所述，新中国成立初期，在毛泽东的领导下，我国高等教育在教育为工农服务、为国家建设服务的教育方针的指导下，工农子弟和人民群众拥有了更多的入学机会和更为公平的受教育权利，大学制度在客观上扩大了工农子弟在高校学生中的比例，这极大地彰显了毛泽东思想中的大学制度价值思想中的公正价值。

（四）情感

情感是伦理道德的根基，是我国大学制度价值思想所具备的特有组成部分。受以儒家文化为核心的中国传统文化的价值取向和思

① 毛泽东．毛泽东文集：第 8 卷［M］．北京：人民出版社，1999：214.

维方式的影响，我国高等教育制度以情感为基础，在人才培养过程中既注重对知识的传授，又注重引导学生成长成人。在毛泽东思想中的大学制度价值思想中，情感价值具体体现为育人和育才相统一，注重开展爱国主义、社会主义、集体主义、共产主义教育，旨在将学生培养成以德为首的德智体全面发展的新人。1949 年，毛泽东审阅通过的《中国人民政治协商会议共同纲领》第四十二条指出，要提倡爱祖国、爱人民；第四十六条写明要加强高等教育，“给青年知识分子和旧知识分子以革命的政治教育”，爱国主义和爱社会主义教育的意味浓厚。1958 年，《中共中央 国务院关于教育工作的指示》强调：“在一切学校中，必须进行马克思列宁主义的政治教育和思想教育，培养教师和学生的工人阶级的阶级观点（同资产阶级进行斗争）、群众观点和集体观点（同个人主义观点进行斗争）”①，从国家层面规定了高校必须注重对师生的共产主义和集体主义教育。1961 年，《中华人民共和国教育部直属高等学校暂行工作条例（草案）》规定高等学校学生的培养目标有四条，其中前两条是“具有爱国主义和国际主义精神，具有共产主义道德品质，拥护共产党的领导，拥护社会主义，愿为社会主义事业服务、为人民服务；通过马克思列宁主义、毛泽东著作的学习，和一定的生产劳动、实际工作的锻炼，逐步树立无产阶级的阶级观点、劳动观点、群众观点、辩证唯物主义观点”②，注重对学生爱国主义、爱社会主义和爱共产主义的教育。1966—1976 年的“文化大革命”期间，我国未颁布与注重学生“德”的培养的相关制度、法案，大学教育基本处于停滞状态。综上，新中国成立初期，以毛泽东同志为核心的党的第一代中央领导集体将中国传统文化中的道德情感和现代高等教育的内容相融合，在大学制度中体现出“情感至上”，注重对大学师生的思想品德教育，培养“德智统一”的人才。

① 中共中央 国务院关于教育工作的指示［J］. 北京师范大学学报（办学经验总结专号），1958（S1）：2.

② 中华人民共和国教育部. 中华人民共和国教育部直属高等学校暂行工作条例（草案）［Z］. 中华人民共和国第二届全国人民代表大会第三次会议，1951：5.

二、邓小平理论中的大学制度价值思想

邓小平理论是马克思主义与中国实际相结合的产物，是我们党领导改革开放和现代化建设的指导思想，是以邓小平同志为核心的党的第二代中央领导集体智慧的结晶，形成了新的建设有中国特色社会主义理论的科学体系。邓小平理论中的大学制度价值思想与我国改革开放发展规律相契合，引导我国高等教育事业不断发展，主要蕴含秩序、民主、效率、情感四种基本价值。

（一）秩序

在邓小平理论中的大学制度价值思想中，秩序价值具体表现为改革开放初期党对高校的领导。首先，在国家与大学的外部秩序上，要求大学要坚定正确的政治方向和办学原则。“文化大革命”结束后，“左”倾思想得到纠正，邓小平亲自抓教育整顿工作。1978 年全国教育工作会议上，邓小平发表重要讲话，指出“学校应当永远把坚定正确的政治方向放在第一位”，“学校要大力加强革命秩序和革命纪律”，“教育事业必须和国民经济发展的要求相适应”①。随后重新修订的《全国重点高等学校暂行工作条例（试行草案）》恢复了我国大学各项工作制度，明确了高等学校的基本任务是贯彻执行党的教育方针，“培养社会主义革命和社会主义建设所需要的各种专门人才”，“为实现我们党在新时期的总任务而奋斗”。其次，大学内部秩序价值表现为党委领导下的校长负责制以及恢复高考制度和教师职称制度、设立学位制度。1977 年，邓小平提出要恢复高考制度，并就此问题多次公开讲话。当年 10 月，国务院批转《关于1977 年高等学校招生工作的意见》，文件规定了高等学校新的招生政策，即废除推荐制度，恢复文化考试，择优录取。1978 年版的《高教六十条》中的第四条规定：“在高等学校中，必须加强党的领导，加强党和非党的团结合作”，高校要实行党委领导下的校长负责制，同时要设立学术委员会。“1979 年教育部又制定《关于高等学校教师职责及其考核的暂行规定》，较为详细地规定了高校各职级教

① 邓小平．在全国教育工作会议上的讲话［J］．人民教育，1978（Z1）：3-7.

师的职责、考核标准、考核程序。"① 1980年第五届全国人大常委会第十三次会议讨论通过了《中华人民共和国学位条例（草案）》，规定我国大学设学士、硕士、博士三级学位，我国开始实行学位制度。这一系列举措促成了改革开放初期我国在大学制度层面对高等教育秩序的恢复和重建，突出了党对高校的绝对领导地位，彰显了邓小平理论中的大学制度价值思想中的秩序价值。

（二）民主

在邓小平理论中的大学制度价值思想中，民主价值具体表现为高校办学自主权不断扩大。当经济全球化席卷世界，伴随着改革开放的浪潮，尽管我国高等教育仍旧处于政府的掌控范围内，权力依旧呈现集中的态势，但我国高等教育管理体制已经发生了深刻的变化。1978年2月，国务院转发教育部《恢复和办好全国重点高等学校的报告》，指出："根据有利于加强党的一元化领导，有利于发挥中央和地方两个积极性。对全国重点高等学校要实行统一领导，分级管理。"② 1985年颁布的《中共中央关于教育体制改革的决定》指出，传统的大学教育管理体制已经不能适应当前我国改革开放和经济体制改革的发展方向，"在教育事业管理权限的划分上，政府有关部门对学校主要是对高等学校统得过死，使学校缺乏应有的活力"③，基于此，"中央认为，要从根本上改变这种状况，必须从教育体制入手，有系统地进行改革。改革管理体制，在加强宏观管理的同时，坚决实行简政放权，扩大学校的办学自主权"④。同时在本决定的第四部分进一步说明要"在国家统一的教育方针和计划的指导下，扩大高等学校的办学自主权"⑤。这是中共中央第一次在政策上明确讨论高校办学自主权问题，同时为今后高校办学自主权的不断扩大奠定了良好的基础。1986年，国务院颁布《高等教育管理职责暂行规定》，就国家教育委员会，国务院有关部门，省、自治区和

① 牛风蕊. 我国高校教师职称制度的结构与历史变迁：基于历史制度主义的分析［J］. 中国高教研究，2012（10）：71-75.

② 中国教育年鉴（1949—1981）［M］. 北京：中国大百科全书出版社，1984：804.

③④⑤ 中共中央关于教育体制改革的决定［J］. 宁夏教育，1985（7）：2-8.

直辖市人民政府对高等教育的管理职责及扩大高等学校的管理权限，做出了相关规定，提出要“扩大高等学校管理权限，增强高等学校适应经济和社会发展需要的能力”①。从1978年改革开放到1985年这几年，我国大学自主权不断扩大，我国高等教育管理体制实行中央和地方两级管理，逐步建立了与社会主义市场经济相适应的高等教育行政管理体制。尽管距离民主的制度价值的实现还有很长的路要走，但是简政放权成为改革开放后我国大学制度遵循的价值原则。

（三）效率

在邓小平理论中的大学制度价值思想中，效率价值具体表现为大学制度中一系列市场化的改革。一是要求高等教育体制与社会主义市场经济发展相适应。1982年，党的十二大报告指出，“在今后二十年内，一定要牢牢抓住农业、能源和交通、教育和科学这几个根本环节，把它们作为经济发展的战略重点”②，确立教育推动我国经济发展的战略地位。1993年，中共中央、国务院发布的《中国教育改革和发展纲要》指出，当前教育面临的形势和任务是“建立适应社会主义市场经济体制和政治、科技体制改革需要的教育体制”③，强调我国教育要符合社会主义市场经济体制的建设规律，遵循效率的原则，并且这一任务一直持续到21世纪初期。二是高等教育逐步走向产业化。1992年，中共中央、国务院颁布的《关于加快发展第三产业的决定》明确将教育从“上层建筑”的一部分重新划分为“社会生产力”的组成部分，提出教育是第三产业且教育的发展对国民经济的发展具有先导性的影响。高等教育作为我国教育事业的重要环节，自然也一同承担着促进国民经济发展的职责。1993年，《中国教育改革和发展纲要》指明要通过多种渠道筹措教育经费，“要逐步建立以国家财政拨款为主，辅之以征收用于教育的税费、收取非义务教育阶段学生学杂费、校办产业收入、社会捐资集

---

① 高等教育管理职责暂行规定［J］. 中华人民共和国国务院公报，1986（13）：442-446.

② 中共中央文献研究室. 十二大以来重要文献选编：上［M］. 北京：中央文献出版社，2011：13.

③ 中国教育改革和发展纲要［J］. 江西教育，1993（4）：2-7.

资和设立教育基金等多种渠道筹措教育经费的体制”①。三是通过大学扩招的手段拉动我国经济增长。20世纪90年代，为了解决经济和就业问题，我国普通高校本专科院校招生人数不断扩大。为拉动我国经济增长，1996年国家教育委员会制定了到2010年，高校毛入学率达到11%的高等教育发展战略目标；1998年，教育部提出到2000年，高校入学率达到11%；1999年教育部出台《面向21世纪教育振兴行动计划》，明确提出要实行大学扩招计划，从而进一步扩大国内需求、促进经济增长。这一系列大学扩招的措施都是为了解决经济发展缓慢和就业人员少的问题。综上所述，20世纪八九十年代的大学制度多数都和社会主义市场经济的发展息息相关，高校为促进社会生产力提升服务，体现了邓小平理论中的大学制度价值思想的效率价值。

（四）情感

在邓小平理论中的大学制度价值思想中，情感价值具体表现为大学重视人的全面发展，确立“尊重知识、尊重人才”的人才观，要求教育要面向现代化、面向世界、面向未来，培育“有理想、有道德、有文化、有纪律”的“四有新人”。在1977年邓小平尚未正式主持工作时，他就在与中央领导同志谈话时谈到实现现代化必须要有知识和人才，“一定要在党内造成一种空气：尊重知识，尊重人才，要反对不尊重知识分子的错误思想”②。邓小平尊重人才的思想在大学表现为提倡尊师重道，强调“我们要提高人民教师的政治地位和社会地位。不但学生应该尊重教师，整个社会都应该尊重教师”③。除了尊重人才之外，邓小平还十分关心青年的成长，他继承和发展了毛泽东德智体全面发展的育人思想，提出培育“四有新人”，注重培养大学生的共产主义、社会主义的理想信念和道德情操。1978年3月5日，第五届全国人大第一次会议通过《中华人民共和国宪法》（修正案），其中第十三条规定：“教育必须为无产阶

---

① 中国教育改革和发展纲要［J］. 江西教育，1993（4）：2-7.

② 邓小平. 邓小平文选：第2卷［M］. 北京：人民出版社，1994：41.

③ 同②：109.

级政治服务，同生产劳动相结合，使受教育者在德育、智育、体育几方面都得到发展，成为有社会主义觉悟的有文化的劳动者”，从毛泽东到邓小平，德育始终占据着首要地位。在此基础上，1993 年 2 月，中共中央、国务院印发的《中国教育改革和发展纲要》提出了教育方针的新表述：“教育必须为社会主义现代化建设服务，必须与生产劳动相结合，培养德、智、体全面发展的社会主义事业的建设者和接班人。”综上所述，以邓小平同志为核心的党的第二代中央领导集体始终将学生的成才和发展放在我国高等教育事业的重要位置，体现了邓小平理论中的大学制度价值思想中的情感价值。

三、“三个代表”重要思想中的大学制度价值思想

“三个代表”重要思想是同马克思列宁主义、毛泽东思想和邓小平理论一脉相承而又与时俱进的理论体系，是面向 21 世纪的中国化的马克思主义，是以江泽民同志为核心的党的第三代中央领导集体智慧的结晶，是实现全面建设小康社会宏伟目标的根本指针。“三个代表”重要思想中的大学制度价值思想为新时期我国高等教育的发展提供了世界观和方法论的借鉴，蕴含着秩序、民主、情感、理性等基本价值。

（一）秩序

在“三个代表”重要思想中的大学制度价值思想中，秩序价值具体表现为坚持党对高校的领导，确定高校的领导体制是党委领导下的校长负责制。1990 年 4 月，中共中央组织部、中共中央宣传部和国家教委党组于北京联合召开了高等学校党的建设工作会议，特别强调党对高校领导的紧迫性。同年 7 月，中共中央发布了《关于加强高等学校党的建设的通知》，对加强高校党的建设提出八点要求，前两条强调了党对高校的领导，一是要“明确高等学校的领导体制，坚持党委的领导地位”，二是要“加强领导班子建设，保证领导权掌握在忠于马克思主义的人手中”，特别强调“无论实行何种领导体制，党委都是学校的政治核心，全面领导思想政治工作”。1994 年，江泽民在《振兴民族的希望在教育》一文中指出，“关于学校

的领导体制，实行党委领导下的校长负责制的高等院校，党委要对重大问题进行讨论并做出决定，同时保证行政领导充分行使职权”①，指明高校要实行党委领导下的校长负责制，切实发挥党组织的政治核心作用。1995年5月6日，中共中央、国务院下发《关于加速科学技术进步的决定》，首次提出在全国实施科教兴国战略，5月26日，江泽民在《实施科教兴国的战略》中强调“党的领导是实施科教兴国战略的政治保证”②，突出了党对教育事业、党对高校绝对领导的政治地位。1998年颁布的《中华人民共和国高等教育法》规定，“国家举办的高等学校实行中国共产党高等学校基层委员会领导下的校长负责制”，首次以法律的形式确定了党对高校进行全面领导的制度。坚持党对高校的全面领导，落实好大学内部的党委领导下的校长负责制是新时期以江泽民同志为核心的党的第三代中央领导集体对高校的政治要求，体现了“三个代表”重要思想中的大学制度价值思想中的秩序价值。

（二）民主

在“三个代表”重要思想中的大学制度价值思想中，民主价值具体表现为建立与社会主义市场经济体制相适应的高等教育管理体制和运行机制，逐步扩大高校办学自主权。1992年，江泽民在党的十四大上作了题为《加快改革开放和现代化建设步伐，夺取有中国特色社会主义事业的更大胜利》的报告，强调要积极发展高等教育，“扩大学校办学自主权”③。1993年，中共中央、国务院颁布《中国教育改革和发展纲要》，进一步推动政府对我国大学管理的简政放权，要求“政府从直接行政管理转变为宏观管理，扩大省级部门的教育决策权及高校的自主权”④。这个“纲要”并非成文的法律法规，不具有强制的约束力，我国大学自主权还没有得到根本的保障，直到1998年颁布的《中华人民共和国高等教育法》规定了高等学校

① 江泽民. 江泽民文选：第1卷［M］. 北京：人民出版社，2006：370-371.
② 同①：437.
③ 同①：233.
④ 中国教育年鉴（1949—1981）［M］. 北京：中国大百科全书出版社，1984：807.

自批准设立之日起取得法人资格，具有调节系科招生比例等七项办学自主权，将大学办学自主权上升到了法律层面。1998 年 12 月，教育部制定了《面向 21 世纪教育振兴行动计划》，规定要“切实落实《高等教育法》关于‘高等学校应当面向社会，依法自主办学，实行民主管理’的规定，扩大高校办学自主权”，“继续实行‘共建、调整、合作、合并’的方针，今后 3~5 年，基本形成中央和省级政府两级管理、分工负责，在国家宏观政策指导下，以省级政府统筹为主的条块有机结合的新体制”。1999 年 6 月，中共中央、国务院发布的《关于深化教育改革全面推进素质教育的决定》指出，要“进一步简政放权，加大省级人民政府发展和管理本地区教育的权力以及统筹力度”，“按照《中华人民共和国高等教育法》的规定，切实落实和扩大高等学校的办学自主权”，“进一步扩大高等学校招生、专业设置等自主权，高等学校可以到外地合作办学”，对中央和地方关于高校管理分权及落实大学自主权做了部署和安排。从 1992 年至 1999 年，在江泽民同志的领导下，我国高校办学自主权不断扩大，体现了“三个代表”重要思想中的大学制度价值思想中的民主价值。

（三）情感

在“三个代表”重要思想中的大学制度价值思想中，情感价值具体表现为要求大学加强和改进德育工作，将德育放在学校工作的重要位置。1994 年，中共中央颁布《关于进一步加强和改进学校德育工作的若干意见》，强调“必须站在历史的高度，以战略的眼光来认识新时期学校德育工作的重要性”，要“深入持久地进行爱国主义、集体主义和社会主义思想教育”“中华民族优良道德传统的教育”“努力培养有理想、有道德、有文化、有纪律的献身有中国特色社会主义事业的建设者和接班人”。江泽民在 1997 年党的十五大作题为《高举邓小平理论伟大旗帜，把建设有中国特色社会主义事业全面推向二十一世纪》的报告，指出，“建设有中国特色社会主义，必须着力提高全民族的思想道德素质和科学文化素质”，要“认真贯彻党的教育方针，重视受教育者素质的提高，培养德智体等全面发展的社会主义事业的建设者和接班人”，注重提升青年学生的思想道德素质。1999 年 6 月，中共中央、国务院发布《关于深化教育改革全面推进素质教育的决定》，指出，“各级各类学校必须更加重视德育工作，以马克思列宁主义、毛泽东思想和邓小平理论为指导”，“要有针对性地开展爱国主义、集体主义和社会主义教育，中华民族优秀文化传统和革命传统教育，理想、伦理道德以及文明习惯养成教育，中国近现代史、基本国情、国内外形势教育和民主法制教育。”同月，江泽民在第三次全国教育工作会议上发表重要讲话，指出：必须“努力造就‘有理想、有道德、有文化、有纪律’的，德育、智育、体育、美育等全面发展的社会主义事业建设者和接班人”，要求高校重视德育工作。2000 年 2 月，在《关于教育问题的谈话》中，江泽民指出，“教育是一个系统工程，要不断提高教育质量和教育水平，不仅要加强对学生的文化知识教育，而且要切实加强对学生的思想政治教育、品德教育、纪律教育、法制教育”，强调要重视青少年的思想工作。以江泽民同志为核心的党的第三代中央领导集体，高举邓小平理论旗帜，大力推进我国高等教育改革，进一步完善我国高校德育体系，体现了“三个代表”重要思想中的大学制度价值思想中的情感价值。

（四）理性

在“三个代表”重要思想中的大学制度价值思想中，理性价值具体表现为加强高等教育法制建设，走依法治教道路。1993 年，中共中央、国务院颁布的《中国教育改革和发展纲要》第一次明确指出，要“加快教育法制建设，建立和完善执法监督系统，逐步走上依法治教的轨道。制定教育法律、法规，要注意综合配套，逐步完善”①。随后，相应的法规和政策陆续出台，如 1993 年颁布的《关于加快改革和积极发展普通高等教育的意见》《关于学位与研究生教育改革和发展的若干意见》《关于中央部门所属普通高等学校深化领导管理体制改革的若干意见》，1994 年颁布的《关于进一步改革普通高等学校招生和毕业生就业制度的试点意见》《国务院关于〈中国教育改革和发展纲要〉的实施意见》等，为深化我国高等教育改

① 中国教育年鉴（1949—1981）［M］. 北京：中国大百科全书出版社，1984：809.

革提供了重要的法治保障。1998 年我国颁布了《中华人民共和国高等教育法》，这是第一部系统规范高等教育内外部社会关系和自身组织活动的专门法律，标志着我国高等教育法制建设迈上了一个新台阶。1999 年，《中华人民共和国高等教育法》正式实施，我国高等教育法制化进程开始快速推进。同年 12 月，教育部颁布《关于加强教育法制建设的意见》，指出，我国教育法制建设取得了显著成绩，为教育改革和发展提供了有力的支持和保障。全国人大及其常委会先后制定了《中华人民共和国学位条例》《中华人民共和国义务教育法》《中华人民共和国教师法》《中华人民共和国教育法》《中华人民共和国职业教育法》《中华人民共和国高等教育法》《中华人民共和国未成年人保护法》《中华人民共和国预防未成年人犯罪法》等有关教育的法律，国务院制定了 16 项教育行政法规，各地制定了 100 余项地方性教育法规，初步形成了有中国特色的社会主义教育法律法规体系，同时提出要进一步完善和加快教育立法，“不断推进教育法制建设，提高依法治教水平，开创教育事业改革和发展的新局面”。可见，自 1992 年以来，我国高等教育法治体系建设在教育立法修法、教育法律的实施等方面全面推进，体现了“三个代表”重要思想中的大学制度价值思想中的理性价值。

四、科学发展观中的大学制度价值思想

科学发展观是对马克思列宁主义、毛泽东思想、邓小平理论和“三个代表”重要思想的继承和发展，是以胡锦涛同志为总书记的党的第四代中央领导集体智慧的结晶，是中国特色社会主义理论体系的重要组成部分。科学发展观中的大学制度价值思想将以人为本的思想融入到大学制度之中，为推进改革开放和社会主义现代化建设新的高等教育实践提供了科学理论指导，蕴含着民主、自由、公正、情感等基本价值。

（一）民主

在科学发展观中的大学制度价值思想中，民主价值具体表现为落实和扩大大学办学自主权，构建政府、学校和社会之间的新型关

系。2005年，教育部出台《普通高等学校学生管理规定》，要求政府转变管理职能，依法扩大高校办学自主权。这主要包括取消国家对学校考试、补考、成绩评定方式以及留降级、重修、退学的不及格课程门数、在校最长学习时间等方面的规定；取消国家对休学条件、时限、休学后待遇具体条件、程序等具体规定；取消国家对具体校务管理要求等规定，归入"遵守学校管理制度"要求中，以上规定由高校自行确定。2010年7月颁布的《国家中长期教育改革和发展规划纲要（2010—2020年）》第三十八、三十九条对我国政府和高校之间的关系与落实我国高校办学自主权做出了具体的规定。其中：第三十八条指出要"推进政校分开、管办分离"，特别是要"建设依法办学、自主管理、民主监督、社会参与的现代学校制度，构建政府、学校、社会之间新型关系"，"明确政府管理权限和职责，明确各级各类学校办学权利和责任"；第三十九条指出要"落实和扩大学校办学自主权"，要求"政府及其部门要树立服务意识，改进管理方式，完善监管机制，减少和规范对学校的行政审批事项，依法保障学校充分行使办学自主权和承担相应责任"，赋予了高校"按照国家法律法规和宏观政策，自主开展教学活动、科学研究、技术开发和社会服务，自主设置和调整学科、专业，自主制定学校规划并组织实施，自主设置教学、科研、行政管理机构，自主确定内部收入分配，自主管理和使用人才，自主管理和使用学校财产和经费"等各项自主权。同年9月，胡锦涛在全国教育工作会议上发表重要讲话，指出要通过处理好政府、大学和社会三者之间的关系深化教育体制改革，要通过转变政府职能，明确大学责任，形成政事分开、权责明确、统筹协调、规范有序的教育管理体制。2012年开始实施的《高等学校章程制定暂行办法》第五条规定："高等学校的举办者、主管教育行政部门应当按照政校分开、管办分离的原则，以章程明确界定与学校的关系，明确学校的办学方向与发展原则，落实举办者权利义务，保障学校的办学自主权。"以胡锦涛同志为总书记的党的第四代中央领导集体始终强调要处理好政府和大学的关系，遵循好政校分开、管办分离的原则，不断扩大大学的办学自主权，彰显了科学发展观中的大学制度价值思想中的民主价值。

（二）自由

在科学发展观中的大学制度价值思想中，自由价值具体表现为尊重学术自由，提倡教授治学，充分发挥学术委员会在学术发展中的作用。2005年，教育部颁布《高等学校中长期科学和技术发展规划纲要》，指出“高校多学科综合交叉，知识生产和传播相结合以及高校自由的学术氛围，决定了高校是最具活力的知识生产的发源地”，表明我国将学术自由作为衡量高校是否能够成为知识生产地的标准。2008年4月，教育部印发《高等学校哲学社会科学研究学术规范（试行）》，指出制定该文件的目的之一是“保障学术自由，促进学术交流、学术积累与学术创新”，同时要求高校哲学社会科学研究“贯彻‘百花齐放、百家争鸣’的方针，不断推动学术进步”，学术自由和我国高校发展紧密联系在一起。2008年5月3日，胡锦涛在北京大学师生代表座谈会上发表讲话，他指出：“要进一步完善科研体制机制，尊重学术自由，营造宽松环境，切实把广大科研人员的积极性、主动性、创造性激发出来。”① 2010年7月，中共中央、国务院印发《国家中长期教育改革和发展规划纲要（2010—2020年）》，第四十条明确指出，要“完善中国特色现代大学制度”，其中包括要“充分发挥学术委员会在学科建设、学术评价、学术发展中的重要作用”，“探索教授治学的有效途径，充分发挥教授在教学、学术研究和学校管理中的作用”和“尊重学术自由，营造宽松的学术环境”，从高校治理结构和章程建设方面对尊重学术自由做出了规定。2011年12月，教育部审议通过《高等学校章程制定暂行办法》，要求各高校制定的章程中要“明确尊重和保障教师、学生在教学、研究和学习方面依法享有的学术自由、探索自由，营造宽松的学术环境”，将尊重学术自由作为主要内容写入我国高校章程。2003年到2012年近10年间，我国颁布印发多个高等教育相关政策、文件，多数文件中都提到了要尊重学术自由，这极大地彰显了科学发展观中的大学制度价值思想中的自由价值。

---

① 胡锦涛总书记2008年5月3日在北京大学师生代表座谈会上的讲话（摘录）［J］．山西煤炭管理干部学院学报，2008（2）：216，220.

（三）公正

在科学发展观中的大学制度价值思想中，公正价值具体表现为强调教育公平，健全和完善大学以奖贷助补减政策为主的资助体系。2004 年 9 月，中共中央、国务院印发《关于切实解决高校贫困家庭学生困难问题的通知》，提出“全力推进国家助学贷款按新机制运行，加大国家对品学兼优的贫困家庭学生的助学奖励力度，确保高等学校收入的一定比例足额用于资助贫困家庭学生，建立规范的高等学校勤工助学制度，加快推进生源地助学贷款业务，高等学校要加强领导、严格管理和健全工作机制”六点要求，旨在帮助高校贫困家庭学生解决经济困难，促进高等教育公平。同月，教育部印发《关于进一步做好资助贫困家庭学生工作的通知》，按照《关于切实解决高校贫困家庭学生困难问题的通知》的文件要求，各高校稳抓落实好“以国家助学贷款为主体，包括助学奖学金、勤工助学、特殊困难补助、学费减免、绿色通道和提取 10%学费收入用于帮助困难学生等措施在内的资助政策体系”，将高等教育公平落到实处。2007 年 5 月，国务院发布了《关于建立健全普通本科高校、高等职业学校和中等职业学校家庭经济困难学生资助政策体系的意见》，决定从 2007 年秋季学期开始，进一步建立健全我国高校和中等职业学校家庭经济困难学生资助政策体系，为我国高等教育的公平提供了极大的保障。2010 年 7 月，中共中央、国务院印发《国家中长期教育改革和发展规划纲要（2010—2020 年）》，提出要“把促进公平作为国家基本教育政策”，“教育公平是社会公平的重要基础”，重点就是“促进义务教育均衡发展和扶持困难群体”，而扶持困难群体的主要途径就是实行大学生奖贷助补减政策。同月，胡锦涛在全国教育工作会议上讲话，指出促进教育公平，要“完善普通本科高校、高等职业学校家庭经济困难学生资助政策体系，设立研究生国家奖学金，完善助学贷款体制机制”，将“健全国家资助政策体系”作为促进教育公平的重要手段。以胡锦涛同志为总书记的党的第四代中央领导集体始终关注高等教育公平，通过完善国家资助政策体系帮助更多人获得了上大学的机会，彰显了科学发展观中的大学制度价值思想中的公正价值。

（四）情感

在科学发展观中的大学制度价值思想中，情感价值具体表现为以人为本的高等教育理念，坚持育人为本，德育为先。2005年1月，胡锦涛在全国加强和改进大学生思想政治教育工作会议上强调：高等教育要“坚持以人为本，重点是面向全体学生，促进学生全面发展”。此外，胡锦涛还指出，“全国高校都要始终不渝地全面贯彻党的教育方针，坚持学校教育、育人为本，德智体美、德育为先”①，他将以人为本和人才培养相结合，将德育放在人才培养的首位，注重学生的个人成长和全面发展。同年3月，教育部出台新的《普通高等学校学生管理规定》，新规定突出德育为先，强化道德规范。除此之外，教育部在新规定的“总则”中要求学生要树立爱国主义思想，要具有团结统一、爱好和平、勤劳勇敢、自强不息的精神，并增写了鼓励学生成为遵守公民道德的模范，自觉遵守公民道德规范等内容。同年7月，教育部印发《关于整体规划大中小学德育体系的意见》，对大学德育体系的构建做出了整体的规划，包括构建德育体系的重要意义、大学德育目标和内容、大学开设的德育课程和开展的德育活动等多项内容，全面具体地为我国高校德育体系的构建提供了指导。2006年8月，胡锦涛在中共中央政治局第三十四次集体学习时强调，“要坚持育人为本、德育为先，把立德树人作为教育的根本任务”，“引导学生树立正确的世界观、人生观、价值观、荣辱观”。2007年9月，胡锦涛在党的十七大报告中强调：“要全面贯彻党的教育方针，坚持育人为本，德育为先，实施素质教育，提高教育现代化水平，培养德、智、体、美全面发展的社会主义建设者和接班人，办好人民满意的教育”，再次强调育人为本，德育为先，同时指出要“建设社会主义核心价值体系”。2010年7月，中共中央、国务院印发《国家中长期教育改革和发展规划纲要（2010—2020年）》，指出要坚持德育为先，要求“把社会主义核心价值体系融入国民教育全过程”，要“加强道德教育”，“把德育渗透于教育教学的各个环节”。由上可见，以胡锦涛同志为总书记的党的第四

---

① 胡锦涛. 在全国教育工作会议上的讲话［N］. 人民日报，2010-09-09（01）.

代中央领导集体十分注重大学的德育工作，始终坚持将学生的“德”摆在首位，彰显了科学发展观中的大学制度价值思想中的情感价值。

五、习近平新时代中国特色社会主义思想中的大学制度价值思想

党的二十大指出，新时代中国特色社会主义思想为新时代党和国家事业发展提供了根本遵循。习近平新时代中国特色社会主义思想是马克思主义中国化的最新成果，是对共产党执政规律、社会主义建设规律、人类社会发展规律认识的新境界，是实现中华民族伟大复兴的行动指南，是党和人民实践经验和集体智慧的结晶。习近平新时代中国特色社会主义思想中的大学制度价值思想是以习近平同志为核心的党中央对高等教育问题的理性思考，为新时代中国高等教育改革发展提供了根本思想遵循，蕴含着秩序、情感、公正、理性等基本价值。

（一）秩序

习近平新时代中国特色社会主义思想中的大学制度价值思想中的秩序价值具体表现为坚持党对高校的领导，坚持社会主义办学方向。2014 年 10 月，中共中央、国务院印发《关于坚持和完善普通高等学校党委领导下的校长负责制的实施意见》，针对党对高校领导的是什么、为什么、怎么办进行解答，就高校进一步坚持和完善党委领导下的校长负责制提出具体规定，进一步明确、丰富和完善党对高校在制度层面的全面领导。2015 年新修订的《中华人民共和国高等教育法》第三十九条规定，“国家举办的高等学校实行中国共产党高等学校基层委员会领导下的校长负责制”，始终坚持以马克思主义为指导，办好社会主义大学。2016 年 12 月，习近平出席全国高校思想政治工作会议并发表重要讲话，指出，“我国的高校是党领导下的高校，是中国特色社会主义高校”①，加强党对教育事业，党对高校的全面领导是扎根中国大地办教育，办好中国特色社会主义大学，促进我国高等教育质量内涵式发展的根本保证。同年，教育部将

① 习近平在全国高校思想政治工作会议上强调 把思想政治工作贯穿教育教学全过程 开创我国高等教育事业发展新局面［N］. 人民日报，2016-12-09（01）.

“全面贯彻党的教育方针”写进2016年教育工作的总体要求，强调要“加强党对高校的领导，专项督查党委领导下的校长负责制落实情况”。2018年5月，习近平在北京大学师生座谈会上的讲话中强调，“要坚持党对高校的领导，坚持社会主义办学方向，把我们的特色和优势有效转化为培养社会主义建设者和接班人的能力”。同年9月，习近平在全国教育大会上再次强调要“不断使教育同党和国家事业发展要求相适应”，要“坚持加强党对教育事业的全面领导”①，可见，习近平总书记对党管高校工作的重视。以习近平同志为核心的党中央对坚持党对教育事业的全面领导的重要论述和相关制度的出台，既体现了我们党办教育的初心和使命，又进一步凸显了“为谁培养人”的具体内涵。突出强调党对高等教育事业的全面领导，高度重视为党育人的初心和为国育才的立场，彰显了习近平新时代中国特色社会主义思想中的大学制度价值思想中的秩序价值。

（二）情感

习近平新时代中国特色社会主义思想中的大学制度价值思想中的情感价值具体表现为：“坚持立德树人，把培育和践行社会主义核心价值观融入教书育人全过程。”② 党的十八大以来，以习近平同志为核心的党中央敏锐把握我国高等教育方向，高度重视为谁培养人、培养什么人、怎样培养人这一教育的根本问题，要求高校全面贯彻党的教育方针，坚持把立德树人作为教育的根本任务。2012年，党的十八大报告指出，要“把立德树人作为根本任务，培养德智体美劳全面发展的社会主义建设者和接班人”，立德树人是教育的根本任务，自然也是大学教育的重中之重。2014年1月，习近平在中共中央政治局第十二次集体学习时指出，要通过学校教育等多种形式“加强爱国主义、集体主义、社会主义教育”③，无论是爱国，还是

① 习近平在全国教育大会上强调　坚持中国特色社会主义教育发展道路　培养德智体美劳全面发展的社会主义建设者和接班人［N］. 人民日报，2018-09-11（01）.

② 习近平就高校党建工作做出重要指示强调　坚持立德树人思想引领　加强改进高校党建工作［N］. 人民日报，2014-12-30（01）.

③ 习近平在中共中央政治局第十二次集体学习时强调　建设社会主义文化强国　着力提高国家文化软实力［N］. 人民日报，2014-01-01（01）.

爱集体，都是以情感为基础的，体现着情感价值。2014 年 12 月，在全国高等学校党的建设工作会议上，习近平再次强调：“办好中国特色社会主义大学，要坚持立德树人，把培育和践行社会主义核心价值观融入教书育人全过程”，凸显了“德”在大学生培养中的重要地位。2015 年 12 月，第十二届全国人民代表大会常务委员会第十八次会议审议通过了新修订的《中华人民共和国教育法》，该法第五条规定，要“培养德、智、体、美等方面全面发展的社会主义建设者和接班人”；第六条规定，“教育应当坚持立德树人，对受教育者加强社会主义核心价值观教育”，“国家在受教育者中进行爱国主义、集体主义、中国特色社会主义的教育”，其中社会主义核心价值观教育、爱国主义教育、集体主义教育等内容都是对当代大学生“德”的培养。此后在党的十九大报告中、在北京大学师生座谈会上和 2018 年全国教育大会上，习近平多次强调要坚持立德树人的根本任务，要培养德智体美劳全面发展的社会主义建设者和接班人，始终将“德”放在高等教育工作的重要位置。党的十八大以来，以习近平同志为核心的党中央进一步明确了我国高等教育的根本使命，要求大学不仅要传授给学生知识，培养他们的能力，更要引导他们培育和践行社会主义核心价值观，为我国培育新时代人才指明了前进方向。立德树人，立德为先，高等教育必须要先培养学生的“德”，彰显了习近平新时代中国特色社会主义思想中的大学制度价值思想中的情感价值。

（三）公正

习近平新时代中国特色社会主义思想中的大学制度价值思想中的公正价值，具体表现为推动高等教育权利平等和高等教育机会均等。2012 年，党的十八大报告指出，促进教育公平要保障公民依法享有受教育的权利，要合理配置教育资源，要始终坚持教育制度规则公平，将教育公平放在我国高等教育事业发展的突出位置。2013 年 5 月，教育部印发《关于 2013 年扩大实施农村贫困地区定向招生专项计划的通知》，要求高校扩大招生规模和招生覆盖区域，同时增加承担专项计划的高校数量，进一步提高重点高校招收农村学生比例，推动高等教育公平。同年7月，教育部、国家发展改革委下达《2013年全国普通高等教育招生计划》，要求各高校“认真学习贯彻党的十八大精神，加强和改进高等教育招生计划管理，优化高等教育结构，促进入学机会公平”，“认真落实好支援中西部地区招生协作计划和农村贫困地区定向招生专项计划”，从中可以看出国家对偏远地区和贫困地区学生的重视，落实好定向招生计划有利于保障更多的学生拥有上大学的机会，这就是在推动我国高等教育走向更加公平的方向。2014年9月，中共中央、国务院印发《国务院关于深化考试招生制度改革的实施意见》，指出要“把促进公平公正作为改革的基本价值取向，加强宏观调控，完善法律法规，健全体制机制，切实保障考试招生机会公平、程序公开、结果公正”，在主要任务和措施部分提及要“提高中西部地区和人口大省高考录取率”和“增加农村学生上重点高校人数”，通过保障入学机会公平，进一步推进高等教育公平。2016年3月，教育部颁布《关于进一步规范高等教育招生计划管理工作的意见》，指出要“全面落实党中央国务院关于促进教育公平的决策部署”，“突出促进公平的政策导向”，旨在通过高等教育招生计划管理促进入学机会公平。同年6月，新修订的《中华人民共和国教育法》正式施行，新教育法要求，“国家采取措施促进教育公平，推动教育均衡发展”，这是我国第一次将教育公平写进教育法，是对教育公平认识的质的飞跃。2018年9月，全国教育大会在北京召开，会议再一次强调要坚持教育公平，促进区域、城乡和各级各类教育均衡发展。党的十八大以来，以习近平同志为核心的党中央始终坚信教育是民生改善的来源，教育公平是社会公平的重要基础，始终把教育放在全局性、战略性的位置予以高度重视，这体现了党和政府促进教育公平和社会公正的决心，彰显了习近平新时代中国特色社会主义思想中的大学制度价值思想中的公正价值。

（四）理性

习近平新时代中国特色社会主义思想中的大学制度价值思想中的理性价值具体表现为尊重和保护学术自由，尊重教师的教学权利和学生的学习权利。2013 年 1 月，教育部印发《全面推进依法治校实施纲要》，指出要“建立健全学术自由的保障与监督机制。要依法建立健全保障师生的研究自由、学习自由和学术自由的体制、机制。健全学术评价制度，保障各种学术评价机构独立开展活动，建立公平、公正的学术评价标准和程序。要建立灵活的教学管理制度，鼓励、保护学生自主、自由的学习，形成有利于创造性人才成长的制度环境。要明确教师课堂教学的行为规则和基本要求，保障教师根据课程的有关要求，科学安排教学内容和方法，充分、正当地行使教学的专业自主权，提高课堂教学的质量与效果。要建立完善对违反学术规范、学术道德行为的认定程序和办法，维护良好的学术氛围”，将尊重学术自由纳入到教育部正式文件之中，以条文的形式予以保障。2014 年 1 月，中华人民共和国教育部令第 35 号《高等学校学术委员会规程》第二条规定：“高等学校应当依法设立学术委员会，健全以学术委员会为核心的学术管理体系与组织架构；并以学术委员会作为校内最高学术机构，统筹行使学术事务的决策、审议、评定和咨询等职权”。第四条规定：“高等学校学术委员会应当遵循学术规律，尊重学术自由、学术平等，鼓励学术创新，促进学术发展和人才培养，提高学术质量”。规程还规定了学术委员会的组成规则、职责权限和运行制度，发布的高校学术委员会规程进一步规范了高校学术委员会的设立和运行，推动高校学术自由规范化。2014 年至 2017 年教育部对全国 113 所高校拟定的高等学校章程进行核准，全部被核准高校章程中均提及“维护学术民主与学术自由”“尊重学术自由”等，切实将尊重学术自由，营造大学学术自由分别落实到具体操作中。2016 年 12 月，习近平在全国高校思想政治工作会议上提出加强师风师德建设的四个坚持，其中之一就是“坚持学术自由和学术规范相统一”，将学术自由摆在与学术规范同等重要的位置。2018 年 1 月，中共中央、国务院印发《关于全面深化新时代教师队伍建设改革的意见》，指出高校教师要弘扬高尚师德，坚持“学术自由与学术规范相统一，争做‘四有’好教师”。高校教师是开展教育教学工作的重要人员，从对高校教师的要求侧面反映了国家对大学学术自由的重视。党的十八大以来，以习近平同志为核心的党中央始终强调要尊重和保护学术自由，这对于我国大学的发展、知识的创新、学术规范的形成和学术责任的实现都具有重要意义，彰显了习近平新时代中国特色社会主义思想中的大学制度价值思想中的理性价值。

第六章　中国特色社会主义大学制度价值的内涵、生成与本质

马克思指出："这些生产关系的总和构成社会的经济结构，即有法律的和政治的上层建筑竖立其上并有一定的社会意识形式与之相适应的现实基础。物质生活的生产方式制约着整个社会生活、政治生活和精神生活的过程。不是人们的意识决定人们的存在，相反是人们的社会存在决定人们的意识。"① 我国的现实基础使得中国特色社会主义大学制度价值在具有一般大学制度的普遍价值的基础上，又具有自身的独特个性与本质。历史不断向前发展，不同时代的政治、经济、文化共同决定了中国特色社会主义大学制度的特定价值，同时中国特色社会主义大学制度价值也对现实的政治、经济、文化生活产生了重要的影响。中国特色社会主义大学制度价值的生成除了与我国现实的物质条件密切相关，更离不开其主客体相互作用所产生的特定关系。中国特色社会主义大学制度价值的主体是多元的，主体从自身需求出发具有不同的价值尺度，而作为客体本身的中国特色社会主义大学制度所具有的属性既具有客观性，也会因主体不同而表现出特殊的规定性。中国特色社会主义大学制度价值就是在主客体相互作用中形成的，其价值本质也是在主客体相互作用中显现的，只有深刻认识中国特色社会主义大学制度价值的本质，才能深刻把握中国特色社会主义大学制度基本价值的内涵。中国特色社会主义大学制度价值的主客体在相互作用的过程中产生了自由、秩序、民主、公正、效率、理性、情感、集中的基本价值，深刻把握并思考这些基本价值的内涵、生成和本质对于构建中国特色社会主义大学制度、发展我国高等教育、促进人的自由全面发展具有重要

① 马克思，恩格斯. 马克思恩格斯文集：第2卷［M］. 中共中央马克思恩格斯列宁斯大林著作编译局，编译. 北京：人民出版社，2009：591.

意义。

第一节　中国特色社会主义大学制度价值的内涵与生成

中国特色社会主义大学制度价值是中国特色社会主义大学制度在长期变迁和发展过程中所蕴含的价值，是以中国特色社会主义大学制度为研究对象，探讨其在与主体相互作用的过程中所生成的基本价值。本节在梳理中国特色社会主义大学制度价值变迁的过程中不仅对其基本内涵进行了归纳与总结，而且进一步探讨了其与政治、经济、文化环境之间的互构关系。

一、中国特色社会主义大学制度价值的内涵

“中国特色社会主义大学制度价值”并非一个专有名词，因此要探究“中国特色社会主义大学制度价值”的含义，首先要明晰两个概念：一是何为“中国特色社会主义大学”，二是何为“中国特色社会主义大学制度”。在此基础上，我们才能更为清楚地了解“中国特色社会主义大学制度价值”的内涵。

首先，关于中国特色社会主义大学的提出有一个漫长的演化历程，最早可追溯至20世纪80年代。1985年5月，《中共中央关于教育体制改革的决定》指明教育改革要遵循社会主义的办学方向，大学必须为社会主义建设服务，要建设有中国特色的社会主义教育体制，办好有中国特色的社会主义大学。1994年7月，《中国教育改革和发展纲要》规定，大学建设“应以马克思主义、毛泽东思想和邓小平建设有中国特色社会主义的理论为指导，……成立并努力办好教育系统建设有中国特色社会主义理论研究中心”。尽管还没有明确提出“中国特色社会主义大学”的概念，但是已经点明中国特色社会主义大学的指导思想和前进方向。此后，我国大学建设始终坚持社会主义办学方向，坚持走中国特色社会主义道路，这在党的十八大以后尤为明显。2014年5月，习近平总书记到北京大学考察并

同师生座谈时指出："办好中国的世界一流大学，必须有中国特色。"① 有中国特色首要就是扎根中国大地办教育，坚持走好中国特色社会主义道路，坚持教育为国家发展服务。同年 12 月，习近平总书记在第二十三次全国高等学校党的建设工作会议上做出重要指示，他指出："办好中国特色社会主义大学，要坚持立德树人，强化思想引领，坚持和完善党委领导下的校长负责制，全面推进党的建设各项工作。"② 这就从大学的根本任务、建设目标、前进方向等多个角度阐释了什么是中国特色社会主义大学和如何办好中国特色社会主义大学。2016 年 12 月，在全国高校思想政治工作会议上，习近平总书记明确提出："我国有独特的历史、独特的文化、独特的国情，决定了我国必须走自己的高等教育发展道路，扎实办好中国特色社会主义高校"，我国高等教育要"为人民服务，为中国共产党治国理政服务，为巩固和发展中国特色社会主义制度服务，为改革开放和社会主义现代化建设服务"③。教育的"四为服务"方针进一步阐释了中国特色社会主义大学的"中国特色"之所在。综上所述，中国特色社会主义大学在指导思想、发展方向、前进道路等方面都具有明显的中国特色，是坚持中国共产党领导的、坚持社会主义办学方向的、坚持立德树人的、坚持"四为服务"的现代化大学。

其次，中国特色社会主义大学制度是"中国特色社会主义"和"大学制度"二者的有机融合，是社会主义制度之下的具有中国特色的现代大学制度，既有现代大学制度的普遍价值追求，又与我国政治、经济、文化环境相契合。第一，中国特色社会主义大学制度首先是现代大学制度。探究中国特色社会主义大学制度不能一味地强调"中国特色"而忽视了其"现代大学制度"的本质属性。现代大

---

① 习近平．青年要自觉践行社会主义核心价值观：在北京大学师生座谈会上的讲话[EB/OL].(2014-05-04)[2022-06-08].http://www.gov.cn/xinwen/2014-05/05/content_2671258.htm.

② 习近平．坚持立德树人思想引领　加强改进高校党建工作：在第二十三次全国高等学校党的建设工作会议上的讲话[EB/OL].(2014-12-30)[2022-06-08].http://dangjian.people.com.cn/n/2014/1230/c117092-26298449.html.

③ 习近平在全国高校思想政治工作会议上强调：把思想政治工作贯穿教育教学全过程　开创我国高等教育事业发展新局面[EB/OL].(2016-12-09)[2022-06-08].http://dangjian.people.com.cn/n1/2016/1209/c117092-28936962.html.

学制度诞生于中世纪的教会学校，其核心是大学自治、学术自由和教授治校，它不仅要求在宏观层面上处理好大学与政府、市场和其他社会组织之间的关系，而且还要在微观层面上完成大学内部政治、行政和学术权力的相互制衡。从宏观层面来看，大学作为一个学术共同体，应该具有独立办学的权利。从微观层面来看，应该保障大学内部学术主体的学术自由，教师具有传授知识的自由和讨论学术问题的自由，学生具有选择学习知识的自由，大学不应该是一味追求效率的机器；要追求教授治校，即由教授主管学校的方针大计，掌握办学的决策权。教授治校在我国大学制度中主要表现为教授治学，即由教授治理大学的学科建设、学术建设、学风建设和教学建设，这使得教师成为学术层面上真正的主人。第二，中国特色社会主义大学制度是中国特色社会主义的现代大学制度，中国特色社会主义是它的核心特征。我国大学制度之所以具有中国特色社会主义性质，正是由于受到其所处的政治、经济、文化环境的影响，我国特有的政治、经济、文化环境决定了中国特色社会主义大学制度的指导思想、制度选择和发展方向。一是我国的政治环境决定了我国大学内部要实行党委领导下的校长负责制，我国大学制度的建设不能脱离现存的政治环境；二是当前我国以公有制为主体，多种所有制并存的经济制度没有变，面对这种经济环境，大学要更好地承担起培养社会主义合格建设者和可靠接班人的历史重任；三是受到长达数千年的中国传统文化的影响，我国大学制度对师生道德情感培养的追求早已深入血脉，中国特色社会主义大学制度具有深刻的文化烙印。

中国特色社会主义大学制度价值是以中国特色社会主义大学制度作为客体的价值，是不断探究其对于人和社会等主体意义的价值。中国特色社会主义大学制度价值包括三个要素：一是中国特色社会主义大学制度价值主体，即探究主体制定中国特色社会主义大学制度的目的是否是合理的、正当的；二是中国特色社会主义大学制度价值客体，大学制度之实然状态，即中国特色社会主义大学制度事实如何，是否存在着价值缺失；三是中国特色社会主义大学制度基本价值，即人们对中国特色社会主义大学制度的价值标准、目标等应然状态的探究。以上三个要素是相辅相成的关系。首先，中国特色社会主义大学制度作为客体，即主体实践与认识活动的对象，是客观、独立存在的。其次，中国特色社会主义大学制度主体是人，而人的目的不仅是大学制度应该如何从制度事实中产生和推导出来的条件，同时是衡量制度事实是否应该、正当的标准。最后，中国特色社会主义大学制度基本价值是客体事实如何与主体目的结合后产生的应然属性，是主客体的关系属性。总之，中国特色社会主义大学制度价值主体、客体、基本价值成为了解中国特色社会主义大学制度价值的三个要素。从目前的中国特色社会主义大学制度价值的实然状态来看，当前我国大学制度价值取向兼顾工具价值与目的价值，其对秩序、情感等价值的追求值得继续发扬，但对自由、民主价值的进一步追求应是我国大学制度价值继续前进的方向。而对于中国特色社会主义大学制度价值的应然状态的探究是剖析人们理想中的中国特色社会主义大学制度价值，并在此基础上提出制度价值的追求目标。我们认为中国特色社会主义大学制度价值的应然状态应该是对自由、公正、民主、秩序、理性、情感和效率等制度价值的追求。中国特色社会主义大学制度应该追求的是“善”的价值，是“好”的价值，应该能够有效解决我国大学目前存在的主体地位不明确、工具价值占据主导地位等问题，真正实现尊重和维护学术自由，不断扩大高校办学自主权和建设以人的自由全面发展为最终旨归的制度价值目标。

二、中国特色社会主义大学制度价值的生成

中国特色社会主义大学制度价值与社会环境存在着广泛而密切的相互关系，中国特色社会主义大学制度价值的生成就是要探讨大学制度价值与社会政治、经济、文化环境之间的相互关系和作用，即在特定的社会环境下生成了什么样的大学制度价值以及中国特色社会主义大学制度价值又对社会环境产生了哪些影响。一方面，在长期发展过程中中国特色社会主义大学制度价值的性质和功能是由政治、经济、文化三个方面共同决定的，中国特色社会主义大学制

度在不断变迁的过程中生成和彰显了集中、秩序、民主、自由、效率等不同的价值；另一方面，中国特色社会主义大学制度价值也具有多方面的功能，其在发挥和彰显的过程中也对我国政治、经济、文化的发展发挥着作用。

（一）中国特色社会主义大学制度价值与政治环境之互构机制

政治环境作为国家政治构成要素及其互动环境的总和，影响着大学制度价值的变迁，大学制度价值也反作用于国家的政治环境。“宪法秩序的变化，即政权的基本规则的变化，能深刻影响创立新的制度安排的预期成本和利益，因而也就深刻影响对新的制度安排的需求。”① 中国特色社会主义大学制度价值在受政治环境影响的同时，通过自身所蕴含的独特价值在促进大学功能实现的基础上进一步维护了我国的政治秩序，促进了我国政治的民主化，并为我国培养了大量的政治人才。

1949 年中华人民共和国成立后，在集中的政治环境的影响下，中国特色社会主义大学制度体现出集中和秩序的价值。

首先，在中央政府的统一领导下我国大学制度呈现出集中的价值取向。中华人民共和国成立后我国开始进行政权建设，1949 年我国颁布《中国人民政治协商会议共同纲领》和《中华人民共和国中央人民政府组织法》，规定中央人民政府委员会统一行使我国的一切国家权力，奠定了我国中央统一领导的行政体制的基本格局。1954 年我国颁布《中华人民共和国宪法》，明确规定：“中华人民共和国国务院，即中央人民政府，是最高国家权力机关的执行机关，是最高国家行政机关。”② 同年我国还颁布了《中华人民共和国国务院组织法》，从而确立了我国中央行政体制的基本框架。在中央统一领导的政治体制的影响下，政府也开始通过行政手段对我国大学的发展方向进行管控。1950 年发布的《关于高等教育领导关系的决定》明确指出了教育部负有领导全国大学的责任，1953 年周恩来主持通过了《关于修订高等学校领导关系的决定》，确立了中央教育部对全国

---

① 卢现祥. 新制度经济学［M］. 武汉：武汉大学出版社，2011：177.

② 中华人民共和国宪法（1954 年）［EB/OL］.（2000-12-06）［2022-06-08］.http://www.npc.gov.cn/wxzl/wxzl/2000-12/26/content_4264.htm.

高校的统一领导的管理体制。在这一阶段我国曾对大学的管理权进行下放，但是由于国家缺乏相应的宏观管理造成了大学的办学和管理混乱的局面，国家又将下放的权力回收到中央。总体来说，这一时期中国特色社会主义大学制度在中央集中统一领导下、在为国家政治建设服务的过程中其所蕴含的集中价值得到了极大凸显。

其次，中华人民共和国成立后受我国党政关系的影响，中国特色社会主义大学制度在不断调整高校党委、校长之间的关系的过程中体现出秩序的价值。邓小平指出："党的领导是不能动摇的，但党要善于领导，党政需要分开。"① 之后我国党政关系在不断改革与发展中更加明确和协调。在国家党政关系的影响下，我国大学制度也在不断调整高校党委与校长之间的关系。中华人民共和国成立之初，我国学习苏联实行校长负责制，这导致校长权力过于集中从而对学校管理造成了不良的影响。在此之后，我国开始实行党委领导下的校务委员负责制，党委成为大学最高的领导、管理和决策机构，校务委员只是执行和落实党委的决策，这又使得校长权力在一定程度上被忽视了。为完善中国特色社会主义大学的内部管理体制，我国确定实行党委领导下以校长为首的校务委员会制，这既能保证学校在党委的统一领导下坚持正确的政治方向，又能进一步明确校长的行政领导地位。

改革开放以后，受政治体制改革的民主化和法制化进程的影响，中国特色社会主义大学制度呈现出民主与公正的价值。首先，在社会主义民主化进程中，中国特色社会主义大学制度的民主价值不断凸显。1980 年邓小平在《党和国家领导制度的改革》讲话中总结了我国政治体制中存在的问题及原因，指明了改革的具体内容和步骤，推动了我国政治民主化的发展进程。在民主的政治环境的影响下，我国大学拥有了更多的自主权。1985 年发布的《中共中央关于教育体制改革的决定》明确规定："在国家统一的教育方针和计划的指导下，扩大高等学校的办学自主权。"1998 年《中华人民共和国高等教育法》进一步强调："高等学校应当面向社会，依法自主办学，实

① 邓小平. 邓小平文选：第 3 卷［M］. 北京：人民出版社，1993：177，179.

行民主管理。”2010年中共中央、国务院发布的《国家中长期教育改革和发展规划纲要（2010—2020年）》明确规定：“落实和扩大学校办学自主权。”这一系列政策和法律的颁布，充分体现了高校自主管理权、自主办学权的扩大。进入新时代，在习近平新时代中国特色社会主义思想的指导下，2018年我国对《中华人民共和国高等教育法》进行修订，使得高校的监督评估更加民主和自治。2019年科技部等六部门印发《关于扩大高校和科研院所科研相关自主权的若干意见》的通知，明确指出“坚持简政放权与加强监管相结合”，有效地保障了高校在科研方面的自主权。其次，在国家长期法制化建设的过程中，中国特色社会主义大学制度建设不仅日益完善，而且在法律的保障下中国特色社会主义大学制度的公正价值也得到了进一步的维护和彰显。在1978年党的十一届三中全会上，邓小平提出要加强我国的法制建设，这就为中国特色社会主义大学制度中公正价值的进一步实现奠定了法律基础。“公正是大学制度本质的一个主要内容，大学制度的根本目的在于维护大学的公正性，即大学的学术价值。”① 在这期间，我们不仅充分发挥了中国特色社会主义大学在人才培养和科学研究上的优势，而且还通过颁布一系列的政策、文件来保障大学的各项学术性活动得以顺利开展。中国特色社会主义大学制度的公正除了体现在维护学术价值之外，还体现在其程序的公正，“程序公正是现代大学制度合法性的体现”②，我国大学的相关人员都要按照大学制度的规定来参与大学事务，并且在参与过程中秉承平等的原则，只有这样才能在义务履行的过程中保障个人权利的顺利实现。通过法律和政策来维护我国大学的学术和程序公正，充分体现了中国特色社会主义大学的公正价值。

中国特色社会主义大学制度价值在受我国政治环境影响的同时，也会影响我国的政治发展。首先，中国特色社会主义大学制度集中与秩序价值有利于维护我国的政治稳定。一方面中国特色社会主义大学的集中价值主要表现为中央政府统一领导中国特色社会主义大

① 别敦荣，徐梅. 论现代大学制度的公正性［J］. 山东社会科学，2012（8）：110-118.

② 别敦荣，吴国娟. 论大学制度的公正性［J］. 教育研究，2006（7）：17-23.

学的办学和管理，中国特色社会主义大学制度所体现的集中价值使我国大学在发展的过程中能够遵循国家的管理和办学计划，从而有利于促进我国政治秩序的稳定。同时，中国特色社会主义大学的集中价值还体现在我国政府通过行政手段干预大学的办学和管理上。大学是传播高深知识、培养高级人才的场所，政府在参与大学办学和管理的过程中，能够帮助大学内部各主体更好地形成一定的政治思想意识，这在维护社会政治稳定方面将会发挥重要的作用。另一方面，中国特色社会主义大学的秩序价值表现为我国大学坚持实行党委领导下的校长负责制，我国是中国共产党领导下的社会主义国家，实行党委领导下的校长负责制，党委负责全面领导大学的各项工作，校长在党委的领导下开展各项工作，从而使得我国大学的各项工作有序开展。因此，中国特色社会主义大学的秩序价值有效地保障了中国共产党对我国大学的领导和我国大学的社会主义办学方向。中国特色社会主义大学制度是我国制度的重要组成部分，大学是我国实施高等教育的机构，大学秩序的稳定对我国政治制度的巩固和政治秩序的维护具有重要的意义。

其次，中国特色社会主义大学制度的民主价值促进了我国政治民主化的进程。中国特色社会主义大学制度的民主价值主要体现在大学在办学过程中自主权的进一步扩大以及允许不同的社会主体参与到大学的办学中去。在民主价值的影响下，一方面，一些有知识、有见解的人士参与到大学的办学和管理中来，在这个过程中他们的民主意识和公民素养得到了进一步的提升，这为其参与社会民主生活奠定了坚实的基础。同时中国特色社会主义大学制度的民主价值进一步提高了大学的办学和管理效率，为政治民主化的发展提供了借鉴，成为社会政治民主化水平提高的重要推动力。另一方面，中国特色社会主义大学的民主价值使得大学的受教育者也可以更多地参与到大学的各项事务中去，在参与的过程中他们的权利与义务得到了更好的实现，并在受教育的过程中逐渐养成民主的观念与意识，形成坚定正确的政治方向，成为合格的社会公民。大学生是社会主义的建设者和接班人，他们参与国家政治生活，促进国家建设，这极大地推动了我国政治民主化的发展进程。

最后，中国特色社会主义大学制度在不同的发展阶段所体现出的秩序、集中、民主价值为我国培养了众多的政治人才。“人不仅是生产力的重要因素，而且是社会政治发展的重要一员。”① 中国特色社会主义大学作为我国人才培养的重要场所，其制度在发展的不同时期所体现出的集中、秩序与民主的价值，在我国政治人才的培养以及推进国家政治建设方面都做出了重要的贡献。大学制度的秩序、集中、民主价值体现在大学教育的各个过程中，使得学生在学习的过程中都能受到大学制度价值的影响。此外，大学在对学生进行深刻的政治理论教育的同时，还能为学生提供一些良好的实践平台，使学生投入到实践活动中去，真正提高他们的政治工作水平，从而培养出具有高度专业水平的政治人才、管理人才、领导干部等，为我国的政治发展输送源源不断的政治人才。如今中国特色社会主义进入新时代，面对国际社会的复杂局势以及国内社会主要矛盾的转变，对政治人才的培养也提出了新的要求。在这关键时期，大学必须充分发挥高等教育的政治人才培养功能，不断提高学生政治素养和党性修养，使其能够坚定正确的政治方向，勇担时代赋予的重大使命。

（二）中国特色社会主义大学制度价值与经济环境之互构机制

经济环境是人类社会发展的物质基础，决定着大学制度价值的生成，同时大学制度价值也会对社会经济的发展产生重要的影响。恩格斯说过：“一切社会变迁和政治变革的终极原因，不应当到人们的头脑中，到人们对永恒的真理和正义的日益增进的认识中去寻找，而应到生产方式和交换方式的变更中去寻找，不应当到有关时代的哲学中去寻找，而应当到有关时代的经济中去寻找。”② 从计划经济到社会主义市场经济的转变是我国经济基础和物质生产方式的变革，在经济环境变革的影响下，中国特色社会主义大学制度价值也实现了由集中向民主的转变。毛泽东指出：“我们承认总的历史发展中是物质的东西决定精神的东西，是社会的存在决定社会的意识；但是

①《教育学原理》编写组. 教育学原理［M］. 北京：高等教育出版社，2019：64.

② 马克思，恩格斯. 马克思恩格斯文集：第 3 卷［M］. 中共中央马克思恩格斯列宁斯大林著作编译局，编译. 北京：人民出版社，2009：547.

同时又承认而且必须承认精神的东西的反作用，社会意识对社会存在的反作用，上层建筑对经济基础的反作用。”① 中国特色社会主义大学制度价值是中国特色社会主义大学精神的体现，在长期的发展过程中，中国特色社会主义大学制度集中、民主与效率价值也会影响我国经济发展，如推动生产力的进步、为经济发展提供人才支持、为经济运行提供道德支撑等。

在计划经济体制下，我国大学发展服从于国家的经济指令，因此，中国特色社会主义大学制度的集中价值在这一时期得到了充分的彰显。1949 年中华人民共和国成立后，我国就开始了向社会主义计划经济转变的历程，1954 年颁布的《中华人民共和国宪法》明确规定：“国家用经济计划指导国民经济的发展和改造，使生产力不断提高，以改进人民的物质生活和文化生活，巩固国家的独立和安全。”这使我国的计划经济体制从法律上得到了确认。到 1956 年我国完成了对农业、手工业和资本主义工商业的社会主义改造，确立了社会主义公有制。在计划经济体制下我国的大学也被纳入“计划”的轨道中来，服从国家计划经济建设的指令。1950 年全国高等教育会议明确提出：“高等教育在内容、制度、方法方面，都必须密切配合国家经济、政治、国防和文化建设，必须适应国家建设需要，首先适应经济建设需要。”1953 年周恩来主持通过了《关于修订高等学校领导关系的决定》，明确指出“高等教育部颁发的有关全国高等学校的建设计划、财务计划、人事计划、教学计划、教学大纲、生产实习规程以及其他重要法规、指示和命令，全国高校均应执行。”② 这充分说明了在这一时期我国大学的办学和发展必须严格执行国家统一标准，并要密切配合国家经济建设和发展。1956 年我国完成“三大改造”进入社会主义初级阶段，我国借鉴社会主义国家苏联的办学模式，对大学进行院系、专业调整，对私立高等学校进行公有化改造，取消了私人办学，使大学的发展方向与社会主义公有制保持一致。此外，这一时期大学经费主要来自政府拨款，政府通过经费投入的资源配置手段来进一步影响大学自主权的落实。总

① 毛泽东. 毛泽东选集：第 1 卷［M］. 北京：人民出版社，1991：326.

② 中央人民政府政务院关于修订高等学校领导关系的决定［J］. 人民教育，1953（11）：66.

之，在计划经济体制下，我国大学在中央政府的集中领导下，服从国家指令，服务社会主义建设，极大地凸显了中国特色社会主义大学制度的集中价值。

改革开放以后，中国特色社会主义大学制度在社会主义市场经济体制的影响下其民主与效率价值得到了彰显。党的十一届三中全会后，为激发经济活力，我国不断地对经济体制进行调整与变革，1984年《中共中央关于经济体制改革的决定》指出“改革是为了建立充满生机的社会主义经济体制”，“建立自觉运用价值规律的计划体制，发展社会主义商品经济”①。1992年邓小平南方谈话解决了姓“资”还是姓“社”的问题，提出“计划和市场都是经济手段”②，极大地解放了人们的思想，为我国市场经济改革指明了方向。1992年党的十四大上，确立了社会主义市场经济体制的改革目标，将我国经济发展推向了一个新的阶段。市场经济作为资源配置的一种手段，是一种自主性、竞争性和效益性经济，我国将市场经济同社会主义制度结合起来，坚持效率优先兼顾公平的原则，促进了资源的有效配置和经济的快速发展。改革开放40多年来，市场机制被引入到大学的办学和发展中，使得中国特色社会主义大学制度的民主与效率价值得到彰显。首先，在社会主义市场经济环境下，中国特色社会主义大学制度的民主价值得到发展，大学拥有了更多的自主权。1985年发布的《中共中央关于教育体制改革的决定》中明确指出：“改革管理体制，在加强宏观管理的同时，坚决实行简政放权，扩大学校的办学自主权。”1993年颁布的《中国教育改革和发展纲要》指明：要“逐步建立政府宏观管理、学校面向社会自主办学的体制”。这一时期我国除了颁布相关政策来调整政府对大学的管理外，还允许和鼓励更多的社会主体参与到大学的办学和管理中来。1998年颁布的《中华人民共和国高等教育法》明确规定：“国家鼓励企业事业组织、社会团体及其他社会组织和公民等社会力量依法举办

① 中共中央关于经济体制改革的决定[EB/OL].(2008-06-26)[2022-06-10].http://www.gov.cn/test/2008-06/26/content_1028140.htm.

② 邓小平南方谈话[EB/OL].(2009-11-14)[2022-06-10].http://www.cyol.net/zqb/content/2009-11/14/content_2936296.htm.

高等学校，参与和支持高等教育事业的改革和发展。”这为社会各主体参与高校办学和管理提供了明确的法律遵循。因此，中国特色社会主义大学制度在不断调整政府、社会、学校关系的过程中使自身的民主价值得到了进一步的发展。其次，我国大学在密切配合国家经济发展与建设的过程中，使中国特色社会主义大学制度的效率价值得到彰显。1985 年发布的《中共中央关于教育体制改革的决定》中明确指出：“加强高等学校同生产、科研和社会其他各方面的联系，使高等学校具有主动适应经济和社会发展需要的积极性和能力。”1993 年颁布的《中国教育改革和发展纲要》指出：“高等学校培养的专门人才适应经济、科技和社会发展的需求。”这充分体现了我国对推进高等教育体制改革，使其更好地适应经济建设和社会发展的需要的重视。党的十八大以来，站在新的历史方位上，党和国家更加注重大学在经济发展和社会主义现代化建设进程中的重要作用。2015 年中央全面深化改革领导小组会议审议通过的《统筹推进世界一流大学和一流学科建设总体方案》提出：“坚持以中国特色、世界一流为核心，以立德树人为根本，以支撑创新驱动发展战略、服务经济社会发展为导向，坚持‘以一流为目标、以学科为基础、以绩效为杠杆、以改革为动力’的基本原则，加快建成一批世界一流大学和一流学科。”① “双一流”高校建设坚持人才培养和服务社会并举，既有利于经济社会的发展，又有利于高等教育质量的提升，使得中国特色社会主义大学制度的效率价值得到了充分的彰显。

美国经济学家舒尔茨曾表示制度是为经济服务的，中国特色社会主义大学制度在发展过程中不断彰显的价值更是为经济的发展注入了持续性的动力支持。首先，中国特色社会主义大学制度集中价值对于恢复和发展社会生产力具有重要的推动作用。大学作为高等教育的场所，一方面肩负着教学的责任，在教学过程中通过知识的传授能够将人类发展过程中积累的科学知识传授给学生，从而使学生掌握科学的理论基础；另一方面，大学还承担着科学研究的重任，并在这一过程中不断创造着新知识和新技术。中华人民共和国成立

① 国务院印发《统筹推进世界一流大学和一流学科建设总体方案》[EB/OL].(2015-11-05)[2022-06-10].http://www.gov.cn/xinwen/2015-11/05/content_5005001.htm.

以后，面对恢复和发展国民经济的重要任务，中国特色社会主义大学不仅在党中央的集中领导之下统一办学，统一执行中央的办学计划和教学规划，而且还积极进行院系调整以适应社会发展需要，这极大地促进了计划经济发展和社会主义建设，为我国当时经济的恢复和发展贡献了重要的力量。

其次，中国特色社会主义大学制度的效率价值促进了我国人才的培养和科技的发展。马克思主义认为，人是生产力中最重要的因素，高等教育作为人才培养的重要机构，能够培养高素质的人才，提高劳动者的素质。在社会主义市场经济体制下，中国特色社会主义大学体现出的效率价值为我国经济的发展提供了高水平的人才支持。1985 年，《中共中央关于教育体制改革的决定》明确指出："教育体制改革的根本目的是提高民族素质，多出人才、出好人才。"大学将学科、专业、院校设置与社会经济发展需要紧密结合，通过对学生进行知识的传授、专业技能的培养，使得他们的专业水平、劳动素养以及创新能力不断提升，为我国各行各业的发展提供了源源不断的人才支持。与此同时，中国特色社会主义大学制度的效率价值能够有效促进大学在科学研究上的进步与发展，它不仅能提高我国大学在科学研究上的效率，而且能使科学技术在短时间内有效地转化为社会生产力，新科技可以直接运用到社会生产过程中去，使整个社会的生产力得到进一步解放。

最后，中国特色社会主义大学制度效率与民主价值能够为经济发展提供道德上的支撑，从而维持良好的经济发展秩序。市场经济条件下，人们的行为本身就具有很强的趋利性，再加上市场经济经营、竞争机制不健全及其本身带有的盲目性、自发性的负面因素影响，人们的经济行为带有很强的极端个人主义倾向，这就使社会的发展秩序和道德规范在一定程度上遭到破坏。中国特色社会主义大学制度价值能够帮助人们提高道德素质、法治素养，对人们的经济行为进行价值引导和约束，使人们在经济和社会活动中将自身利益与社会利益结合起来，从而在参与经济活动的过程中保持清醒的头脑和道德上的良知，做到不唯利是图，这有效地规范了市场经济下的竞争秩序，并进一步促进了良好经济发展环境的形成。

（三）中国特色社会主义大学制度价值与文化环境之互构机制

文化与大学制度价值具有历史性的、本质性的联系，任何一个国家的大学制度价值都是在本国文化环境的影响下与其他国家的大学制度区分开来，同时一个国家的大学制度价值也会影响本国文化的发展。中华文化博大精深、特征鲜明，在我国传统文化的影响下，中国特色社会主义大学制度价值具有深刻的民族烙印。在儒家文化的影响下，中国特色社会主义大学制度秩序与情感的价值得到彰显；改革开放以后我国更加多元、宽松的文化氛围和对知识、技术的重视，使中国特色社会主义大学制度的自由、理性价值得到彰显。“高等教育面对文化及其传统的影响并不是消极被动的，它能够依据自身的特点，发挥其应有的功能，主动地反作用于文化。”① 中国特色社会主义大学制度价值在发展的过程中同样不是完全被动地受文化的影响，而是在受文化影响的同时承担起传承、创新、引领文化的使命。

在以儒家为核心的中国传统文化的影响下，中国特色社会主义大学制度体现出秩序和情感的价值。“礼”是儒家文化的重要范畴，封建统治者通过对“礼”的恢复和守护来维护封建社会的统治。汉武帝时期董仲舒提出“罢黜百家，独尊儒术”，确立了儒学的统治地位。在长期的发展过程中，儒学在兼容其他学派的思想的基础上不断与时俱进，极大地受到统治者的推崇和维护，强有力地维护了我国古代的社会秩序。在传统文化的影响下，中国特色社会主义大学制度在维护社会的稳定和促进社会发展服务的过程中彰显了秩序价值，主要体现为其对党的领导的拥护和对党的方针政策的支持。1993 年中共中央、国务院印发的《中国教育改革和发展纲要》指出，“必须坚持党对教育工作的领导”，“必须全面贯彻党和国家的教育方针，遵循教育规律”。1998 年颁布的《中华人民共和国高等教育法》指出，“国家举办的高等学校实行中国共产党高等学校基层委员会领导下的校长负责制”，并明确地规定校长职责为“执行中国共产党的路线、方针、政策”。中国特色社会主义大学制度在拥护党

---

① 潘懋元，朱国仁. 高等教育的基本功能：文化选择与创造［J］. 高等教育研究，1995（1）：1-9.

的领导，遵循党的方针、政策的过程中使自身的秩序价值得到了彰显。情感是人所具备的一种高级社会情感，长期以来儒家思想十分注重道德情感的教育，中国传统文化的情感、信仰、观念仍然作用于中国特色社会主义大学制度中，并表现在国家和个人两个层面。首先，中国特色社会主义大学制度的情感价值在国家层面上表现为对人民、对国家、对社会主义的热爱和拥护。1949 年通过的《中国人民政治协商会议共同纲领》就提倡爱祖国、爱人民，同时提出加强高等教育以满足革命和建设工作的需要。1993 年发布的《中国教育改革和发展纲要》明确指出“坚持教育的社会主义方向”；1998 年颁布的《中华人民共和国高等教育法》规定：“高等教育必须贯彻国家的教育方针，为社会主义现代化建设服务、为人民服务。”这充分彰显了中国特色社会主义大学制度对人民、对祖国、对社会主义的情感价值。其次，中国特色社会主义大学制度情感价值在个人层面上表现为注重个人的道德修养，努力培养德智体美劳全面发展的社会主义建设者和接班人。我国古代就十分注重对人进行道德教育，《大学》开篇就讲“大学之道，在明明德，在亲民，在止于至善”，在重视道德教育的传统文化的影响下，中国特色社会主义大学也将德育放在首要位置。2010 年我国颁布《国家中长期教育改革和发展规划纲要（2010—2020 年）》，明确提出：“坚持德育为先，立德树人，把社会主义核心价值体系融入国民教育全过程。”① 中国特色社会主义大学在人才培养的过程中坚持立德树人的根本任务，使其制度的情感价值得到了彰显。

改革开放以后，宽松自由的文化发展环境以及人们对于知识、科技的重视，使得中国特色社会主义制度的自由与理性价值得到彰显。改革开放以后，我国恢复和执行“百花齐放，百家争鸣”的文化方针，为文化和教育的发展提供了更多自由探讨和自由发展的空间。在这一时期我国开展了关于真理标准问题的讨论，极大地解放了人们的思想，除此之外，许多外国思想的传入以及各种文化思潮的碰撞，也为我国的发展提供了更广阔的视野。在这种自由宽松的

---

① 国家中长期教育改革和发展规划纲要（2010—2020 年）[EB/OL].(2010-07-29)[2022-07-01].http://www.moe.gov.cn/srcsite/A01/s7048/201007/t20100729_171904.html.

文化环境下，中国特色社会主义大学制度的自由价值得到了彰显，并体现在大学自治和学术自由两个方面。一方面，在大学自治上，我国不断对大学进行体制改革，赋予大学更多的自主权。1985 年发布的《中共中央关于教育体制改革的决定》就明确规定扩大大学的自主权，1998 年颁布的《中华人民共和国高等教育法》也明确规定："高等学校应当面向社会，依法自主办学，实行民主管理。"这样我国从法律上确保了大学自主权的实现。另一方面，我国大学制度的自由价值还体现在学术自由上。学术自由是大学办学的重要准则，1986 年中国共产党第十二届中央委员会第六次全体会议通过的《中共中央关于社会主义精神文明建设指导方针的决议》指出："学术和艺术问题，要遵守宪法规定的原则，实行学术自由，创作自由，讨论自由，批评和反批评自由。"① 这一文件的颁布，对当时大学学术自由发展提供了支持。1988 年邓小平同志提出"科学技术是第一生产力"，这一论断的提出使人们更加认识到科学技术在生产发展中的重要作用。先进的知识和技术一旦投入到生产发展过程中去就能够转化为巨大的生产力，改革开放以来理论和实践的丰富成果使人们充分认识到了先进的知识和技术对于社会发展的重要作用。大学是培养高层次人才、传播高级知识和进行科学研究的场所，中国特色社会主义大学在传播知识、追求真理和进行科学研究的过程中使其制度的理性价值得到了彰显。1985 年发布的《中共中央关于教育体制改革的决定》指出："我国高等教育发展的战略目标是：到本世纪末，建成科类齐全，层次、比例合理的体系，总规模达到与我国经济实力相当的水平；高级专门人才的培养基本上立足于国内；能为自主地进行科学技术开发和解决社会主义现代化建设中重大理论问题和实际问题做出较大贡献。"这一高等教育发展目标明确了我国大学对于人才培养、科学技术以及理论发展的要求，有效地提升了大学办学的质量，进一步彰显了大学制度的理性精神。

"教育活动在文化背景下进行，同时，教育也创造着文化和文化

---

① 中共中央关于社会主义精神文明建设指导方针的决议（1986 年）[EB/OL].(2016-02-15)[2022-07-01]. http://www.wenming.cn/ziliao/wenjian/jigou/zhonggongzhongyang/201602/t20160215_3144911_1.shtml.

背景。”① 中国特色社会主义大学制度在我国特定的文化环境的影响下形成了独特的价值，同时中国特色社会主义制度价值也通过其特定的文化继承、创新和引领功能进一步影响我国的文化环境。首先，中国特色社会主义大学制度的情感与秩序价值具有传承文化的功能。一个国家的大学不可能与其已有的文化成果割裂开，否则就会变成无本之木、无源之水。长期以来，受我国传统文化的影响，中国特色社会主义大学制度彰显了独特的情感价值，这一独特的情感价值中蕴含着丰富的传统文化的内涵和精神。中国特色社会主义大学的情感价值立足于我国优秀的文化传统，自觉承担起传承和弘扬文化的使命。同时，中国特色社会主义大学制度的秩序价值还能够使传统文化在社会主义核心价值体系的引领下不断向前发展，并在此基础上对现有文化进行有意识、有目的的选择和调整，从而在现代社会的基础上进一步挖掘中国传统文化中所蕴含的“仁”“义”“礼”“智”“信”等优秀文化深刻的内涵和丰富的时代精神。中国特色社会主义大学制度在培养人才、传授知识的过程中不断彰显的情感与秩序价值，能够将其所选择的宝贵的文化遗产和精神财富一代一代地传承下去，从而使我们的民族文化得以传承，民族精神得以延续。

其次，中国特色社会主义大学制度理性的价值对推动文化创新具有重要意义。文化发展的活力在于不断创新，中国特色社会主义大学制度的理性价值为我国文化的创新提供了充足的动力和无限的活力。中国特色社会主义大学的理性价值对于真理的追求，不断地促进我国的文化创新。我国大学制度的真理价值强调对科学研究的重视和对学术真理的追求，在中国特色社会主义大学制度理性价值的指导下，大学逐渐形成了求实、创新、追求真理的学术氛围。在这种学术氛围的影响下，教师和学生形成了独立思考、勇于质疑、矢志不移的品格和精神，他们崇尚科学、追求真理、敢于求异，努力创造符合时代要求的新文化，同时大学作为高层次的教育机构，聚集了众多的高水平人才和便利的科研资源，从而为文化的创新提供了很好的支持。中国特色社会主义大学制度的理性价值，还能够为我国文化创新提供真理性的标准与约束，从而使得我国文化发展

① 吴松. 教育与文化［J］. 高等教育研究，2002（6）：16-20.

既充满活力又符合规律。

最后，中国特色社会主义大学制度的自由价值将进一步引领社会文化的发展。中国特色社会主义大学的自由价值强调的大学自治和学术自由，使得我国大学拥有一种轻松自由的学术研究和办学的氛围。大学自由、开放的文化和学术氛围，为不同文化的交流、碰撞、融合提供了良好的环境，不仅使不同的文化之间能够相互交流借鉴，而且还为文化的创造提供了更广阔的视野和更多样化的理念。除此之外，大学作为文化传承和创作的场所，其在文化传播的过程中也有巨大的推动作用，大学制度的自由价值使大学创造出的先进文化更加容易被广大人民群众所接受。在文化传播日益广泛和便利的今天，中国特色社会主义大学制度的自由价值能够使我国的文化发展始终坚持以马克思主义为指导，坚持社会主义先进文化的发展方向，这既为文化的传播提供了广阔的空间，又能够使全社会形成一种正向积极的文化氛围和环境，从而使得我国的文化始终沿着有利于个人和社会发展的方向传播。

第二节　中国特色社会主义大学制度价值本质

“本质”一词，出自刘智《论天》：“言闇虚者，以为当日之冲，地体之荫，日光不至，谓之闇虚。凡光之所照，光体小于蔽，则大于本质”，指本来或本身的形体。随着不断被提及，该词的释义更加丰富，其基本解释之一是指事物本身所固有的根本属性，事物存在的依据或区别于他物的基本特质。20 世纪英国著名哲学家约翰·莱尔德（John Laird，1887—1946）指出，论及价值，我们通常就会问：“在日常语言中，‘价值’本身意指什么，而我们也会从以下两层含义作答：一是指价值的属性或特质，二是指具有这种属性或特质的事物。”① 而价值本质应该是指该价值存在的依据、根本性质或是区别于其他事物的特质。中国特色社会主义大学制度价值本质，则指中国特色社会主义大学制度价值存在的根本依据以及该价值所

① 冯平．语言分析路向：上册［M］．北京：北京师范大学出版社，2009：204-206.

拥有的区别于其他价值的特性。中国特色社会主义大学制度蕴含多种基本价值，随着时代的不断发展其内涵也在不断发生变化，但就其价值存在的根本依据来说，中国特色社会主义大学制度价值并不是凭空产生或任意存在的，它有其特定的价值尺度，即主体的尺度与价值、客体的尺度与真理。同时中国特色社会主义大学制度价值的产生和发展也有区别于其他价值的特性，既具有客观性特征也具有不同的主体表现，正是价值的两个尺度及其特定的价值特征构成了中国特色社会主义大学制度价值的本质，深刻把握中国特色社会主义大学制度价值本质，对于促进我国大学发展、人才培养及进一步推进国家和社会的发展具有重要意义。

一、中国特色社会主义大学制度价值的两个尺度

马克思在《1844 年经济学哲学手稿》中通过对人的劳动实践的论述，将动物的“种的尺度”与人的尺度进行了对比，从而阐明了两个尺度的含义。“动物只是按照它所属的那个种的尺度和需要来建造，而人却懂得按照任何一个种的尺度来进行生产，并且懂得怎样处处都把内在的尺度运用到对象上去；因此，人也按照美的规律来建造。”① 马克思将人的生产区分为两个尺度：一种是客体尺度，即指客体本身的固有属性及其生存和发展规律；另一种是主体尺度，即主体的存在及其发展的规律和内在要求。人的生产活动并不是单靠主体自身完成的，而是通过实践将自己的意识作用于对象物以满足自己的需求，达到自己的目的的过程。价值就是在主客体的相互作用中生成的，需要主客体的共同参与，中国特色社会主义大学制度价值的生成同样如此，既离不开主体尺度，也离不开客体尺度。作为中国特色社会主义大学制度价值主体的政府、社会和学校等，在遵循大学办学和发展的固有规律的基础上具有自身特殊的表现和需要，从自身特殊的规定性出发，从而形成了自身内在尺度的客观基础。中国特色社会主义大学制度作为中国特色社会主义大学制度

① 马克思，恩格斯．马克思恩格斯全集：第 42 卷［M］．中共中央马克思恩格斯列宁斯大林著作编译局，编译．北京：人民出版社，1979：96-97．

价值的载体，具有自身特殊的、不以人的意志为转移的客观的价值属性，这正是中国特色社会主义大学制度价值形成的前提和基础。

（一）主体的尺度与价值

"一切价值都是以一定人的主体尺度为根据的现象。"① 价值的产生必然离不开主体的尺度，并且同一事物面对不同的主体具有不同的价值，因此在价值关系中，主体的多元化造就了价值的多样化。在中国特色社会主义大学制度价值中，政府、社会和学校本身是同时存在的，"一个主体，它自身有什么样的结构和条件，就同客体发生什么样的价值关系"②。因此，中国特色社会主义大学制度价值各主体在遵循大学办学和发展的固有规律的基础上，从自身特殊的规定性出发具有不同的需要和目的，从而使中国特色社会主义大学制度生成了不同的价值内涵。

我国政府作为中国特色社会主义大学制度的关键主体，主导大学的办学与发展方向，使中国特色社会主义大学制度彰显出集中与秩序价值。首先，"在现代社会中，民族国家是主权的基础，是正当秩序的主要来源，是定义、管理和监控社会法制框架的主权代理"③。政府通过完善制度的制定来对大学相关事业进行有效的规制，在保障大学办学秩序的基础上，提高其办学质量和效益，同时政府调控着大学发展所需的相关资源，它通过资源的配置来使大学为国家政治、经济、文化发展服务，从而推进国家利益和社会公共利益的实现。我国政府作为中国特色社会主义大学制度价值的重要主体之一，从维护国家利益、发展我国高等教育的立场出发，通过颁布一系列的方针、政策、行政法规、决定、命令和规章来影响大学制度的价值选择，使中国特色社会主义大学制度在长期发展过程中彰显了集中的价值。其次，中国特色社会主义大学制度是维系我国大学管理和办学秩序的保障。大学秩序包括外部秩序和内部秩序：一方面，政府通过制定和颁布一系列的方针、政策、行政法规、决定、命令和规章来正确规范大学与政府、大学与社会以及大学与大

① 李德顺. 普遍价值及其客观基础［J］. 中国社会科学，1998（6）：3-5.

② 李德顺. 价值论：一种主体性的研究［M］. 3版. 北京：中国人民大学出版社，2013：58.

③ 唐世纲. 大学制度价值论［M］. 青岛：中国海洋大学出版社，2017：51.

学之间的关系，从而保障大学外部秩序的稳定；另一方面，我国不断改革大学的内部管理体制。中华人民共和国成立初期我国实行校长负责制，经过不断变革，到改革开放以后逐步确立了党委领导下的校长负责制，这一领导体制的确立使得大学内部各主体的关系能够得到更好的规范和管理，从而有效地维护了大学内部的发展秩序。此外，中国特色社会主义大学的秩序价值还表现在维护大学内部秩序和外部秩序的协调统一上。

社会力量作为中国特色社会主义大学制度的重要主体，在参与大学的办学和管理过程中使中国特色社会主义大学制度彰显出效率与民主价值。“任何大学制度都是针对具体社会环境和大学条件的，离开了现实的具体的社会环境和大学条件，再好的制度设计也只能是镜中花、水中月，不具有现实的可行性，不能成为现实的大学制度。”① 大学是社会的一部分，大学制度是社会制度的重要范畴，大学制度价值的变革是在社会发展的要求之下进行的，并且随着市场化、民主化的不断发展，大学将受到更多来自社会力量的制约，大学制度的变迁也将更多地考量社会这一主体的价值需求，正如董云川教授所言：“是社会力量对大学的多元需求导致了大学制度不断地变迁。”② 首先，随着社会的不断发展，大学越来越需要承担服务社会的重要责任，尤其是在市场经济环境下，中国特色社会主义大学制度只有不断为社会经济效益的提升做出重要贡献，其效率价值才能更加得到彰显。在知识经济的背景下，大学作为高等人才培养的场所，担负着为社会各行各业输送专业人才的重要责任和使命。不仅如此，在科学是第一生产力的今天，面对如此激烈的国际竞争和市场竞争，大学的发展有效地保障了知识技术的生产、传播、开发与利用，从而在一定程度上避免了国家知识技术生产能力不足的危机。此外，由于市场机制被引入到大学中，大学与社会之间的沟通和联系更加便捷，因而大学能够更快更好地为社会发展提供教育和科技服务。其次，在不断发展的今天，社会公众、利益集团等各相关团体对大学的发展愈加关注，越来越多的力量都已参与到大学的办学和管理中，正因为如此，中国特色社会主义大学制度的民主价

① 别敦荣. 我国现代大学制度探析［J］. 江苏高教，2004（3）：1-3.

② 董云川. 现代大学制度中的政府、社会、学校［J］. 高等教育研究，2002（5）：28-32.

值得到了更大程度的发展。1998 年我国颁布《中华人民共和国高等教育法》，通过法律明确规定和保障了社会各界力量参与大学办学和管理的权利，鼓励社会各界力量积极参与到大学的办学和管理中来，这既有利于我国大学决策和管理的科学化，又有效地维护和发展了中国特色社会主义大学制度的民主价值。

大学作为创造、传播知识的特殊的社会机构，其本身当然是大学制度价值的主体，中国特色社会主义大学制度的理性与自由价值在我国大学追求真理、坚守学术功能的过程中得到了彰显。大学作为一种特殊的社会组织，其自身的存续与社会功能的发挥都离不开对真理的追求和对学术功能的坚守。美国高等教育学界著名教授克拉克指出，大学“是控制高深知识和方法的社会机构”①，不管社会如何发展变化，大学都要遵循其学术独立性这一根本特性，并在追求真理、探究学术的过程中实现其制度的理性价值。大学学术价值的发挥以及对真理的追求与宽松自由的环境是分不开的。自由宽松的学术氛围是大学学术功能得以实现、真理得以不断发展的重要条件。在中国特色社会主义大学长期发展过程中，大学自治和学术自由愈发得到重视和保障。改革开放以后，我国制定和颁布了一系列的法律、政策、文件等来维护大学的自主权，使我国大学实现了在政府的宏观管理下面向社会依法自主办学。与大学自治一样，我国大学的学术自由也得到了法律的保障，宪法明确将“双百”方针上升到法律层面，并且我国宪法第四十七条明确规定：“中华人民共和国公民有进行科学研究、文学艺术创作和其他文化活动的自由。”大学自治和学术自由的不断发展，使得大学自身和学者团体在追求科学真理的过程中能够突破各种限制，中国特色社会主义大学制度彰显了其自由价值。大学是包容人类社会文化成就的知识殿堂，是传播知识、探索真理的场所，“大学作为一种独特的组织机构，汇集了以追求真理为使命的学者团体。尽管社会的外部因素不断地对大学和学者团体提出各种要求，但学者团体对知识和真理的追求，集中

① 伯顿·R. 克拉克. 高等教育系统：学术组织的跨国研究［M］. 王承绪，徐辉，殷企平，等译. 杭州：杭州大学出版社，1994：11.

体现在保护他们的大学自治和学术自由的根基之上”①，而这种自由又能够使学者团体充分发挥其积极性、主动性、创造性，并最终使得学术创新得以顺利实现。因此，中国特色社会主义大学在自由宽松环境之下，致力于追求真理、探讨学术，从而使其制度彰显出自由与理性的价值。

（二）客体的尺度与真理

价值是在主体与客体相互作用的过程中生成的，价值的实现与客体的属性密不可分，“但客体的存在和属性，包括它按规律发生的变化，都是自身确定的，并不随着主体的变化而变化”②。制度作为一种规则和规范，一方面具有规范制约功能，另一方面具有保障和引导功能。大学制度作为社会制度中的一个子系统，在保持自身独立特性的同时具有一般制度的普遍性功能。中国特色社会主义大学制度作为规范、制约、引导和保障我国大学发展的制度，拥有其特定的功能和作用，而这些就是中国特色社会主义大学制度价值客体本身。

一方面，中国特色社会主义大学制度具有规范、制约功能，它能够明确各行动者的职务、地位以及权利和义务，从而有效规范和协调大学内外部各利益相关者之间的复杂利益关系。美国政治哲学家、伦理学家罗尔斯指出：“制度是一种公开的规范体系，这一体系确定职务和地位及它们的权利、义务、权力、豁免等。”③ 制度能够明确地指明能做什么、不能做什么以及应该如何去做，在制度的规范下，人们能够对自己的行为产生一个较为明确的预期，倘若违反制度的要求，就会对其违规行为进行惩戒，这样就能以此来规避个人或组织会产生的一些不良行为。马克思指出：“现存的制度只不过是个人之间迄今所存在的交往的产物。”④ 制度在人们的交往活动中

---

① 董云川．现代大学制度中的政府、社会、学校［J］．高等教育研究，2002（5）：31.

② 李德顺．价值论：一种主体性的研究［M］．3 版．北京：中国人民大学出版社，2013：67.

③ 罗尔斯．正义论［M］．何怀宏，何包钢，廖申白，译．北京：中国社会科学出版社，1988：50.

④ 马克思，恩格斯．马克思恩格斯选集：第 1 卷［M］．中共中央马克思恩格斯列宁斯大林著作编译局，编译．北京：人民出版社，2012：122.

产生以后，不仅为人的行为做出了具体的规定，同时它的存在更有利于实现利益的分配和需求的满足，它不仅为人们确定了社会生活中的目标，同时为人们规定了实现目标的手段和方式。大学制度作为社会制度的重要组成部分，具有与一般制度同样的规制性功能，即对大学内外部各利益相关者的利益关系及大学的运行和发展模式进行了规范和制约。但是，大学毕竟不完全等同于一般的社会，其制度也有其特殊规定性，因而大学制度在进行普遍规制的基础上必须关注其学术性这一本质特性。中国特色社会主义大学制度对我国大学内外部复杂的利益关系进行了规制，从而使我国大学能够得到更好的发展。在外部利益关系上，我国通过制定、颁布法律、政策的方式来不断协调政府与大学之间、社会与大学之间的关系。在中国特色社会主义大学制度的规制下政府不断减少对大学的干预，大学在政府宏观管理下自主权不断扩大；另外，社会各界的力量越来越多地参与到大学的发展中来，有利于大学的科学民主决策，同时经过规范制约，大学能够更好地发展而且也能承担更多的社会责任，更好地满足社会的需要。此外，中国特色社会主义大学制度还通过制定明确具体的组织制度、人事制度、分配制度、教学科研管理制度等有效地规范大学内部的各利益关系。大学内部行政权力与专业权力之间的关系是一种基本而复杂的权力关系，中国特色社会主义大学制度对我国大学中的行政主体与权力主体以及二者之间的关系进行有效规制，使我国大学内部行政权力和学术权力的分配和行使更加科学化、专业化，从而实现二者协调、有序运行。

另一方面，中国特色社会主义大学制度具有保障和引导功能，在维护和保障大学相关利益者权益的同时，进一步激励引导他们在社会发展和国家建设中实现自身价值。大学作为一种学术组织，学术性是其根本特性，同时大学还承担着人才培养、科学研究、服务社会、文化传承与创新的责任。大学在发展的过程中其责任的承担和功能的实现都离不开人的参与，因此，大学必须要通过其制度建设来维护和保障相关利益者的权益，使得他们能够充分投入到高等教育事业的发展过程中去。制度的制定并不是为了制度本身，其最终目的都要回归到人本身上来。德国哲学家康德曾经说过：“人，总之一切理性动物，是作为目的本身而存在的。……人之为物，其存在本身就是目的，而且是这样一种目的，这种目的是不能为任何其他目的所代替的，是不能仅仅作为手段为其他目的服务的。”① 因而，大学制度在保障各利益主体的权益的同时，要通过具体的制度安排引导和激励他们进一步向前发展，使其能够以更高的热情和更专业的能力投入到高等教育事业的发展过程中去，从而创造出更多的价值，以满足社会发展对大学提出的理论和实际要求，使大学更好地为社会和国家的发展服务。中国特色社会主义大学制度在保障和维护我国大学相关利益主体权益的基础上，进一步引导他们更好地投入到高等教育事业中，使他们在实现社会主义现代化建设的进程中进一步实现自身的价值。首先，中国特色社会主义大学制度能够有效地保障我国大学各利益相关者的利益，使他们能够在规定范围内承担相应的职责。在长期发展过程中，我国不断完善发展了高等教育招生制度、毕业生就业分配制度、学生培养和学位制度等，这有效地保障了学生的各项发展权益，同时不断推进学校内部的人事制度和分配制度的改革，坚持“在合理定编的基础上，对教职工实行岗位责任制和聘任制，在分配上按照工作实绩拉开差距”，从而有效地维护和保障了教职工的相关权益。其次，中国特色社会主义大学制度在维护和保障相关利益者权益的基础上，不仅通过制定战略发展目标等方式不断激励和引导大学相关人员充分发挥自身优势与能力，而且还勇于承担起高校培养人才和科学研究的重大任务，这为解决我国社会主义建设过程中的理论问题和实际问题做出了更大贡献。1993 年颁布的《中国教育改革和发展纲要》指出：“教育体制改革要有利于坚持教育的社会主义方向，培养德智体全面发展的建设者和接班人；有利于调动各级政府、全社会和广大师生员工的积极性，提高教育质量、科研水平和办学效益；有利于促进教育更好地为社会主义现代化建设服务。”这一政策的制定能够有效地指引我国高等教育事业改革、发展的新方向，使其更好地为社会发展服务。中国特色社会主义大学制度在发展完善的过程中，不仅更好

---

① 北京大学哲学系外国哲学教研室. 西方哲学原著选读：下卷［M］. 北京：商务印书馆，1982：317-318.

地保障了各主体的权益，而且还有效地引导了中国特色社会主义大学的发展方向，极大地促进了其发展目标的顺利实现。

二、中国特色社会主义大学制度价值的特性

“主观与客观，则是以人的意识、思维的本性和特征为标志而建立的关系范畴。”① 价值是在主体与客体相互作用的过程中产生的，价值的产生既离不开主体的尺度也离不开客体的尺度。价值是主观的还是客观的，不同的人有不同的看法，主观主义认为价值的产生仅仅与主体的情感、意志、兴趣、需要等相关，但与之完全相反的观点则认为价值只源于客体本身的属性。以上观点无论哪种都是片面的，价值的产生与主体的意识和客体的属性是同时关联的，它既依赖于人的意识同时又不是人的意识所固有的，价值具有主体性与客观性双重特征。中国特色社会主义大学制度价值同样具有主体性与客观性双重特性。制度本身的客观性、主体存在及其需要的客观性以及它所表示主客体之间的价值关系的客观性，是中国特色社会主义大学制度价值客观性的重要体现。个体性、多维性、时效性是中国特色社会主义大学制度价值主体性特征的重要表现。

（一）中国特色社会主义大学制度价值的客观性

“任何对象不依赖于对它的意识而独立存在的特性，就叫作‘客观性’。”② 价值是客体自身所固有的属性和内在结构与主体的需要和能力构成的一种现实性的关系，它是被主体意识的对象，但是它只是被主体意识到的存在，并不是依赖于主体的意识而存在的，因而具有客观性的特征。价值的这种客观性与客体、主体及主客体关系这三方面的客观性紧密相关，这三个方面的客观性使得价值具有客观性的特征。中国特色社会主义大学制度价值也具有客观性，中国特色社会主义大学制度价值的客观性与中国特色社会主义大学制度本身的客观属性、中国特色社会主义大学制度各主体的存在与需要的客观性，以及中国特色社会主义大学制度主体与客体价值关系

① 李德顺. 价值论：一种主体性的研究［M］. 3 版. 北京：中国人民大学出版社，2013：33-34.
② 同①34.

这三个方面密不可分。

中国特色社会主义大学制度本身所具有的属性及存在的客观性是其价值客观性的前提。价值的产生虽然与主体的需要相关，但并不是由主体单方面决定的，一事物之所以对特定主体有价值，并与之形成相应的价值关系，这与该事物本身所蕴含的客观属性是分不开的。“一物之所以是使用价值，因而对人来说是财富的要素，正是由于它本身的属性。如果去掉使葡萄成为葡萄的那些属性，那么它作为葡萄对人的使用价值就消失了。”① “珍珠或金刚石所以有价值，是因为它们是珍珠或金刚石，也就是由于它们的属性，由于它们‘对人有使用价值’。”② 事物之所以能够向人们提供服务并满足人们的需求，是因为该物本身就拥有特定的使用价值和客观属性，这种属性是它本身固有的，是由其内在规定性决定的，不是人们赋予的，也不会因人的意志而有所变化。虽然我们强调价值并不是单纯的事物本身的属性，但是这也并不意味着我们否认事物本身固有属性在价值形成中的作用，它是价值产生以及价值关系形成的客观前提和基础。中国特色社会主义大学制度作为一种特殊的制度形式，它本身就蕴含着制度所具有的普遍的属性，这些属性是作为制度本身所具有的，是客观存在的。马克思曾指出：“小麦可以食用并不是因为它是资本，而是因为它是小麦。羊毛的使用价值是它作为羊毛所固有的，而不是作为资本所固有的。”③ 中国特色社会主义大学制度之所以能够有效维护我国高等教育的发展秩序，不断提升我国高等教育质量，并为社会发展和国家建设提供源源不断的人才支持和科技支撑，是因为中国特色社会主义大学制度本身就具有这样的属性和相应的价值。中国特色社会主义大学制度价值并不是通过主体获得的，它只是在与各主体相互作用中将不同的价值形式表现出来，如果离开了中国特色社会主义大学制度这一客体本身，这些价值就无法存在。因此，中国特色社会主义大学制度本身所蕴含的客观属性

---

① 马克思，恩格斯. 马克思恩格斯全集：第 26 卷［M］. 中共中央马克思恩格斯列宁斯大林著作编译局，编译. 北京：人民出版社，1974：139.

② 同①：176.

③ 同①：290.

是中国特色社会主义大学制度价值产生的前提和基础，没有这些客观属性，其制度价值的客观性就无从谈起。

中国特色社会主义大学制度各价值主体存在及需要的客观性是其价值客观性的重要条件。“主体的需要、活动和实践的客观性，对于价值的客观性来说，是决定性的基础和标志。”① 因此，我们必须要在承认客体属性的客观性的前提下，进一步通过主体的存在及其需要的客观性来说明价值的客观性。一方面，就主体的存在而言，马克思指出：“人的本质不是单个人所固有的抽象物，在其现实性上，它是一切社会关系的总和。”② 主体、人的存在并不是主观的或者抽象的，其存在及活动和需要是具有社会现实性的，它们是社会历史的产物，是由一定的物质基础决定的，是不以人的意志为转移的。另一方面，从主体需要的客观性来说，需要是主体从自身出发所产生的对外界的需求，表面上是由主体自身决定的，带有很强的主观性，但实质上主体及人的需要的产生并不完全是人主观意识的产物，主体的需要是自然的、基本的，同时是社会的、历史的、发展的，是在发展过程中自身的内在结构和本质的规定下产生的。中国特色社会主义大学制度价值的各主体的存在及需要都是客观的，并且这种客观性使得中国特色社会主义大学制度价值的客观性得到验证。作为中国特色社会主义大学制度价值主体的政府、社会、学校都是现实的、历史的存在，都具有不以人的意志为转移的内在结构、本质和能力。马克思指出：“假如我们想知道什么东西对狗有用，我们就必须探究狗的本性。……假如我们把这一原则运用到人身上来……就首先要研究人的一般本性，然后要研究在每个时代历史地发生了变化的人的本性。”③ 作为中国特色社会主义大学制度价值主体的政府、社会、学校的本性，是从各主体的本质出发由其自身的内在结构所决定的，是具有历史客观性的。中国特色社会主义大学制度各价值主体的存在、需要都是客观的，只是这种客观性在

① 李德顺. 价值论：一种主体性的研究［M］. 3版. 北京：中国人民大学出版社，2013：72.

② 马克思，恩格斯. 马克思恩格斯选集：第1卷［M］. 中共中央马克思恩格斯列宁斯大林著作编译局，编译. 北京：人民出版社，2012：135.

③ 马克思，恩格斯. 马克思恩格斯全集：第44卷［M］. 中共中央马克思恩格斯列宁斯大林著作编译局，编译. 北京：人民出版社，2001：704.

主体意识的参与下使得它们更具有复杂性、多样性，并带有一定的主观性倾向。因此，中国特色社会主义大学制度价值的客观性，不仅与中国特色社会主义大学制度各主体的存在和需要的客观性密切相关，而且要通过这种客观性来证实自身价值的客观性。

价值是表示主客体之间关系的范畴，中国特色社会主义大学制度价值，是中国特色社会主义大学制度各主体与该制度本身所形成的价值关系，该价值关系的范畴是其价值客观性的必然因素。价值的产生既离不开客体本身固有的属性，也离不开主体的存在、需要和活动，但如果只承认价值产生与客体相关，或者只承认价值的产生与主体相关，这些观点都是片面的。“价值并不是某种独立存在的实体。按我们已经指出的，价值是一个关系范畴，它表明主客体之间一种特定的关系质态。”① 仅仅有客体的属性或仅有主体的需要价值都是无法形成的，价值是主客体在某一特定的关系中相互作用产生的一种既不属于主体也不属于客体的某种特性。主客体只有处于特定的关系之中价值才能够形成，但在这种特定的关系中，客体的属性和主体的尺度都是有一定限度的，主客体的相互限制只有在一定的范围内才有利于实现二者之间的统一。马克思指出：“全部社会生活在本质上是实践的。”② 主体正是通过实践与物产生联系并形成特定的价值关系，从而在这一过程中实现主体客体化和客体主体化。中国特色社会主义大学制度所蕴含的价值既不完全是其自身具备的属性，也不是完全取决于各主体的需要，它是在其制度自身所蕴含的客观属性的基础上通过实践与各主体发生联系，并在实践中达成一致性的。“一物的属性不是由该物同他物的关系产生，而只是在这种关系中表现出来。”③ 制度是人在特定的环境下制定出来的，是为了实现一定的目的，其本身就蕴含着特定的价值，但是不同的主体从自身内在结构、性质和需要出发，在认识与实践活动中与制度形成不同于其他主体的价值关系。中国特色社会主义大学制度作为一

---

① 李德顺. 价值论：一种主体性的研究［M］. 3版. 北京：中国人民大学出版社，2013：70.

② 马克思，恩格斯. 马克思恩格斯选集：第1卷［M］. 中共中央马克思恩格斯列宁斯大林著作编译局，编译. 北京：人民出版社，1995：56.

③ 马克思，恩格斯. 马克思恩格斯全集：第42卷［M］. 中共中央马克思恩格斯列宁斯大林著作编译局，编译. 北京：人民出版社，1979：72.

种特殊的制度，其本身既具有作为制度所具有的基本属性，也具有其自身特殊的属性，这种属性是客观存在的，但是这些属性若没有与特定的主体发生联系其价值也是无法形成的。正是在与政府、社会、学校等各主体的特定的联系中，中国特色社会主义大学制度集中、民主、秩序、公正、效率、理性、情感与自由等价值才能得以生成和彰显。因此，中国特色社会主义大学制度各主体与制度本身之间的特定的价值关系，是中国特色社会主义大学制度价值客观性的重要体现。

（二）中国特色社会主义大学制度价值主体性的表现

对于价值，我们不能仅仅从客体的形式和其客观性的角度去理解，还必须从主体出发，从主体性的方面去理解，只有这样才能获得对价值的全面理解。马克思指出："赋予物以有用的性质，好像这种有用性是物本身所固有的，虽然羊未必想得到，它的'有用'性之一，是可作人的食物。"① 因此，事物是否有价值并不是完全由其自身的固有属性决定的，它还要以主体为考察标准，主体的客观需要不仅是衡量其是否有价值的标准，还是衡量其价值大小的标准。在价值关系中，主体是内在的尺度，并且因主体的需要、能力等方面的不同，价值的主体性具有多方面的表现。在中国特色社会主义大学制度价值这一价值关系中，由于其价值主体的需要、能力和目的等方面存在的差异，其价值主体性主要表现出个体性、多维性、时效性的特征。

个体性是中国特色社会主义大学制度价值主体性的重要表现之一。"价值总是依主体的不同而表现出每一主体的特殊性、个体性。"② 主体的现实需要是衡量价值的内在尺度，由于主体的生存环境以及自身内在结构和规定性的不同，它同客体相互作用产生的具体价值的内涵、性质、程度大小都会有所不同。除此之外，价值的产生与主体的层次和范围也密切相关，"以人类作为主体的价值，具有时代性；以民族为主体的价值，具有民族性；以阶级为主体的价

---

① 马克思，恩格斯. 马克思恩格斯全集：第19卷［M］. 中共中央马克思恩格斯列宁斯大林著作编译局，编译. 北京：人民出版社，1963：406.

② 李德顺. 价值论：一种主体性的研究［M］. 3版. 北京：中国人民大学出版社，2013：57.

值，具有阶级性；以个体为主体的价值，具有私人性”①。不同的主体都有其特定的层次，因而主体在同客体构成的价值关系中都会体现出鲜明的个体性和特殊性。主体是多层次的，每一个层次中的主体更是多样的。不同的主体都有自身独特的价值体系，并处于不同的价值关系之中，价值的这种个体性使它进一步呈现出综合上的多样性和总体上的多元化。中国特色社会主义大学制度价值在不同的层次上有多个不同的主体，不同的主体根据自身的性质、结构以及发展需要，与中国特色社会主义大学制度这一客体形成了不同的价值关系，从而使得中国特色社会主义大学制度拥有不同的价值及内涵。首先，我国政府作为中国特色社会主义大学制度价值的重要主体，从自身的立场出发，为办好中国特色社会主义大学，维护好国家和社会公共利益，对中国特色社会主义大学的办学和管理进行规范和制约，使得中国特色社会主义大学制度在发展变迁的过程中呈现出集中与秩序的价值。其次，社会这一主体随着我国社会主义市场经济的不断发展，在大学制度价值中具有比以往更加凸显的地位。我国各种社会力量在政府的引导下参与到我国大学的办学和管理过程中来，既有利于大学决策的民主化和科学化，也进一步加深了大学与市场和社会的联系，使大学能够更有效率地了解和满足市场和社会发展的需要，因而从社会这一主体出发，中国特色社会主义大学制度的民主和效率价值得到彰显。最后，大学作为中国特色社会主义大学制度价值的主体，在完成追求真理，坚守自身的学术立场，实现自身的教育功能，进而更好地实现促进学生自由而全面发展的使命的过程中，使中国特色社会主义大学制度彰显出理性与自由的价值。我国政府、社会以及大学从自身的内在结构和规定性出发，根据自身的内在需求，与中国特色社会主义大学制度形成了不同的价值关系，正是由于大学制度价值主体的个体性和特殊性的特点，中国特色社会主义大学制度才会具有集中、秩序、民主、效率、理性与自由等多元化的价值。

多维性是中国特色社会主义大学制度价值主体性的又一重要表现。“每一个活生生的个人或个人的社会共同体，它自身结构和规定

① 李德顺. 价值论：一种主体性的研究［M］. 3 版. 北京：中国人民大学出版社，2013：58.

性的每一点、每一方面和每一过程，都会产生对客体的需要，都可能形成一定的价值关系。”① 每一个主体都具有自身的整体性，但是，对每一个完整的主体来说，其自身内部的结构和规定性又是复杂、多面的，其发展也是具有全面性指向的。在价值关系中，主体的需要是多层次的，每一层次上的需要也是多方面的，因而主体同客体之间建立的价值关系也是多方面的。马克思在《1844 年经济学哲学手稿中》指出：“人对世界的任何一种人的关系——视觉、听觉、嗅觉、味觉、触觉、思维、直观、情感、愿望、活动、爱——总之，他的个体的一切器官……是通过自己的对象性关系，即通过自己同对象的关系而对对象的占有。”② 正是由于主体具有多方面的需要和能力，才能与客体产生多样性的对象性关系。除此之外，主体还能够以多种价值标准来衡量客体，从而与客体形成有利的价值关系。中国特色社会主义大学制度价值的主体是多样的，并且每一个主体都是完整独立的。中国特色社会主义大学制度价值的主体作为一个整体，其内部是由各个部分、各个要素共同组成的，但由于其内部的结构和规定性不同，各主体产生了不同的需求，从而就与中国特色社会主义大学制度这一客体形成了多维的价值关系。在国家层面上，中国特色社会主义大学是我国在社会主义背景下创办的大学，必须坚持社会主义的性质和方向，必须坚持在党的领导和政府的宏观调控下有序地进行管理和办学，这就使得中国特色社会主义大学制度这一客体的集中与秩序价值得到了发展；中国特色社会主义大学制度除了满足党和政府的需要以外，在社会层面上中国特色社会主义大学还承担着服务社会、向社会输送高层次人才和科技产品等职责，在社会力量的参与下中国特色社会主义大学制度彰显出民主与效率的价值；学校是教学和科研的场所，对于学校来说其必须坚守自身学术功能，而对于教师和学生来说，要不断生产、传播和发展知识与真理，并在此基础上追求自身的自由而全面发展。正因为如此，中国特色社会主义大学制度的真理与自由价值得到了

---

① 李德顺. 价值论：一种主体性的研究［M］. 3 版. 北京：中国人民大学出版社，2013：63.

② 马克思. 1844 年经济学哲学手稿［M］. 中共中央马克思恩格斯列宁斯大林著作编译局，编译. 北京：人民出版社，2000：85.

进一步的彰显。

时效性也是中国特色社会主义大学制度价值主体性的重要表现。“每一种具体的价值都具有主体的时间性，随着主体的每一变化和发展，一定客体对主体的价值或者在性质和方向上，或者在程度上，都会随之改变。”① 价值是动态的、不断变化发展的范畴，价值关系中主体的内在结构、性质、规定性是不断变化发展的，客体本身的属性是固定的，其有无价值以及价值的大小是以价值关系中主体的尺度来进行衡量的，主体有这样的需要，客体就相应地具备这样的价值，主体需要的程度的大小，也会影响客体所蕴含的价值的大小。因此，当主体的需要和能力发生变化时，相应的客体的价值也会发生性质或程度上的变化。主体的需要和能力是处在不断变化的状态之中的，随着主体价值标准的不断更新和提升，主体也会产生新的需要，当主体过去的需要被满足时也会产生新的需要，在这样的现实状态之下，主体需要是无法得到彻底满足的，因而这就使价值具有了一定的时间效度。中国特色社会主义大学制度价值是在长期的历史发展进程中形成的，在这个过程中，价值主体总是在一定时代背景下，依据自身的需求和能力对中国特色社会主义大学制度进行改造，使其产生有利于主体发展的价值。正是这样，中国特色社会主义大学制度在发展的过程中与主体不断形成新的价值关系、生成新的价值内涵，并且在不同的发展阶段，其具体价值的发展与彰显也有所侧重。中华人民共和国成立初期，为与当时的政治、经济环境相适应，在政府的主导下，我国大学学习苏联办学模式，党中央对大学实行集中统一领导，使得中国特色社会主义大学制度的集中价值在较长时间内得到凸显。改革开放以后，为适应不断变化发展的政治、经济环境，中国特色社会主义大学制度价值主体以时代背景为依据，从自身能力和需要出发，不断对我国大学制度进行变革，实行党委领导下的校长负责制，以更好地维护我国大学的办学秩序，并且不断调整大学与政府、社会之间的关系，在加强政府宏观管理的基础上不断赋予大学更多的自主权，并且允许、鼓励各种社会力量参与到大学的办学管理之中。大学的学术性本质得到了彰显，实

① 李德顺. 价值论：一种主体性的研究［M］. 3 版. 北京：中国人民大学出版社，2013：66.

现人自由而全面发展的目标也得到了前所未有的重视，这使得中国特色社会主义大学制度秩序、民主、理性与自由的价值内涵不断丰富和彰显。

第三节　中国特色社会主义大学制度的基本价值

中国特色社会主义大学制度基本价值是中国特色社会主义大学制度所蕴含和追求的内在精神和理念，“因为在大学发展的过程中，大学制度和大学精神是不可分割的，大学制度是大学精神的一种‘物化’”①。本节立足于中国特色社会主义大学制度的发展现实，深入挖掘其内部蕴含的价值理念，探讨了中国特色社会主义大学制度在发展过程中现实如何以及应该如何的本质问题，从过去、现在和未来三个时间维度上把握支撑该制度发展的合理性与合法性的内核，揭示了其制度属性和主体需要之间的联结关系。作为价值客体的中国特色社会主义大学制度本身所面对的主体是多元的，多元的价值主体与客体在相互联结的过程中形成了丰富的价值内涵，主要包括秩序、自由、民主、集中、公正、效率、理性、情感等，通过对以上具体价值内涵的研究，进一步揭示和弘扬中国特色社会主义大学制度精神，推进中国特色社会主义大学制度建设，提升中国特色社会主义大学制度效能。

一、秩序

“秩序一般意味着在社会生活中存在着某种关系的稳定性、进程的连续性、行为的规则性。”② 秩序是由制度构建和保障的稳定的、连续的、有规则的状态。中国特色社会主义大学制度秩序具体表现为：中国特色社会主义大学制度服从和服务于国家经济政治文化发展需要，维护国家发展的稳定性、连续性和规律性。

① 邬大光. 制度之善：高等教育制度的伦理追求［J］. 清华大学教育研究，2012（1）：121-124.
② 柯武刚，史漫飞. 制度经济学［J］. 北京：商务印书馆，2004：182.

在处理大学与政府、大学与大学、大学与其他社会组织之间的关系问题上，中国特色社会主义大学制度始终坚持正确的政治方向和办学方向，为党和国家建设需要培养人才。从新中国成立以来，我国始终坚持牢牢把握大学制度的政治导向，紧紧抓住意识形态工作的正确方向，切实加强大学教育领域意识形态阵地建设。以毛泽东同志为核心的党的第一代中央领导集体在新中国成立初期，立足中国实际，考虑中国内外交困、经济落后、政权不稳的具体国情，在 1950 年 8 月颁布的《高等学校暂行规程》中明确提出大学制度要为国家建设服务，必须满足社会经济、政治发展的需要。以邓小平同志为核心的党的第二代中央领导集体完成了“文化大革命”之后我国大学制度的拨乱反正工作，颁布《全国重点高等学校暂行工作条例（试行草案）》恢复了我国大学各项工作制度，明确了高等学校的基本任务是贯彻执行党的教育方针，“为实现我们党在新时期的总任务而奋斗”。党的十八大以来，我国大学制度对秩序价值的追求愈加明显。在 2018 年修正的《中华人民共和国高等教育法》第一章第四条写明：“高等教育必须贯彻国家的教育方针，为社会主义现代化建设服务、为人民服务。”第五条写明：“高等教育的任务是培养具有社会责任感、创新精神和实践能力的高级专门人才，发展科学技术文化，促进社会主义现代化建设。”中国特色社会主义大学制度坚持以国家发展需要为首要追求，不懈坚持制度秩序。

在处理大学内部的学术主体和行政主体、教师与学生之间的关系问题上，国家宏观调控中国特色社会主义大学内部的管理制度、教学制度、科研制度等，以此来保障大学正确的政治方向，维护大学的意识形态秩序。1978 年全国教育工作会议后，全国各大学积极学习响应邓小平同志的重要讲话精神，贯彻落实“永远把坚定正确的政治方向放在第一位”的重要指示，在 2011 年审议通过的《高等学校章程制定暂行办法》“总章”中注明高校的基本任务是培养社会主义革命和社会主义建设所需要的各种专门人才，指明人才培养是为社会主义建设服务的。党的十八大以来，以习近平同志为核心的党中央就“培养什么人”这一大学教育的首要问题给出了明确的答案，指出我国是中国共产党领导的社会主义国家，这就决定了我们的教育必须把培养社会主义建设者和接班人作为根本任务，培养一代又一代拥护中国共产党和我国社会主义制度、立志为中国特色社会主义奋斗终身的有用人才。2015 年修订的《中华人民共和国教育法》第五条指出，“教育必须为社会主义现代化建设服务，必须与生产劳动相结合，培养德、智、体等方面全面发展的社会主义事业的建设者和接班人”，重视教育为社会主义建设培养人才。70 多年来，我国大学制度坚持为党育人的初心没有变，为国育才的立场没有改，这充分体现了中国特色社会主义大学制度秩序价值。

二、自由

“一个种的全部特性、种的类特性就在于生命活动的性质，而人的类特性恰恰就是自由自觉的活动。”① 自由是人的类本性，是人获得全面发展的重要手段，是中国特色社会主义大学制度基本价值必不可少的组成部分。中国特色社会主义大学制度自由价值具体表现为学术自由和大学自治。

学术自由是中国特色社会主义大学制度自由价值的首要表现，既是一种社会自由，也是一种个体自由。从社会自由层面来谈，学术自由即中国特色社会主义大学制度保障大学学术研究活动免受外在力量影响。从个体自由层面来谈，学术自由即大学学术主体（主要指大学教师和学生等学术科研人员）在学术研究活动中享有的不受大学行政主体（主要指大学的行政管理人员）干预和控制的学术自治权，既包括教师的教学自由，也包括学生的学习自由。中国特色社会主义大学制度不懈追求学术自由。改革开放以来，尤其是新时代以来，我国愈加尊重学术自由，以制度营造自由的学术环境和氛围，保障学术研究的自主。《高等学校章程制定暂行办法》要求高校“明确尊重和保障教师、学生在教学、研究和学习方面依法享有的学术自由、探索自由，营造宽松的学术环境”。《高等学校哲学社会科学研究学术规范》文件强调了学术自由的重要性，提出必须

① 马克思，恩格斯．马克思恩格斯全集：第 42 卷［M］．中共中央马克思恩格斯列宁斯大林著作编译局，编译．北京：人民出版社，1979：96．

“保障学术自由，促进学术交流、学术积累与学术创新”，同时要求高校哲学社会科学研究“贯彻‘百花齐放，百家争鸣’的方针，不断推动学术进步”。坚持以制度保障学术自由实现是中国特色社会主义大学制度自由价值的体现。

大学自治是改革开放以来中国特色社会主义大学制度自由价值的重要追求。伴随着改革开放的浪潮，我国政府开始逐步简政放权。1978 年，中共中央、国务院批复教育部《恢复和办好全国重点高等学校的报告》，提出“对全国重点高等学校要实行统一领导，分级管理”①，以此来加强大学的自主管理。1993 年，中共中央、国务院颁布《中国教育改革和发展纲要》，再次明确提出在我国高等教育领域，尤其是在大学要贯彻落实好简政放权的基本方针，政府对大学的管理应该从直接的行政管理转换为宏观调控，进一步扩大省级教育部门对大学管理的教育决策权力和大学的自治权力。1998 年，《中华人民共和国高等教育法》在“总则”中便强调我国的高等学校应当面向社会，依法自主办学。2010 年，《国家中长期教育改革和发展规划纲要（2010—2020 年）》要求明确政府管理的权限和职责，明确各级各类学校办学的权利和义务，转变政府和大学的关系，理顺大学和社会的关系，实现管办评分离。改革开放 40 余年来，我国大学自治不断发展，逐步建立了与社会主义市场经济相适应的大学行政管理制度，体现了中国特色社会主义大学制度自由价值。

三、民主

民主，即共同协商，反对少数人专断。美国哲学家、教育家杜威在《民主主义与教育》一书中谈及民主时认为：“民主首先是一种联合生活的方式，是一种共同交流经验的方式。”② 中国特色社会主义大学制度民主价值具体表现为高校各权力主体共同参与决策与管理以及学术主体的权力得到充分的尊重。

中国特色社会主义大学制度民主价值与中国特色社会主义大学

① 中国教育年鉴（1949—1981）［M］. 北京：中国大百科全书出版社，1984：804.

② 杜威. 民主主义与教育［M］. 王承绪，译. 北京：人民教育出版社，2001：97.

制度集中是相对的，主张平等参与、共同决策、相互监督，反对将决策权、管理权和监督权集中在少数人的手中。中国特色社会主义大学制度追求民主价值即追求大学办学过程中的民主决策、民主管理和民主监督。伴随着改革开放的浪潮，我国大学制度对民主价值的追求也愈加凸显。1985 年颁布的《中共中央关于教育体制改革的决定》要求改革管理体制，在加强宏观管理的同时，坚决实行简政放权，扩大学校的办学自主权。1986 年，国务院颁布《高等教育管理职责暂行规定》，提出要“扩大高等学校管理权限，增强高等学校适应经济和社会发展需要的能力”①。1998 年提出的《面向 21 世纪教育振兴行动计划》规定，要“切实落实《高等教育法》关于‘高等学校应当面向社会，依法自主办学，实行民主管理’的规定，扩大高校办学自主权”。“十三五”时期，以习近平同志为核心的党中央高度重视教育工作，指出要进一步扩大和落实高校的办学自主权。改革开放 40 余年来，我国高校办学自主权的不断扩大集中彰显了中国特色社会主义大学制度对民主价值的追求。

中国特色社会主义大学制度民主价值追求教授治校（学），注重学术委员会在学术事务上的权威。改革开放以来，我国大学制度进一步为大学办学和管理中要坚持教授治校（学）提供了明确的法律依据。《中华人民共和国高等教育法》要求高校在坚持党委领导下的校长负责制的基础上实行民主决策和民主监督，不断实现大学内部的“简政放权”，尊重教授群体参与大学学术事务管理的权利。《国家中长期教育改革和发展规划纲要（2010—2020 年）》要求“充分发挥学术委员会在学科建设、学术评价、学术发展中的重要作用”，“探索教授治学的有效途径，充分发挥教授在教学、学术研究和学校管理中的作用”，“尊重学术自由，营造宽松的学术环境”。步入新时代，《关于深化高等教育领域简政放权放管结合优化服务改革的若干意见》《中国教育现代化 2035》先后发布，注重推动构建大学行政权力与学术权力之间的良性互动机制，着力完善学校治理结构。中国特色社会主义制度在大学内部关系上，将实现党委领导、校长负责、教授治学、民主管理作为我国大学内部管理的理想权力结构，

① 高等教育管理职责暂行规定［J］. 中华人民共和国国务院公报，1986（13）：445.

进一步彰显了中国特色社会主义大学制度民主价值。

四、集中

集中，本意上是指将分散的事物聚集起来。中国特色社会主义大学制度的集中价值则是指以制度的形式将中国特色社会主义大学在办学和发展过程中的各项事务统一起来进行管理。中国特色社会主义大学制度与国外的大学制度不同，其制定和发展都是在中国共产党的集中领导下实现的，党的领导与中国特色社会主义大学及其制度相融合是我国大学办学和发展的显著特征和优势。中国共产党的领导和中国特色社会主义大学制度的发展相互贯通，一方面党的领导推动了中国特色社会主义大学制度现代化的发展进程并使其具有显著的历史和实践特征；另一方面，中国特色社会主义大学制度又很好地巩固了中国共产党的领导，确定了党委在大学内部的领导地位。党在内部和外部对中国特色社会主义大学的集中统一领导，使得中国特色社会主义大学制度的集中价值得到了充分的彰显。

中国特色社会主义大学制度集中价值体现在外部集中和内部集中两个方面。一方面，中国特色社会主义大学制度外部集中价值表现为，中国特色社会主义大学制度是在党的领导下制定的，其规定了我国大学的办学和发展必须坚持党的领导和中央政府的统一管理。1993 年颁布的《中国教育改革和发展纲要》指出："坚持党对学校的领导，加强学校党的建设，是全面贯彻教育方针，加强教育改革和发展，全面提高教育质量的根本保证。"1998 年颁布的《中华人民共和国高等教育法》规定，"国务院统一领导和管理全国高等教育事业"，这体现了中国特色社会主义大学是在党的领导下和政府的管控下进行办学和发展的。党的十八大以来，习近平总书记系统阐述了关于加强党对教育领导的一系列重大问题，并指出要牢牢掌握党对高校工作的领导权。在新的时代背景下，中国特色社会主义大学制度仍然把坚持中国共产党的领导作为根本遵循，这突出体现了中国特色社会主义大学制度的显著优势。另一方面，中国特色社会主义大学制度内部的集中价值体现在我国实行党委领导下的校长负责制。1993 年颁布的《中国教育改革和发展纲要》指出："实行党委领导下的校长负责制的高等学校，党委对重大问题进行讨论并做出决定，同时保证行政领导人充分行使自己的职权。”1998 年颁布的《中华人民共和国高等教育法》明确规定：“国家举办的高等学校实行中国共产党高等学校基层委员会领导下的校长负责制。”2010 年下发的《国家中长期教育改革和发展规划纲要（2010—2020 年）》指出：“完善中国特色现代大学制度。完善治理结构。公办高等学校要坚持和完善党委领导下的校长负责制。”这一系列政策、法律的颁布既明确了大学内党委的领导地位，同时为党委行使其权力提供了依据和保障。进入中国特色社会主义新时代，习近平总书记对完善教育的领导体制和工作机制做出了重要指示，他明确提出高校必须准确理解和贯彻党委领导下的校长负责制，必须进一步明确和巩固党委在高校中的领导地位和决定性作用。党的全面领导、政府的宏观指导以及党委领导下的校长负责制从内部和外部两个层面明确了党和政府对我国大学的领导权，以及党委在大学内部的领导地位，使得中国特色社会主义大学制度集中价值得到充分彰显。

五、公正

公正，即公平正义，既是人类社会的共同理想，也是中国特色社会主义大学制度的重要价值追求。正如美国政治哲学家、伦理学家罗尔斯所言：“公正是社会制度的首要价值，正像真理是思想体系的首要价值一样。”① 我国大学制度也将公正作为重要价值追求。中国特色社会主义大学制度公正具体表现为教育权利公正和师生之间的平等交往。

中国特色社会主义大学制度公正首先表现为人民平等地享有受教育的权利和义务。新中国成立初期，毛泽东同志就十分重视教育公正的问题，要求高等教育面向劳苦大众，保障了工农子弟的受教育权利。从制度文本来看，政务院颁布的《关于改革学制的决定》规定，工农干部、少数民族学生、华侨子女都应享有同等的教育权利，教育是为工农服务的。这个文件的颁布使得工农子弟和人民群

① 罗尔斯. 正义论［M］. 何怀宏，何包钢，廖申白，译. 北京：中国社会科学出版社，2009：3.

众拥有了更多的入学机会和更为公平的受教育权利，大学制度在客观上也扩大了工农子弟在高校学生中的比例，这突出体现了中国特色社会主义大学制度的公正。随着我国社会不断发展进步，教育公正越来越受到国家重视。党的十八大以来，以习近平同志为核心的党中央致力于推动高等教育权利平等和机会均等，在2015年修订的《中华人民共和国高等教育法》中指出，要优化高等教育结构，促进入学机会公平，要保障少数民族学生、经济困难学生、残疾学生等各类群体接受教育的权利。我国始终把教育放在全局性、战略性的位置予以高度重视，不仅体现了促进教育公平的决心，而且还彰显了中国特色社会主义大学制度的公正。

中国特色社会主义大学制度公正其次表现为大学内部教师与学生之间的平等关系，即尊重学生主体地位，倡导师生教学相长，这在党的十八大以来表现得尤为突出。2017年，《普通高等学校学生管理规定》出台，规定了学生在校期间的基本权利和义务，指明了学生是学校教育和管理的参与主体。同年，中华人民共和国教育部令第43号《普通高等学校辅导员队伍建设规定》颁布，要求辅导员应当努力成为学生成长成才的人生导师和健康生活的知心朋友。“导师”和“知心朋友”这些关键词是对我国大学师生关系的新界定，师生之间应该是一种平等、信任、理解的状态。2020年教育部颁布《新时代高等学校思想政治理论课教师队伍建设规定》，明确了高校思政课教师所享有的权利和应尽的义务，确定了师与生之间是平等的主体间关系，要求教师将学生看作平等的主体予以对待，这进一步保障了师生之间的关系公正。重视师生平等，尊重师生平等人格，是中国特色社会主义大学制度公正价值的重要体现。

六、效率

效率是经济学的概念，其本质上指的是投入与产出之间的比例关系，旨在通过对资源的合理配置达到资源利用和产出最大化。大学作为人类社会开展高等教育的场所，在长期发展过程中其制度十分注重效率这一价值，大学制度效率是指大学制度在指导和规范高等教育发展过程中，教育投入与教育产出的比例，即以较少的资源

理性又具有工具理性。对于中国特色社会主义大学制度来说，遵循理性精神，满足理性诉求，培养理性思维，彰显理性价值是其重要的职能和永恒的追求。

中国特色社会主义大学制度中所蕴含的理性价值突出体现在价值理性和工具理性这两个不同层面上。一方面，价值理性是非功利性的，中国特色社会主义大学制度的价值理性是在确保我国大学坚守学术本性、追求真理的过程中彰显的；另一方面，中国特色社会主义大学制度还要确保其工具理性的实现，“其目的是在于追求行动的‘效率’和功利的‘最大化’”①，充分发挥自身的功能以满足社会发展的需要。中国特色社会主义大学制度价值理性和工具理性在长期发展过程中都受到了不同程度的重视，并且我国还通过一系列法律政策予以明确和保障。1993 年颁布的《中国教育和改革发展纲要》明确规定对高校的人事劳动制度进行改革，“改革高等学校职称评定和职务聘任制度。评定职称既要重视学术水平，又要重视有实用价值的研究成果和教学工作、技术推广应用的实绩”。同时还指出：“教育理论工作者和实际工作者，要以马克思主义为指导，研究和回答建设有中国特色的社会主义教育体系的理论问题和实际问题。”这体现了中国特色社会主义大学制度对于理论研究与实际问题解决的双重注重。2010 年发布的《国家中长期教育改革和发展规划纲要（2010—2020 年）》提出要“提升科学研究水平”和“增强社会服务能力”，鼓励高校不断创新，既要加强基础性研究也要加强应用性研究。该文件对之后高等教育的发展做出了具体规划，它要求我国大学在发展过程中坚持学术研究与社会服务并举，从而使中国特色社会主义大学制度实现理性价值与工具价值的平衡发展。中国特色社会主义大学制度在变革和发展过程中，坚持以价值理性来引导和规范工具理性，以工具理性来践行价值理性，这样既能够很好地维护大学的学术性本质，促进真理的发展，又能够使大学更好地满足社会的发展需求，充分发挥大学的现实性功效，而中国特色社会主义大学制度所蕴含的理性价值也能够进一步得到彰显。

---

① 石中英. 教育哲学［M］. 北京：北京师范大学出版社，2007：164.

八、情感

情感是主体对客体产生的一种心理现象和体验，所反映的是主客体关系的一种价值。《心理学大辞典》中释义："情感是人对客观事物是否满足自己的需要而产生的态度体验。"情感是属于上层建筑的范畴，包括道德感、理智感、美感等多种具体层面。马克思指出，"在不同的占有形式上，在社会生存条件上，耸立着由各种不同的、表现独特的情感、幻想、思想方式和人生观构成的整个上层建筑"①，因而，情感无论是在个人的成长过程中，还是在社会的发展过程中，都具有重要的能动性价值。中国特色社会主义大学制度蕴含丰富的情感价值，主要体现在中国特色社会主义大学制度对于道德感和美感教育的强化与培育。正如列宁所说："没有'人的情感'，就从来没有，也不可能有人对真理的追求。"② 中国特色社会主义大学制度所蕴含的情感价值对于帮助学生培养健康、积极的情感，增强个人的精神动力、生命活力，形成健全的人格，促进人与人之间交往的和谐，并最终促进社会稳定具有十分重要的意义。

中国特色社会主义大学制度情感价值从道德感和美感的层面出发，一方面坚持立德树人的根本任务，提升学生的道德素养，另一方面注重学生的审美教育，提升学生的审美素养。正如苏联教育家苏霍姆林斯基所说："我一千次地确信，没有一条富有诗意的感情和审美的清泉，就不可能有学生全面的智力发展。"③ 中国特色社会主义大学制度的情感价值通过对学生的人格与心灵培育，使他们产生更崇高的情感体验，并致力于在这一过程中将他们培养成为自由而全面发展的社会主义建设者和接班人。首先，中国特色社会主义大学制度的情感价值表现在注重学生的道德教育层面上。1993 年颁布

① 马克思，恩格斯. 马克思恩格斯选集：第 1 卷［M］. 中共中央马克思恩格斯列宁斯大林著作编译局，编译. 北京：人民出版社，2012：695.

② 列宁. 列宁全集：第 20 卷［M］. 中共中央马克思恩格斯列宁斯大林著作编译局，编译. 北京：人民出版社，1958：255.

③ 卢家媚. 情感的功能及其在教学中的作用［J］. 教育研究，1987（11）：65.

的《中国教育改革和发展纲要》提出："要进一步加强和改进德育工作，在实践中不断创造改革开放条件下学校德育工作的新经验，把德育工作提高到一个新水平。"《中华人民共和国高等教育法》第五十八条规定："高等学校的学生思想品德合格，在规定的修业年限内学完规定的课程，成绩合格或者修满相应的学分，准予毕业。"2010年颁布的《国家中长期教育改革和发展规划纲要（2010—2020年）》明确表示："坚持德育为先。"我国通过颁布一系列文件和法律来保障德育的重要地位，使得中国特色社会主义大学制度的情感价值得到发扬。其次，中国特色社会主义大学制度的情感价值还表现在注重对学生进行美育教育的层面上。1993年颁布的《中国教育改革和发展纲要》指出："美育对于培养学生健康的审美观念和审美能力，陶冶高尚的道德情操，培养全面发展的人才，具有重要作用。要提高认识，发挥美育在教育教学中的作用。根据各级各类学校的不同情况，开展形式多样的美育活动。"2010年颁布的《国家中长期教育改革和发展规划纲要（2010—2020年）》提出："坚持全面发展。全面加强和改进德育、智育、体育、美育。""加强美育，培养学生良好的审美情趣和人文素养。"在长期的发展过程中，美育作为教育的重要组成部分越来越受到重视，中国特色社会主义大学制度通过加强对学生的美育教育来引导和塑造学生，使学生得到了更全面和健全的发展。党的十九大报告明确指出，要"发挥社会主义核心价值观对国民教育、精神文明建设、精神文化产品创作生产传播的引领作用，把社会主义核心价值观融入社会发展各方面，转化为人们的情感认同和行为习惯"①，这深刻地体现了新时代背景下我国对情感教育的重视。中国特色社会主义大学制度在发展的过程中越来越注重情感教育，其不断将情感教育渗透到教学的各环节和全过程，这不仅提升了学生的道德品质，丰富了学生的内心情感世界，促进学生的全面发展，而且在此过程中中国特色社会主义大学制度的情感价值也得到了充分的彰显。

① 习近平．决胜全面建成小康社会　夺取新时代中国特色社会主义伟大胜利：在中国共产党第十九次全国代表大会上的报告［N］．人民日报，2017-10-28（01）．

第七章　中国特色社会主义大学制度价值实现

中国特色社会主义大学制度价值既包括对其实然状态的把握，又包括对其应然状态的探究，而中国特色社会主义大学制度价值的实现则是在思想的指引、理论的支持、现实的驱动下，实现由“是”到“应该”的过程。本章从理论与现实出发，明确中国特色社会主义大学制度价值实现的指导思想，为其提供行动指南，确保其方向的正确性；同时，中国特色社会主义大学制度价值的实现还必须有明确的理论体系，以确定其实现标准、实现本质、实现规律和实现目标，明确的价值理论体系能够为中国特色社会主义大学制度价值的实现提供先进的理论指南和内在逻辑遵循；理论最终还是要接受实践的检验，中国特色社会主义大学制度价值的实现必须要有明确的实践路径为其提供现实的遵循，从而提高价值实现的时效性与针对性。“全部社会生活在本质上是实践的。凡是把理论引向神秘主义的神秘东西，都能在人的实践中以及对这种实践的理解中得到合理的解决。”① 中国特色社会主义大学制度价值是在长期的实践过程中积累的，并且在以后还需要通过实践进一步完善和发展。

第一节　中国特色社会主义大学制度价值实现的指导思想

实践的观点是马克思主义的基本观点，认识来源于实践，接受实践的检验，同时指导实践的发展，列宁指出：“没有革命的理论，

① 马克思，恩格斯. 马克思恩格斯文集：第1卷［M］. 中共中央马克思恩格斯列宁斯大林著作编译局，编译. 北京：人民出版社，2009：504.

就不会有革命的运动。"① 实践需要先进的理论来指导，以保障其方向的正确性，中国特色社会主义大学制度价值实现作为一种现实的实践活动当然也需要先进的指导思想来作为其行动指南。坚持正确的指导思想，首先，要坚持党对教育工作的全面领导，"党政军民学，东西南北中，党是领导一切的"②。中国特色社会主义大学制度价值的实现必须要坚持党的全面领导，这既是前提也是根本保证。其次，要坚持社会主义的办学方向，习近平总书记指出："在方向问题上，我们头脑必须十分清醒。"③ 中国特色社会主义大学制度价值的实现要在马克思主义的指导下，坚持社会主义方向，坚持"四为服务"，只有这样我们才能始终保持清醒的头脑，确保价值实现始终沿着正确的方向前进。最后，中国特色社会主义大学制度价值的实现必须要坚持以人民为中心的指导思想，"人民对美好生活的向往就是我们的奋斗目标"④。只有坚持以人民为中心，以人民满意为尺度，不断提升中国特色社会主义大学制度建设的质量和效益，中国特色社会主义大学制度价值才能得到更好的实现。

一、坚持党对教育工作的全面领导

中国共产党领导是中国特色社会主义最本质的特征，是中国特色社会主义制度的最大优势。党政军民学，东西南北中，党是领导一切的。习近平总书记强调："加强党对教育工作的全面领导，是办好教育的根本保证。"实现中国特色社会主义大学制度价值，就必须坚持党对教育工作的全面领导。

第一，坚持党对教育工作的全面领导，是中国特色社会主义大学制度价值实现的根本保证。习近平总书记在全国高校思想政治工

---

① 列宁. 列宁选集：第 1 卷［M］. 中共中央马克思恩格斯列宁斯大林著作编译局，编译. 北京：人民出版社，1995：311.

② 习近平. 决胜全面建成小康社会　夺取新时代中国特色社会主义伟大胜利：在中国共产党第十九次全国代表大会上的报告［N］. 人民日报，2017-10-28（01）.

③ 李志勇. 始终保持改革开放的正确方向［EB/OL］.（2018-09-25）［2022-07-10］. http://theory.people.com.cn/n1/2018/0925/c40531-30311750.html.

④ 习近平在十八届中共中央政治局常委同中外记者见面时强调　人民对美好生活的向往就是我们的奋斗目标［N］. 人民日报，2012-11-16（01）.

作会议上强调指出，“我们的高校是党领导下的高校，是中国特色社会主义高校”，“办好我国高等教育，必须坚持党的领导，牢牢掌握党对高校工作的领导权，使高校成为坚持党的领导的坚强阵地”①。中国特色社会主义最本质的特征是中国共产党的领导，只有在党的领导下，才能实现中国特色社会主义大学制度价值。2017 年 6 月在中共中央政治局审议《关于巡视 31 所中管高校党委情况的专题报告》的会议上，习近平总书记再次指出：“办好中国特色社会主义高等教育，必须旗帜鲜明坚持党对高校工作的领导，确保高等教育事业始终沿着正确方向健康发展，为实现‘两个一百年’奋斗目标和中华民族伟大复兴的中国梦提供人才保障和智力支持。”② 在坚持党的全面领导这个根本问题上，我们党一向态度鲜明、毫不动摇。坚持党对教育工作的领导，是办好中国特色社会主义教育事业的根本保证，也是实现中国特色社会主义大学制度价值的根本保证。只有坚持好正确的政治立场、政治方向、政治原则、政治道路，中国特色社会主义大学才能更快更好地培养出党、国家和人民需要的人才，才能更好地实现中国特色社会主义大学制度价值。因此，实现中国特色社会主义大学制度价值必须坚持党对教育工作的全面领导。一是要始终坚持为党育人、为国育才；二是要完善大学内部的管理体制，即党委领导下的校长负责制。历史和现实均已证明，办好中国的事情，关键在党；办好中国的教育，关键在党。中国特色社会主义进入新时代，我国要建设社会主义现代化教育强国，首要前提和根本保证仍然是坚持党的领导。

第二，培养德智体美劳全面发展的社会主义建设者和接班人是中国特色社会主义大学制度价值实现的根本任务。培养什么人，是高等教育的首要问题。2018 年 5 月，习近平总书记在与北京大学师生座谈时指出：“古今中外，关于教育和办学，思想流派繁多，理论观点各异，但在教育必须培养社会发展所需要的人这一点上是有共

---

① 习近平在全国高校思想政治工作会议上强调　把思想政治工作贯穿教育教学全过程　开创我国高等教育事业发展新局面［N］. 人民日报，2016-12-09（01）.

② 中共中央政治局召开会议审议《关于巡视 31 所中管高校党委情况的专题报告》［N］. 人民日报，2017-06-29（01）.

识的。培养社会发展所需要的人，具体来说，就是培养社会发展、知识积累、文化传承、国家存续、制度运行所要求的人。所以，古今中外，每个国家都是按照自己的政治要求来培养人的，世界一流大学都是在服务自己国家发展中成长起来的。我国社会主义教育就是要培养社会主义建设者和接班人。"① 习近平总书记的这一重要论述告诉我们，自古至今任何国家在培养人的问题上都是有共性的，即按照自己的政治要求来培养人。2018 年 9 月，在全国教育大会上，习近平总书记再次强调指出："我国是中国共产党领导的社会主义国家，这就决定了我们的教育必须把培养社会主义建设者和接班人作为根本任务，培养一代又一代拥护中国共产党领导和我国社会主义制度、立志为中国特色社会主义奋斗终身的有用人才。这是教育工作的根本任务，也是教育现代化的方向目标。"② 可见，我国的大学就是要培养德智体美劳全面发展的社会主义建设者和接班人。除此之外，2017 年 10 月，习近平总书记在会见清华大学经济管理学院顾问委员会海外委员和中方企业家委员时也说过："教育就是要培养中国特色社会主义事业的建设者和接班人，而不是旁观者和反对派。"③ 可以说，我们的大学在培养什么样的人的问题上有坚定的立场，培养德智体美劳全面发展的社会主义建设者和接班人，事关党的后继有人，事关党的长期执政，事关国家的长治久安。

二、坚持社会主义办学方向

2018 年 12 月，习近平总书记在全国教育工作大会上发表讲话时用"九个坚持"概括和总结了我国教育改革和发展的一系列观点和要求，其中坚持社会主义办学方向就是重要内容之一。"方向决定前

---

① 习近平．在北京大学师生座谈会上的讲话［N］．人民日报，2018-05-03（01）．

② 习近平在全国教育大会上强调　坚持中国特色社会主义教育发展道路　培养德智体美劳全面发展的社会主义建设者和接班人［N］．人民日报，2018-09-11（01）．

③ 习近平会见清华大学经济管理学院顾问委员会海外委员和中方企业家委员［N］．人民日报，2017-10-31（01）．

途，道路决定命运”①。中国特色社会主义大学制度价值实现的过程中必须坚持社会主义办学方向，坚持以马克思主义为指导和“四为服务”的价值方向，只有这样中国特色社会主义大学制度价值才能在正确的发展道路上最终得以实现。

第一，始终坚持社会主义办学方向，是中国特色社会主义大学制度价值实现过程中必须遵守的根本原则。我国的社会主义性质决定了我们办的教育是社会主义的教育，中国特色社会主义大学制度作为推动我国高等教育发展的制度必然也是社会主义性质的，因此，在其价值实现的过程中必须要以社会主义方向为指导，以社会主义性质为界限，只有这样中国特色社会主义大学制度价值在实现的过程中才不会失去方向和目标。中国特色社会主义大学制度价值实现要坚持社会主义的发展方向，首先，必须要将培养德智体美劳全面发展的社会主义建设者和接班人作为人才培养的根本任务。习近平总书记指出：“教育就是要培养中国特色社会主义事业的建设者和接班人，而不是旁观者和反对派。”② 教育总是为自己国家的发展而服务的，中国特色社会主义大学制度的建设及其价值实现必须将社会主义人才培养作为自己的根本任务，培养出社会发展所需要的人才，只有这样中国特色社会主义大学制度的价值实现才能始终走在正确的道路上，才能离目标越来越近。其次，中国特色社会主义大学制度价值实现的过程必须要坚持社会主义意识形态，在办学方向上要始终站稳脚跟。当前，在复杂国际形势的影响下，我国教育事业仍然面临着很大的挑战。面对西方意识形态的入侵，我们必须要保持清醒的头脑，尤其是在方向问题上，必须坚定我们的立场。我们要以马克思主义为指导，努力将社会主义核心价值观融入到中国特色社会主义大学制度价值实现的全过程，除此之外，中国特色社会主义大学制度价值的实现也不能脱离中华优秀传统文化的价值体系，我们必须以中华优秀传统文化为指引，不断提升中国特色社会主义

① 习近平. 在庆祝改革开放 40 周年大会上的讲话[EB/OL].(2018-12-18)[2022-07-11].http://www.xinhuanet.com/politics/leaders/2018-12/18/c_1123868586.htm.

② 习近平会见清华大学经济管理学院顾问委员会海外委员和中方企业家委员 [N]. 人民日报，2017-10-31 (01).

大学制度价值实现的文化自信。

第二，中国特色社会主义大学制度价值实现必须坚持以马克思主义为指导，马克思主义不仅为中国特色社会主义大学制度价值的实现提供了理论遵循，还提供了现实的行动指南。办好具有中国特色、世界水平的高等教育，发展中国特色社会主义大学制度，最重要的就是要坚持以马克思主义为指导。这就要求我们要坚持辩证唯物主义和历史唯物主义的世界观和方法论，以不断创新的中国化的马克思主义理论体系，解决在我国高等教育改革和发展过程中遇到的新情况和新问题，以此来推动中国特色社会主义大学制度价值的顺利实现。首先，马克思主义是中国特色社会主义大学制度价值实现的根本理论基础。“马克思主义理论是指导我们认识普遍存在于人类社会之中的教育现象，阐释教育基本概念和基本理论，揭示人类教育活动基本规律的重要思想原则和理论基础。”① 我们关于中国特色社会主义大学制度价值的概念界定和理论论述，一切关于中国特色社会主义大学制度价值实现的实践路径，都必须坚持从马克思主义的基本立场出发，因此，我们必须用马克思主义这一科学的世界观和方法论指导中国特色社会主义制度价值的实现。其次，马克思主义理论是中国特色社会主义大学制度价值实现过程中解决实际发展问题、提出新的现代大学发展方向的重要行动指南。马克思主义基本原理与中国社会具体实际相结合，为我们党在革命、建设和改革的不同历史阶段的具体实践提供了理论依据和价值遵循。在我国的高等教育改革和发展的实践中，也应该始终坚持将马克思主义理论作为中国特色社会主义大学制度价值实现的指导思想，自觉地将马克思主义理论与办好中国特色社会主义大学、落实好中国特色社会主义大学制度建设紧密结合起来。只有这样，我们才能在推动中国化马克思主义不断创新和发展的同时，努力寻找出中国特色社会主义大学制度价值的未来发展方向。

第三，中国特色社会主义大学制度价值实现必须坚持“四为服务”的价值方向。为谁培养人是教育的根本问题，习近平总书记强调：“我国高等教育发展方向要同我国发展的现实目标和未来方向紧

---

①《教育学原理》编写组. 教育学原理［M］. 北京：高等教育出版社，2018：24.

密联系在一起，为人民服务，为中国共产党治国理政服务，为巩固和发展中国特色社会主义制度服务，为改革开放和社会主义现代化建设服务。”① 中国特色社会主义大学制度在价值实现的过程中也要坚持“四为服务”的价值方向。首先，坚持教育为人民服务是中国特色社会主义大学制度建设的根本价值旨归。为谁服务是高等教育的一个根本问题，也是中国特色社会主义大学制度建设及其价值实现的根本问题。中国特色社会主义大学制度价值实现的过程中，必须要以教育为人民服务思想为指导，以人民的根本需要为导向。其次，坚持教育为中国共产党治国理政服务是中国特色社会主义大学制度建设的政治担当。党对教育事业的全面领导是推动我国高等教育事业不断向前发展的根本政治保障。中国特色社会主义大学制度价值实现过程既要坚持党的领导这一根本政治保障，同时更要承担为中国共产党治国理政服务这一重要使命和政治担当，在贯彻党的教育方针，坚持为党育人、为国育才的过程中逐步实现其基本价值。再次，坚持教育为巩固和发展中国特色社会主义制度服务是中国特色社会主义大学制度价值建设的重要责任。一方面，中国特色社会主义制度是我国各项事业得以进步和发展的保障和支撑，中国特色社会主义大学制度作为一项特殊的制度，其建设和发展离不开中国特色社会主义制度的保障；另一方面，中国特色社会主义大学制度在发展过程中也要坚持制度自信，以自身的发展来进一步巩固和完善中国特色社会主义制度。最后，坚持教育为改革开放和社会主义现代化建设服务是中国特色社会主义大学制度价值实现的时代使命。中国特色社会主义大学不应该仅仅是改革开放的受益者，更应当是改革开放的助推器。只有坚持把教育为改革开放和社会主义现代化建设服务作为中国特色社会主义大学制度价值实现的指导思想，才能把改革开放的旗帜举得更高更稳，才能早日实现社会主义现代化教育强国目标。

---

① 习近平在全国高校思想政治工作会议上强调：把思想政治工作贯穿教育教学全过程　开创我国高等教育事业发展新局面[EB/OL].(2016-12-09)[2022-07-12].http://dangjian.people.com.cn/n1/2016/1209/c117092-28936962.html.

三、以人民为中心

在2018年全国教育大会上，习近平总书记系统总结了推进我国教育事业改革发展的“九个坚持”，其中有一条明确指出：“坚持以人民为中心发展教育。”习总书记提出的这一重要论断为我国的教育改革和发展指明了方向，彰显了中国共产党人以人民为中心的根本立场。建设中国特色社会主义大学，实现中国特色社会主义大学制度价值，必须坚持以人民为中心这个根本立场，必须坚持以人民为中心发展教育，办好人民满意的教育。

第一，坚持以人民为中心是中国特色社会主义大学制度建设的根本立场。为谁服务是高等教育的一个根本问题，我国是人民民主专政的社会主义国家，人民民主专政的本质是人民当家作主，国家的一切权力属于人民。习近平总书记在纪念马克思诞辰200周年大会的讲话中指出，“学习马克思，就要学习和实践马克思主义关于坚守人民立场的思想。……让人民获得解放是马克思毕生的追求。我们要始终把人民立场作为根本立场，把为人民谋幸福作为根本使命”①，这是马克思主义政党跟其他政党的显著区别。中国共产党坚持以人民为中心发展教育，就是中国共产党人办教育的根本立场。《中华人民共和国教育法》第五条明确规定：“教育必须为社会主义现代化建设服务、为人民服务。”② 这是国家通过立法来规定教育必须“为人民服务”，明确了发展教育一定要以人民为中心的根本价值立场，更是指明了我国高等教育改革和发展的目标和方向。因此，我国高等教育必须坚持为人民服务，要始终站在人民的立场上，以人民为中心。坚持以人民为中心的价值立场，高等教育必须做到坚持“四为服务”，“四为服务”即“为人民服务，为中国共产党治国理政服务，为巩固和发展中国特色社会主义制度服务，为改革开放和社会主义现代化建设服务”。“‘四为服务’虽然是四个表述上相对不同的价值取向，但是它们是内在统一、彼此关联的，首要的核

① 习近平．在纪念马克思诞辰200周年大会上的讲话［M］．北京：人民出版社，2018：17.

② http://www.moe.gov.cn/jyb_xwfb/more_1946/fj_2015201512/t20151228_226186.html.

心的价值取向还是坚持教育为人民服务。”① 我国高等教育始终坚持人民立场才是根本价值立场，才能保证高等教育不偏离正确的轨道，才能办好人民满意的中国特色社会主义大学，才能建设好中国特色社会主义大学制度，才能实现中国特色社会主义大学制度价值。

第二，坚持以人民为中心是中国特色社会主义大学制度价值实现的本质要求。人民性是马克思主义政党最本质的特征和最根本的特性，人民性是马克思主义政党最重要的内容。中国共产党的初心和使命就是为中国人民谋幸福、为中华民族谋复兴，习近平总书记强调：“坚持改革创新，以凝聚人心、完善人格、开发人力、培育人才、造福人民为工作目标，培养德智体美劳全面发展的社会主义建设者和接班人，加快推进教育现代化、建设教育强国、办好人民满意的教育。”② 归根结底就是以人民为中心发展教育，全心全意为人民服务。以人民为中心不仅是高等教育必须要坚持的核心立场，也是中国特色社会主义大学制度价值实现的本质要求。中国特色社会主义大学制度价值包含了秩序、公正、情感、理性等多元基本价值，这与教育为人民服务的要求紧密相连。坚持以人民为中心的立场，首先，要在推动教育公平上下功夫，体现的是公正的基本价值。习近平总书记多次强调，要努力让每个孩子都能享有公平而有质量的教育。但是，当前我国的高等教育发展还存在地区之间、城乡之间、学校之间的不平衡、不充分等问题，贫困地区和农村的孩子还要面对上大学的现实困难。因此，想要实现公平，中国特色社会主义大学制度价值实现必须要以人民为中心，维护最广大人民的根本利益，满足人民群众的教育需要，不断促进高等教育事业发展成果更公平地惠及全体人民。其次，要在坚持立德树人的根本任务上下功夫，体现的是情感的基本原则。我国高等教育要培育德智体美劳全面发展的社会主义建设者和接班人，这需要大学在不断提升教育科研水平的同时，注重开展德育工作，培养学生的“德”，增强学生的思想

---

① 靳诺，徐志宏，王占仁，等. 习近平总书记关于教育的重要论述研究笔谈［J］. 思想理论教育导刊，2020（9）：5.

② 习近平在全国教育大会上强调　坚持中国特色社会主义教育发展道路　培养德智体美劳全面发展的社会主义建设者和接班人［N］. 人民日报，2018-09-11（01）.

道德素质。与此同时，社会主义建设者和接班人要树立共产主义远大理想和中国特色社会主义共同理想，增强“四个自信”，立志肩负起民族复兴的时代重任；要有爱国主义情怀，听党话、跟党走，立志扎根人民、奉献国家；要有大爱大德大情怀的品德修养；要求真理、悟道理、明事理；要有高远志向、勇于奋斗、乐观向上、不懈奋斗；要创新思维，增强综合素质。

第二节 中国特色社会主义大学制度价值实现的理论体系

中国特色社会主义大学制度价值实现的理论体系主要包括价值实现标准、价值实现本质、价值实现规律、价值实现目标四个方面。价值实现标准的确定要在社会主义核心价值观的引导下，将主体的尺度与历史的尺度相结合；价值实现本质就是在客体主体化以及主体客体化的过程中，以目的价值为根本，以工具价值为手段，并最终实现二者的统一；价值实现规律是中国特色社会主义大学制度在实现的过程中所要遵循的内在逻辑和本质性规定，它以“真”“善”“美”为遵循，致力于做到“求真”“至善”“尚美”；价值实现目标的确定要立足于中国特色社会主义的时代背景，将立德树人作为根本任务，并在此基础上推进我国社会主义现代化建设。价值实现标准、实现本质、实现规律、实现目标相互贯通融合，在各自的实现过程中又为彼此提供依据，共同促进了中国特色社会主义大学制度的完善和中国特色社会主义大学制度价值的实现。

一、中国特色社会主义大学制度价值实现标准

价值实现标准的确定不仅离不开该价值关系中主体的尺度，还与社会历史条件密切相关。“价值标准来自主体的本质、存在和内在规定性，来自人的生存和发展同整个世界的联系。”① 价值的实现需

① 李德顺. 价值论：一种主体性的研究［M］. 北京：中国人民大学出版社，1987：282.

要以主体的发展为尺度进行衡量，在主客体相互作用的过程中，根据主体的需要及内在规定性，来确定客体的价值实现。同时价值实现标准与时代背景以及社会发展的现实状况密切相关，正如马克思所说："我们判断一个人不能以他对自己的看法为根据，同样，我们判断这样一个变革时代也不能以它的意识为根据；相反，这个意识必须从物质生活的矛盾中，从社会生产力和生产关系之间的现存冲突中去解释。"① 因此，我们确定价值实现标准时要基于一定的社会历史环境，从而保证价值实现标准的客观和科学。中国特色社会主义大学制度与中国特色社会主义事业的发展休戚相关，因此，其价值实现标准的确定既要考虑到价值主体的需要、目的和能力，还要扎根于我国社会发展的实际。党的十八大以来，我国高度强调社会主义核心价值观的引领作用，倡导将其融入到社会发展的各个方面。因此，要想实现中国特色社会主义大学制度价值，必须坚持以社会主义核心价值观为引领，把国家、社会、个人三个层面的价值融为一体，为中国特色社会主义大学制度价值实现提供根本遵循，进而回答在中国特色社会主义的发展背景下"办什么样的大学，怎样办大学"的问题。

"富强、民主、文明、和谐"是社会主义核心价值观在国家层面的价值目标，追求效率、秩序价值。第一，民主。美国密执安大学哲学教授科恩指出："只有以民主方式管理社会时才能充分实现社会自主——人与人相互关联的个人生活中的自主。只有在民主政体下，全体社会成员才能拿出自己的规则来管理共同事务，并将自己置于这些规则的约束下。"② 中国特色社会主义大学制度坚持为社会主义服务的目标，追求民主价值，其实质是大学制度的行政权利、学术权利、民众权利的合理分配，协调各种权利关系以期形成相互制约的均衡关系。可以从两个维度进行考察，在大学外部，政府既要发挥宏观的指导作用，又要简政放权，做好职能的转换，给予大学更多自主成长的发展空间。在大学内部，教师和学生不仅是学术发展

① 马克思，恩格斯. 马克思恩格斯选集：第 2 卷［M］. 中共中央马克思恩格斯列宁斯大林著作编译局，编译. 北京：人民出版社，1995：33.

② 科恩. 论民主［M］. 聂崇信、朱秀贤，译. 北京：商务印书馆，1988：274.

的核心力量，更是最基本的大学制度价值主体，旨在追求和探寻真理，谋求自由和宽松的学术研究环境；学校行政部门应该减少对学术权利的介入和滥用，保障各个价值主体共同参与大学治理，尊重学术自由，使大学真正成为学术共同体。第二，中国特色社会主义大学制度追求效率价值，通过教育把人潜在的生产力转化为现实的生产力，培养出具有先进技术的创新型人才、高效率的操作型人才等，提高社会生产效率，从而促进社会经济的发展，实现国家富强。第三，我国提倡构建社会主义和谐社会，秩序是保持和谐的前提和必要条件。中国特色社会主义大学制度在社会主义核心价值观的引领下追求秩序价值，从而为实现国家层面的价值目标营造和谐稳定的社会环境。秩序是由大学制度确立和保障并通过大学制度价值主体相互制约和相互作用而形成的一种稳定、有规则的状态。随着时代的发展，秩序价值的表现更为复杂，既表现在大学与其他社会组织之间的外部秩序上，又表现在大学与价值主体之间的内部秩序上。秩序作为构建和谐社会的基础，应正确规范好大学制度的内外部秩序，促使大学朝着规范化的方向发展，从而保障我国大学制度的秩序价值能够得到进一步彰显，为构建社会主义和谐社会保驾护航。

“自由、平等、公正、法治”是社会主义核心价值观在社会层面的价值取向，有利于引领中国特色社会主义大学制度实现自由、公正的价值目标。社会建设强调自由的价值理想，遵循平等的社会主义制度原则，只有确立公正的社会主义基本价值目标，运用法治的思维和方法，才能构建社会主义和谐社会。中国特色社会主义大学制度价值实现同样要坚持以社会主义核心价值观为引领，追求自由、公正价值。第一，自由。自由是伴随着现代大学诞生的一种大学精神，是大学的生命之源。大学制度的自由价值主要体现在大学自治和学术自由两个方面。一方面，“大学不是外在目的附属物，而是自力更生自主建立起来的”①。我国不断扩大大学的办学自主权，放宽政府对大学的行政管理，赋予大学更多的自由发展空间。另一方面，

① 高明，史万兵. 麻省理工学院的创业型大学之路及对我国的启示［J］. 东北大学学报（社会科学版），2012（2）：170-173.

“学术自由是学术界的要塞，永远不能放弃”①。教师和学生追求学术自由，谋求自由宽松的学术氛围，服务于人的自由发展。第二，公正。亚里士多德认为：“在各种德性中，人们认为公正是最重要的。”② 罗尔斯在《正义论》的开篇就提出：“正义是社会制度的首要价值。”③ 美国著名伦理学家J.P.蒂洛也指出：“人们很难看到不关心公正的道德体系。”④ 我国大学制度追求平等、公正，保障全体公民享有进入大学学习的权利，促使更多的贫困地区、少数民族地区和乡村学子享有接受高等教育的条件。为了使大学制度追求的价值顺利得到实现，在社会主义核心价值观的引领下，我们制定了一系列的法律法规。在我国颁布的《中华人民共和国教育法》《中华人民共和国高等教育法》等法律法规中，中共中央、国务院和教育部针对高等教育发展问题下发相关条文、政策，各个大学按照国家要求制定大学章程，从上到下层层落实我国大学制度的法制建设工作，从而确保了中国特色社会主义大学制度价值的顺利实现。

“爱国、敬业、诚信、友善”是社会主义核心价值观在公民层面的价值取向，有利于引领中国特色社会主义大学制度实现情感价值，促进人的全面发展。社会主义核心价值观是对公民道德规范的高度凝练，要求公民热爱祖国、爱岗敬业、诚信友爱、乐群友善，这也是每一名大学生应该遵循的道德准则。大学以实现人的全面发展为核心价值和最终目的，我国大学制度追求情感价值，重视人的存在，充分把制度建设与个人价值实现紧密结合起来，这与社会主义核心价值观一脉相承，充分回答了“培养什么样的人，怎样培养人”的问题。党的十八大以来，我国大学制度落实立德树人的根本任务，重视对学生“德”的教育，包括爱国教育、诚信教育等，这些对学生的思想品德教育，无论哪一种，都是以情感为基础的。我国教育

---

① 布鲁贝克. 高等教育哲学［M］. 王承绪，郑继伟，张维平，等译. 杭州：浙江教育出版社，2001：60.

② 亚里士多德. 亚里士多德全集：第 8 卷［M］. 苗力田，译. 北京：中国人民大学出版社，1992：96.

③ 罗尔斯. 正义论［M］. 何怀宏，何包钢，廖申白，译. 北京：中国社会科学出版社，2009：3.

④ J.P. 蒂洛. 伦理学理论与实践［M］. 孟庆时，程立显，刘建，等译. 北京：北京大学出版社，1985：148.

自古以来重视情感，现如今更是把道德教育贯穿到大学制度建设的各个方面，如：大力开展爱国、爱集体、爱社会主义等教育，坚持用社会主义核心价值观引导大学生树立正确的行为准则，这极大地提高了大学生的思想觉悟、道德水准和文明素养，为促进人的全面发展打下了坚实的基础。在社会主义核心价值观的引领下我国大学制度追求情感价值，“培养担当民族复兴大任的时代新人”①，加快了实现中华民族伟大复兴中国梦的步伐。

二、中国特色社会主义大学制度价值实现本质

要想理解价值实现本质，首先要对价值实现过程有一个清晰的认识。价值实现是价值主体和客体的统一，就客体而言，价值只有在实现中才能体现；就价值主体而言，主体的存在和发展需要只有在实现过程中才能够得到满足。价值实现过程在一定程度上体现了价值实现本质——客体主体化，是客体对主体的积极效应。把价值实现过程与中国特色社会主义大学制度价值联系起来，则指我国大学制度与制度价值主体在相互作用的过程中，由于价值主体的需要，使客体趋向于主体，从而让大学制度更好地为价值主体的需要和发展服务。正如别敦荣教授所说：“现代大学制度的价值所体现的是制度功能属性对于大学制度主体需要的积极效应。”② 中国特色社会主义大学制度价值实现的出发点和落脚点是人，以大学制度作为客体的价值，探究大学制度对于价值主体的意义，通过把握人的主体性，使客体主体化，在追求目的价值的同时，寻求与工具价值的统一。

中国特色社会主义大学制度价值首先要以目的价值为根本追求，大学组织自身、教师、学生等学术共同体追求的最终目的是人的自由全面发展。近现代以来，无数仁人志士把个人的自由发展作为大学制度的教育价值取向。陈寅恪先生提出“独立之精神，自由之思想”的治学要义，把人的自由全面发展作为高等教育的首要目的。中国特色社会主义大学制度扎根于中国，作为人类智慧的结晶，必

① 习近平．习近平谈治国理政：第三卷［M］．北京：外文出版社，2020：328.

② 别敦荣．现代大学制度：原理与实践［M］．青岛：中国海洋大学出版社，2018：17.

然彰显着对人类本质的价值追求，即自由。邬大光教授在《现代大学制度的根基》中指出："学术自由和大学自治彰显着大学的本质和特性，构成了维系大学制度的基本内涵，并延续了大学这一特殊组织机构的生命和活力。"① 因此，中国特色社会主义大学制度追求的自由价值可以从这两个维度考察。首先是大学自治，个人发展需要自由，大学组织自身发展同样需要自由。大学自治作为学术自由的制度保障，在我国大学制度中发挥着重要作用。大学自治使得大学组织区别于其他行业组织，它不仅能够使大学保持自身相对独立免受外界的干扰，而且还能使大学培养人才、传承文化、服务社会的职能充分得到实现。其次是学术自由，现代大学从某种意义上来讲是师生共同体，教师和学生既是大学学术发展的核心力量，也是大学最基本的制度价值实现主体。自由价值是大学教师和学生对现代大学制度的需要，他们致力于追求和探寻真理，谋求自由和宽松的学术研究环境。大学自治和学术自由是我国大学制度追求自由价值的充分体现，它们充分保障了价值主体的生存发展需要，进一步促进了人的自由全面发展。公正是人类矢志的价值追求，与西方大学制度重视自由价值不同，我国大学制度则越来越追求公正价值。"公正原则旨在调节人们之间或个人与社会之间的各种利益（价值）关系，使之达到公平合理，最终实现社会整体的和谐进步。"② 随着我国高等教育普及化时代的到来，公正越来越成为我国大学制度追求的价值目标，只有充分保障师生平等地享有追求学术自由的权利，才能真正捍卫大学的学术品格，并最终实现大学使命。民主作为大学制度价值不可或缺的重要组成部分，既减少了政府对大学的直接管理，给予大学更多自主成长的空间；又打破了学校行政部门对学术权利的干预，促使教授参与治校，师生享有最大化的学术权利。我国大学制度追求自由、公正、民主价值的最终目的是捍卫大学学术组织属性，实现大学的学术使命，从而实现人的自由全面发展。

我国大学制度在追寻目的价值的过程中寻求工具价值，实现二

---

① 邬大光. 现代大学制度的根基［J］. 现代大学教育，2001（3）：30-32.

② 万俊人. 伦理学新论［M］. 北京：中国青年出版社，1994：365.

者的有机统一，促进人的自由全面发展。在知识经济和全球化的浪潮中，大学已经逐步从"象牙塔"走到了经济社会的中心，它不仅是一个传播、创造知识和培养人才的组织，也承担着服务社会的职能。正如布鲁贝克所说："高等教育越卷入社会的事务中就越有必要用政治观点来看待它。"① 我国长期以来把大学制度作为达到政治、经济等社会目的的工具或者手段，追求工具价值，而忽视目的价值。如今，我国提倡建立的大学制度旨在实现目的价值与工具价值的统一，具体表现为以下几个方面。

第一，自由与秩序的统一。我国大学制度在很长一段时间把秩序作为目的而不是手段，并期望通过秩序的实现来满足价值主体的不同现实需要。比如新中国成立初期的"为无产阶级政治服务"到改革开放后"为社会主义建设服务"，这些都是大学制度追求秩序的体现。但我们必须认识到大学的本质属性是学术性，大学制度价值要想顺利得以实现绝不能放弃大学自治和学术自由。因此，我们要把秩序和自由有机结合起来，既要避免单纯追求秩序，又要避免追求绝对自由，进而实现人的全面自由的终极价值。

第二，民主和集中的统一。从历史来看，我国大学制度从一开始就表现出政府主导的特征，随着时代的推进，我国大学制度价值主体的多元化及其需求的多样化，要求大学权力适度集中，提升大学的决策和管理水平，从而更好地促进学术发展。但是无论发生哪些变化，大学依然是学术组织，我国大学制度必须追求民主价值，保障制度价值主体共同参与大学治理，实现"学术自由、大学自治、教授治学"的目标。

第三，公正与效率的统一。经济生活中的"效率优先，兼顾公平"的发展战略被引入到大学制度价值实现中，总体而言，我国大学制度更多地表现出效率价值优先的特征。随着市场经济制度的确立，高等教育对经济发展的推动作用愈发明显，大学制度作为重要手段之一，设置和建设重点大学、重点学科等，实现办学资源利用率的最大化，最大限度地提高高质量人才和知识产品的供给能力，

① 布鲁贝克. 高等教育哲学［M］. 王承绪，郑继伟，张维平，等译. 杭州：浙江教育出版社，2001：33.

更好地满足国家经济发展的需要。但是追求效率的同时要保障公正，保障制度价值主体平等地享有各项权利，实现大学的良性发展。

第四，理性与情感的统一。我国大学制度追求实用理性，更多地关注于现实社会生活，致力于解决实际问题。但同时大学制度也要注重情感价值，我国教育制度自古以来重视情感，比如在教育内容上，高度重视个人道德修养，党的十八大以来更是把“立德树人”作为高等教育的根本任务。伴随着中国特色社会主义大学的发展，我国大学制度追求目的价值和工具价值的统一，更好地服务于社会主义现代化建设的需要。

中国特色社会主义大学制度价值实现过程中深刻把握人的主体性，探究大学制度对于价值主体的意义，追求目的价值与工具价值的统一，促进人的自由全面发展。中国特色社会主义大学制度把目的价值和工具价值结合起来，以目的价值塑造大学制度的灵魂，凸显大学制度的特殊性，更好地保障师生追求学术自由；以工具价值增强大学的社会适应性，彰显大学制度的时代特征，加强大学与经济、政治的联系，为社会主义现代化建设源源不断地输送人才。我国大学制度价值实现通过把握人的主体性，追求目的价值与工具价值的统一，在追求目的价值的基础上开发工具价值，将工具价值的实现渗透在目的价值实现的全过程，实现二者的有机统一，为中华民族伟大复兴中国梦的实现培养合格的人才。

三、中国特色社会主义大学制度价值实现规律

在事物发展过程中，矛盾双方相互作用和相互转化，其间呈现着一定规律。规律是事物所固有的、本质的、必然的、稳定的联系，代表着事物确定不移的发展趋势。价值实现规律指价值实现过程中诸要素之间的本质联系及其矛盾运动的必然趋势。具体到中国特色社会主义大学制度价值实现规律，则是指我国大学制度在价值实现过程中，主客体之间的相互作用和相互转化的必然趋势，它是客观的，是我国大学制度价值实现理应遵循的。我国大学制度价值实现规律立足于价值主体，满足人们生存、发展、享受的需要，遵循真、

善、美的价值旨归，充分保障大学的本质属性，促进人的自由全面发展。

一是“真”，即合规律性，反映人和世界的认知关系。教育系统作为社会发展的一个子系统，必须服从于整个社会的发展规律，只有这样才能促进社会的发展。具体到我国大学制度价值实现过程中，必须遵循“真”的价值规律，对大学制度做出正确的认识判断，使它符合社会发展需要，最大程度发挥它对价值主体的积极意义。第一，我国大学制度追求的理性价值，是人们对大学制度及其本质、目的、规律的科学思考和正确认识①，重视知识的科学性，更多地关注于现实社会生活，强调“实用”“实际”“实行”，用所学到的知识解决现实问题。第二，大学制度追求秩序价值必须符合社会发展规律。由于受到政治或经济的约束，大学制度通常把服务政治需要和经济需要作为基本的价值追求。我国大学制度由新中国成立初期的政治优先转向改革开放后的经济优先，更好地适应了我国社会发展的需要，彰显大学制度价值以达到“求真”的目的。

二是“善”，亚里士多德认为善有双重含义，第一是事物自身就是善，第二是事物作为达到自身善的手段而是善②。目的善和工具善都是主体欲求的目标，目的善是终极目标。在中国特色社会主义这个时代背景下，我国大学制度追求工具善和目的善的和谐统一，旨在培养担当民族复兴大任的时代新人。

首先，我国大学制度追求目的价值，很大程度上体现目的善。第一是自由，随着时代的发展，我国大学办学自主权逐步扩大，并在 1999 年颁布的《中华人民共和国高等教育法》中确认为法人资格；另外《高等学校章程制定暂行办法》也要求高校“明确尊重和保障教师、学生在教学、研究和学习方面依法享有的学术自由、探索自由，营造宽松的学术环境”，切实保障我国大学制度追求自由。第二是公正，“教育公平是社会公平的重要基础，要不断促进教育发

① 眭依凡. 理性捍卫大学［M］. 北京：北京大学出版社，2013：48.

② 田雪飞. 中美高等教育制度伦理价值比较［M］. 北京：社会科学文献出版社，2016：86.

展成果更多更公平惠及全体人民，以教育公平促进社会公平正义”①，保障每个人平等地享有受教育的权利和义务。第三是情感，《中华人民共和国高等教育法》明确规定把受教育者培养成为德智体美劳全面发展的社会主义建设者和接班人，党的十八大正式将“立德树人”确立为我国教育的根本任务，并把它融入各项高等教育政策中。高校坚持育人为本，德育为先，追求情感价值。第四是民主，最大限度地保障制度价值主体共同参与大学治理，真正实现党委领导、校长负责、教授治学、民主管理的治理结构，彰显中国特色社会主义大学制度民主。我国大学制度追求目的价值，培养全面发展的人才，彰显大学之道。

其次，我国大学制度追求工具价值，在一定程度上满足社会经济、政治部门的要求，从而达到“善”。大学制度追求的秩序、效率等价值，为大学发展创造一个稳定的环境，从而提高人才培养、科学研究和社会服务等方面的办事效率和能力，直接创造新的生产力来推动社会经济的发展。大学制度追求集中价值，坚持和完善党委领导下的校长负责制，提升大学的管理和决策水平。我国大学制度追求实用理性，致力于解决现实社会问题，比如从新中国成立初“为无产阶级政治服务”到改革开放后“为社会主义建设服务”，由政治理性转向经济理性，适应我国经济社会发展的需要。只有实现目的善和工具善的统一，我国大学制度才能真正实现“至善”的价值目标。

三是“美”，指这样一种境界：“客体的存在和属性满足了主体身心的一种特殊需要——‘美感’的需要，它是客体某些方面达到了与主体的高度统一和和谐。”② 我国大学制度在社会主义核心价值观的引领下追求价值的多元均衡，落实到价值主体上，实现人的自由全面发展，达到“至美”的境界。第一是自由和秩序的统一。“自由要受到约束和限制，这一点并不与自由相矛盾。”③ 我国大学

① 本书编写组．习近平总书记教育重要论述讲义［M］．北京：高等教育出版社，2020：134.

② 李德顺．价值论：一种主体性的研究［M］．北京：中国人民大学出版社，1987：175.

③ 汉斯·格奥尔格·伽达默尔．真理与方法［M］．洪汉鼎，译．上海：上海译文出版社，1999：284.

制度追求自由价值，维护大学自治和学术自由，但这种自由不是绝对的、无限制的自由，而是在一定制度约束下有秩序的自由。第二是公正与效率的统一。我国大学制度既要保证每一个人平等地享有进入大学学习的权利，也要追求效率价值，创造出更多的“人才产品”和“知识产品”，提升自身的社会贡献度，赢得更多的发展机遇。第三是民主与集中的统一。一方面充分保障大学制度价值主体平等地参与大学管理，共同协商，制定完整的民主参与程序和民主决策机制，满足大学制度价值主体多方面的需要；另一方面，随着“办学主体的多元化、办学规模的扩大化以及内部事务的复杂化”①，要求大学制度实现权力的适度集中，适应大学制度发展的客观要求。第四是理性和情感的统一，实现“理统于情”。我国大学制度追求实用理性，服务于实际，解决现实社会问题，其中势必会涉及道德教育，无论哪种道德教育都是以情感为基础的，既传授知识，又引导学生如何做人，一举两得。正如蔡元培所说，“教育是要个性和群性平均发达的”，我们要追求自由、民主、秩序、效率、理性、情感、公正等大学制度价值的共同发展，在发挥各自作用以及它们互补性的基础上实现均衡发展。

中国特色社会主义大学制度只有遵循真、善、美的价值实现规律，才能真正实现我国大学制度的价值目标。我国大学制度追求的民主、自由、公正、效率、情感、理性等价值，既承载着“真”，在遵循社会发展规律的基础上“求真”，追求实用理性和效率，更好地为中国特色社会主义事业服务；又体现“善”，实现工具善和目的善的统一，促进人的自由全面发展；还展现“美”，在充分发挥我国大学制度价值作用以及它们互补的基础上实现均衡。“真、善、美是一切理想境界的完整标志。”② 它们在本质上是一致的，满足价值主体多方面的需要，真正发挥大学制度的价值，推进中国特色社会主义事业不断向前发展。

---

① 别敦荣，唐世纲. 现代大学制度的价值及其矛盾关系的调和［J］. 苏州大学学报（教育科学版），2016（4）：44.

② 李德顺. 价值论：一种主体性的研究［M］. 北京：中国人民大学出版社，1987：175.

四、中国特色社会主义大学制度价值实现目标

任何价值目标的确定都植根于该事物生长和发展的特定环境，由于历史文化、现实国情的差异，各国大学制度价值的实现都遵循不同的逻辑，从而产生了不同的制度价值实现目标。中国特色社会主义大学制度价值实现目标的确定必须扎根于中国大地，与我国高等教育的发展规律和社会发展的实际需要相结合，制定具有中国特色的社会主义大学制度价值实现目标。我国是中国共产党领导下的社会主义国家，中国特色社会主义大学制度价值实现目标的确定必须从中国的实际和国情出发，坚持党的领导和社会主义方向，坚定不移地走中国特色社会主义教育发展道路，坚持把立德树人作为根本任务，培养社会主义建设者和接班人，从而在实现大学制度价值目标的过程中不断推进社会主义现代化事业向前发展。

坚持立德树人，培养德智体美劳全面发展的社会主义建设者和接班人，这是中国特色社会主义大学制度在个人层面上的价值目标。教育事业与人的发展密切相关，大学作为传播高深学问、培养高级人才的场所，培养自由而全面发展的人是其所要承担的重要职责和一直追求的目标，而对大学发展及其人才培养具有深刻的、本质的影响的是大学制度中所蕴含的内部的精神和理念，即大学制度价值。中国特色社会主义大学所要培养的是能够承担起中国特色社会主义事业，肩负时代复兴大任的德智体美劳全面发展的社会主义建设者和接班人。毛泽东提出：“我们的教育方针，应该使受教育者在德育、智育、体育几方面都得到发展，成为有社会主义觉悟的有文化的劳动者。”① 改革开放时期，邓小平要求：“把毛泽东同志提出的培养德智体全面发展、有社会主义觉悟的有文化的劳动者的方针贯彻到底，贯彻到整个社会的各个方面。”② 党的十八大以来，习近平总书记更是多次强调教育要以立德树人为根本任务，培养德智体美

① 毛泽东. 毛泽东文集：第 7 卷［M］. 北京：人民出版社，1999：226.

② 邓小平. 邓小平文选：第 2 卷［M］. 北京：人民出版社，1994：106-107.

全面发展的社会主义建设者和接班人，并且在2018年全国教育大会上把“劳育”也作为人全面发展的重要标准。“大学是立德树人、培养人才的地方，是青年人学习知识、增长才干、放飞梦想的地方。”“要把立德树人内化到大学建设和管理各领域、各方面、各环节，做到以树人为核心，以立德为根本。”① 这充分体现了习近平总书记对发挥大学立德树人、培养社会主义建设者和接班人功能的重视。中国特色社会主义大学制度在实现其价值目标的过程中，立足中华优秀传统文化，在社会主义核心价值观的引领下不断加强对大学生的理想信念教育，帮助他们树立正确的世界观、人生观、价值观，并引导他们自觉践行社会主义核心价值观，坚定中国特色社会主义道路自信、理论自信、制度自信和文化自信，从而使得当代大学生能够勇担民族复兴的时代重任。2014年习近平总书记在同北京师范大学师生代表座谈时指出，要把今天的学生视为“未来实现中华民族伟大复兴中国梦的主力军”，强调要把这支主力军打造成“中华民族‘梦之队’”②。中国特色社会主义大学制度在社会发展的过程中不断与时俱进，彰显新的价值，中国特色社会主义大学制度在发展我国高等教育事业、促进人才培养的过程中不仅使学生具备良好的科学文化知识，还能够使他们形成健全的人格和良好的品德，致力于将学生培养成为勇于走在时代前列的奋进者、开拓者和奉献者，成为德智体美劳全面发展的社会主义建设者和接班人，并鼓励和支持他们积极投身于中国特色社会主义伟大事业中去，为实现“两个一百年”的奋斗目标不懈努力。

在中国共产党的领导下，坚持社会主义大学的办学方向，从而推进我国社会主义现代化事业的发展，这是中国特色社会主义大学在国家层面上的价值目标。“任何类型的大学都是遗传与环境的产物。”③ 每一个国家的大学和相应的大学制度都是在特定的生产关系下产生的，其建设和发展都离不开该国的社会制度。中国特色社会

---

① 习近平. 在北京大学师生座谈会上的讲话［N］ 人民日报，2018-05-03（01）.

② 习近平. 做党和人民满意的好老师：同北京师范大学师生代表座谈时的讲话［N］. 人民日报，2014-09-10（01）.

③ 阿什比. 科技发达时代的大学教育［M］. 滕大春，滕大生，译. 北京：人民教育出版社，1983：7.

主义大学制度是在我国社会主义的背景下，在中国共产党的领导下进行建设和发展的，它是社会主义性质的，如果忽视或淡化其社会主义性质，不顾或不讲党的领导，那么我国的大学制度建设就会出现差错，我国大学的发展也将脱离我国建设的目标。“党政军民学，东西南北中，党是领导一切的，是最高的政治领导力量。”① 习近平总书记指出，牢牢掌握党对高校工作的领导权，关键是要确保高校始终成为“坚持党的领导的坚强阵地”和“培养社会主义事业建设者和接班人的坚强阵地”②。为加强中国共产党对我国大学的领导，《中国共产党普通高等学校基层组织工作条例》规定：“高校实行党委领导下的校长负责制，高等学校党的委员会统一领导学校工作。”《中华人民共和国高等教育法》以法律形式对此予以确认，其第三十九条规定：“国家举办的高等学校实行中国共产党高等学校基层委员会领导下的校长负责制。”中国特色社会主义大学制度明确规定了党对我国大学的领导，在法律的规定和保障下，中国共产党能够牢牢地把握住大学这一教育的重要阵地，从而强化对大学生的思想引领和价值塑造。我国大学制度建设除了要坚持党的领导以外，还要坚持社会主义的正确方向，《中华人民共和国高等教育法》第三条明确规定，国家“遵循宪法确定的基本原则，发展社会主义的高等教育事业”。在中国特色社会主义大学制度建设的过程中，我们应始终牢牢掌握社会主义性质这个核心以及方向，同时始终坚持马克思主义的指导地位毫不动摇，通过坚持社会主义意识形态坚守社会主义的办学方向，不断推进中国特色社会主义大学制度的建设，使中国特色社会主义大学制度价值得到进一步彰显和实现。正如习近平总书记所说：“我国教育发展方向要同我国发展的现实目标和未来方向紧密联系在一起，为人民服务，为中国共产党治国理政服务，为巩固和发展中国特色社会主义制度服务，为改革开放和社会主义现代化

---

① 习近平. 决胜全面建成小康社会　夺取新时代中国特色社会主义伟大胜利：在中国共产党第十九次全国代表大会上的报告［N］. 人民日报，2017-10-28（01）.

② 习近平在全国高校思想政治工作会议上强调　把思想政治工作贯穿教育教学全过程　开创我国高等教育事业发展新局面［N］. 人民日报，2016-12-09（01）.

建设服务。"① 我国正处于实现中华民族伟大复兴的关键时期，我们比历史上的任何时期都更接近于中华民族伟大复兴的目标，在这样关键的时期，中国特色社会主义大学制度建设和发展必须坚持党的领导，发挥好党的领导这一最大政治优势，不断发展和完善党委领导下的校长负责制。要坚持社会主义的发展方向，确保中国特色社会主义大学制度变革过程中发展道路和方向的正确性，只有这样中国特色社会主义大学制度的价值才能在不断彰显的过程中推进中国特色社会主义事业向前发展，从而实现自身的价值目标。

第三节　中国特色社会主义大学制度价值实现的路径

中国特色社会主义大学制度价值的实现需要各个主体的共同参与以及多方面力量的协同与配合，如何统筹各方力量，使其发挥出各自的优势是中国特色社会主义大学制度价值实现的关键。首先，在国家层面，既要完善党委领导下的校长负责制以实现集中，也要使大学制度服务于国家战略从而实现秩序，还要在情理交融中构建大学章程以实现公正；其次，在社会层面上调动各利益主体参与大学办学和管理的积极性，建立健全大学利益相关者共同治理保障民主，发展民办高等教育以促进效率；最后，在学校自身层面上，实现自由，同时要建立大学书院制以传承道德情感优长。

一、完善党委领导下的校长负责制，实现集中

中国特色社会主义大学制度集中的实现核心是完善党委领导下的校长负责制。习近平总书记在全国教育大会上强调："在党的坚强领导下，全面贯彻党的教育方针，坚持马克思主义指导地位，坚持中国特色社会主义教育发展道路，坚持社会主义办学方向，立足基本国情，遵循教育规律，坚持改革创新，以凝聚人心、完善人格、

① 习近平在全国高校思想政治教育工作会议上强调　把思想政治工作贯穿教育教学全过程　开创我国高等教育事业发展新局面［N］．人民日报，2016-12-09（01）．

开发人力、培育人才、造福人民为工作目标，培养德智体美劳全面发展的社会主义建设者和接班人，加快推进教育现代化、建设教育强国、办好人民满意的教育。”① 中国独特的历史、文化、国情决定了我们要建设有中国特色的社会主义大学制度，而中国特色社会主义大学制度的核心则是要坚持中国共产党的领导，这是由我国的社会制度决定的。习近平总书记指出：“办好我国高等教育，必须坚持党的领导，牢牢掌握党对大学工作的领导权，使大学成为坚持党的领导的坚强阵地。”这充分体现了坚持党的领导对于发展中国特色社会主义高等教育、建设中国特色社会主义大学制度的重要意义，坚持中国共产党的领导不仅是中国特色社会主义大学制度建设过程中最核心、最本质的特征，更是中国特色社会主义大学制度最具优势之处。

党委领导下的校长负责制是我国长期实践探索的经验总结，我们要在完善该制度的过程中实现中国特色社会主义大学制度的集中价值。党委领导下的校长负责制是实现党对我国大学全面领导的重要途径和保障，要不断完善党委领导下校长负责制，更好地实现党对大学在政治上、思想上、制度上和组织上的领导。在政治上党委领导下的校长负责制要为我国大学的发展指明方向，使大学将自身的发展与中国特色社会主义事业结合起来，并在坚持“四为服务”的过程中获得更广阔的发展空间。在思想上，党委领导下的校长负责制要始终坚持把马克思主义作为最亮丽的底色，并将习近平新时代中国特色社会主义思想融入其中，从而确保我国大学在发展过程中意识形态的正确性。在制度上，党委领导下的校长负责制要明确党委在大学中的核心地位，理清党委和校长之间的关系，这是实现我国大学治理能力和治理体系现代化的关键所在。在组织上，党委领导下的校长负责制要通过加强和规范高校的干部队伍建设，院系、学生党组织建设等方式来进一步加强党的组织建设。进入中国特色社会主义新时代，以习近平同志为核心的党中央不断完善和优化党委领导下的校长负责制，为中国特色社会主义大学制度建设谋篇布

① 习近平在全国教育大会上强调　坚持中国特色社会主义教育发展道路　培养德智体美劳全面发展的社会主义建设者和接班人［N］. 人民日报，2018-09-11（01）.

局、把握方向，使党的领导这一优势切实有效地得到发挥，在不断推进新时代中国特色社会主义现代大学制度建设的过程中彰显其集中价值。

二、中国特色社会主义大学制度服务国家战略，实现秩序

前面我们已经提到，秩序是指发展中某种关系的稳定性与连续性，中国特色社会主义大学制度的秩序就是指它服务国家政治、经济、文化发展，从而推动国家战略实现的过程。中国特色社会主义大学制度秩序这一价值对于大学自身、个人、社会以及国家的发展具有重要的意义。在长期的发展进程中，我国不断发展和完善中国特色社会主义大学制度，以更好地发挥其秩序价值来满足社会的需求、促进国家的发展，这在一定程度上取得了良好的发展成果，但就现实状态而言，由于市场经济的不断发展，市场力量越来越成为影响我国大学发展的重要因素，竞争和效益观念很大程度上渗透到大学的发展过程之中，大学呈现出以“消费者”的愿望和需求为导向的趋势，出现“功利性”倾向，忽视了自身对社会发展和国家建设所应承担的责任和使命。因此，中国特色社会主义大学制度要加强对我国大学发展的指引和规范，使其能够主动承担起对社会和国家发展的责任和使命。

中国特色社会主义大学制度秩序价值是在其服务于国家战略的过程中实现的。大学应该在发展知识、加快人才培养的过程中为国家战略的实现提供更多的人力资源和智力资源支持。大学作为高深知识传播和创新的场所，要不断地发现、传播和利用知识，并将其与生产劳动和社会发展相结合，为社会政治、经济、文化的发展提供新思路、新技术以及新的管理方式等以推动社会不断向前发展。中国特色社会主义大学制度要提升我国大学的知识生产能力，使其成为国家战略发展的知识库和孵化器，既能够为社会发展和国家建设提供源源不断的知识和技术支持，也能够提供直接现实的产品和服务。与此同时，大学还必须要发挥其思想引导功能，通过发扬人文精神，确保社会发展方向的正确性以及加强社会发展的生机与活

力。“去追寻被工具理性文化所遮蔽的本质和本体价值，使高等教育真正是属于人的教育，是使人成为真正的人、完美的人的教育。同时，使之真正以自己的方式去为现代化建设服务。”① 大学对知识的创造和传播及其服务于社会发展和国家建设的职能的实现都是依靠人来实现的，因此，我国大学必须要发挥人才培养的功能，培养出一批批掌握先进知识和技术、具备创新意识和能力的各个领域、各种类型的高级人才，从而为社会的发展和国家的建设提供源源不断的动力支持。中国特色社会主义大学制度在发展的过程中要注重其服务国家战略这一使命，并在推动国家战略的进程中实现自身的秩序价值。

三、弘扬大学精神，实现自由价值

印度诺贝尔经济学奖获得者阿马蒂亚·森认为，以人为中心，最高的价值标准就是自由，自由是发展的首要目的。自由也是中国特色社会主义大学制度一直追求的价值目标，表现在大学自治和学术自由两个方面，因此，“大学自治”与“学术自由”将是中国特色社会主义大学制度在发展中所致力于追求的。我们需要调整好大学与政府的关系。政府要对自身进行准确定位，转变职能，改变“一管就死，一放就乱”的局面，政府要在遵循大学办学规律的基础上加强宏观调控，推进高校治理体系和治理能力现代化，赋予大学更多的自主权，使大学形成自我发展、自我约束的良好机制。

美国教育哲学家布鲁贝克认为，“学术自由的合理性至少基于三个支点：认识的、政治的、道德的”，尽管“大概最主要的是认识方面的”，但学术自由的政治的、道德的支点也不可忽视。在政治论方面，言论自由是所有公民的权利，而学术自由只限于学者行会；在道德论方面，基于学术自由完全是为了公众利益，对大学及其学者必须给予自由、自治和安全方面的保障。政治和知识之间边界的确立不仅仅是政府的事情，更是高等院校、教师、学生等大学制度主体本身的事情。要确立政治和知识的边界，知识界本身必须首先确

---

① 张应强. 现代化的忧思与高等教育的使命［J］. 高等教育研究，1999（6）：16.

立自身的认同和自己的边界，最有效的方式就是追求知识。追求知识就是为了获得更多的知识，教育制度要解放人的个性，培养独立精神，释放人对各种事物的好奇心，从而激发创造。“不自由的大学是政治的奴仆，是权势和财富的囚徒，是远离真理和科学探索的乞儿！”① 因此，中国特色社会主义大学制度在完善的过程中要不断地确保大学独立性与自主性的实现，在确保大学自治和学术自由的过程中实现真正的自由。

四、建立健全大学利益相关者共同治理制度，保障民主

中国特色社会主义大学制度民主价值的实质是在大学制度的规制下高校由集权走向分权，行政权力、学术权力与学生权力、民众权力得到合理分配，各种权利、义务关系相互协调并形成互相制约的均衡关系，因此，必须要致力于建立和健全大学利益相关者共同治理的机制体制，以保障民主价值的实现。就我国高校发展而言，最关键的就是行政权力与学术权力的权衡。若行政权力即政治权力垄断了大学制度，那么在政治和学术的关系上，学术将依附于政治并成为政治的工具，但是学术权力的运行和发展确实也需要行政权力来进行相应的规制，必须要权衡好二者之间的关系，以保障高校发展的协调有序。因此，推动行政权力与学术权力均衡发展已成为我国高校权力治理的重要议题。

对于大学来说，学术是灵魂，是大学发展的动力。学术权力是大学的专家学者依据其学术水平和学术能力，对学术事务和学术活动施加影响和干预的力量。对于学术研究者来说，学术权力是具有自由、民主、平等特征的，是学术研究者最重要的权力。大学制度的民主与集权的均衡依赖于大学制度的变迁，随着国家政治制度的转型，政府要对自身的权力进行合理规范，转变自身职能，建立宏观调控，在此基础上进一步明确大学制度的目的善是人的自由、独立，不再直接管理大学，学术与政治的边界确立的时候，也是以分权为核心的民主与集权的均衡产生的时候。正如法国思想家孟德斯

① 别敦荣. 我国现代大学制度探析［J］. 江苏高教，2004（3）：1-3.

鸠所述："一切有权力的人都容易滥用权力，这是万古不易的一条经验。有权力的人们使用权力一直到遇有界限的地方才休止……从事物的性质来说，要防止滥用权力，就必须以权力制约权力。"① 所以，我国高校权力治理应该是行政权力放权以减少对学术权力的过多干涉以及学术权力对行政事务及行政决策保留参与意见和监督，两权之间的相互牵制、约束、平衡发展才是高等教育治理体系正常运行的核心追求。只有让行政权力与学术权力包容共生、各司其职，共同在阳光下协调运行，才能实现权力主体之间和谐共处、井然有序和相互不冲突，从而建立健全大学利益相关者共同治理的管理体系，推动我国高等教育事业健康发展。

五、在情理交融中构建大学章程，实现公正

中国特色社会主义大学制度价值的缺失很大层面是制度性的缺失、程序性的缺失，集中、秩序、公正、民主、自由、效率、理性、情感等价值只有在得到制度化和法制化的保障的时候才能更具效力。我们要不断完善大学制度法律、法规等相关制度，从而建立起情理共生的中国特色社会主义大学制度，更好地维护其价值的多元均衡，并最终通过制度来实现和维护制度的公正。中国特色社会主义大学制度价值的理性是重情感的伦常之理，而西方的理性则体现为科学理性，二者各有优长和缺失。德国社会学家马克斯·韦伯说："在课堂上，唯有理智的正直诚实，才是最有价值的美德。"② 现代大学既是理性的产物又是理性的工具，这充分体现了理性作为重要价值在大学制度建设中的引领作用。法国思想家卢梭也指出："科学并没有使人更好一点，没有使人更道德一点，甚至也没有使人更幸福一点；在自然状况中，人对科学一无所知，但人在本能和感情的指引下，却比有了所谓文明更幸福得多。"③ 这充分说明了大学制度在引领大学发展的过程中仅仅有理性是不够的，要在理性的规范下建立起可

① 孟德斯鸠. 论法的精神：上册［M］. 张雁深，译. 北京：商务印书馆，1961：154.

② 乌尔里希·贝克. 风险社会［M］. 何博闻，译. 南京：译林出版社，2004：69.

③ 弗·鲍尔生. 德国教育史［M］. 滕大春，滕大生，译. 北京：人民教育出版社，1986：104.

行的道德体系从而实现对人们的情感关怀。因此，面对不同的价值取向，现代大学制度在建设的过程中可以在立足于自身文明的基础上彼此互纳，在情感与理性两种价值取向中寻找平衡与契合点，使二者相互融合推动现代大学制度建设，并最终通过制度自身的完善来维护其本身的、内在的公正价值。

美国伦理学家雅克·蒂洛指出："明显的经验事实是，人是既有感情（情感、情绪）又有理性（推理、认知）的存在物。为了确立适用于每一个人的体系，我们必须考虑到人的这两个方面。……然而，把情感作为道德决定的唯一基础，那就太不可靠、太个体化了。道德决定需要另有某种更公正、更客观的基础，这就是理性。"① 中国特色社会主义大学制度在发展的过程中应克服重人情、忽视制度性建设以及制度性创造性缺乏的弊端，调整好"情"与"理"在制度建设中的配置，构建协调的人性情理结构。此外，"情""理"的交融还表现为大学制度的知性与德性的结合。中国传统人文对人的精神世界的安顿、情感的释放，对理性精神的人道引导等是传统伦理的现代价值和功用，但是这种伦理存在"如何掌握知识和理性，适应现代社会的需要，建立责任与权利相互界定、律则与自由相互依持的功能社会秩序"的问题，有一个"融合西方伦理体系中的理性化的知识化的责任伦理于中国伦理体系中的心性化的道德化的目的伦理之中"的问题②。因此，中国特色社会主义大学制度在建设发展的过程中既要注重道德情感也要注重知识理性，既不能重德轻智，也不能将理性凌驾于德性之上。中国特色社会主义大学制度在接纳、强化理性精神的同时一定要关注人之为人的主体性与最高目的性的精神安顿及维护等中国伦理体系的精华，实现情与理的融合，并在制度的完善过程中以制度来维护自身的公正价值。

六、发展民办高等教育，提高效率

随着社会的不断发展，市场被引入高等教育，这是社会经济不

---

① 雅克·蒂洛，基思·克拉斯曼. 伦理学与生活［M］. 程立显，刘建，译. 北京：世界图书出版公司北京公司，2008：142.

② 唐凯麟，王泽应. 20世纪中国伦理思潮［M］. 北京：高等教育出版社，2003：218.

断发展的必然趋势，但是大学作为一种特殊的社会机构，并不能完全由市场来进行支配，否则这对我国高等教育发展来说将会是一种危机，因此，我们必须要正确处理高等教育与市场、经济的关系，在规范的、有限的市场化进程中促进中国特色社会主义大学制度效率价值的彰显。

社会主义市场经济条件下，中国特色社会主义大学制度效率价值的提升离不开民办高校的建设和发展。大学制度市场的形成，要打破公共教育服务的政府垄断，建立教育服务的生产者市场，形成多个相互竞争的教育服务提供者，促进教育类型和风格的多元化格局的形成。赋予学生和家长选择学校的权力，确立教育受众的消费者主权。民办高校的开展是中国未来大学制度引入市场机制的重点领域，民办高校通过社会资金的引入，既可以在一定程度上缓解国家教育资金紧张的问题，同时随着民办高校的不断发展，其办学模式和机构设置日益完善，数量和规模日益扩大，师资力量不断提升，学校的基础设施建设也更加健全，这不仅为更多人提供了接受高等教育的机会，弥补公办学校数量不足的缺点，也有效地提高了公民的整体素质，并为国家和社会的发展提供了更多的人才支持。随着民办高校发展的日益成熟，其相应的制度和体制建设也日益完善，各主体对于民办高校质量和效益的要求也日益提升，这使得民办高校在激烈的市场竞争的环境下为获得一定的发展优势不断提高自身的办学和管理质量。在我国民办高校的不断进步与发展中，它已成为我国高等教育的重要组成部分，并且在促进高等教育大众化、提升全民素质、推动经济发展等方面发挥了重要的作用。

七、建立大学书院制，以传承道德情感之优长

中国特色社会主义大学制度在建设和发展的过程中要注重从古代书院制度中汲取营养，将学院与书院相结合，以弘扬其道德情感之优长。胡适曾说，“我国书院的程度，足可以比外国的大学研究院”，“书院之废，实在是吾国的不幸事。一千年来学者的自动研究

精神，将不复现于今日”①。书院作为文化和教育机构，知识的传播和学术的发展是其应有之责，此外，书院学者在学习的过程中追求“格物、致知、正心、诚意、修身、齐家、治国、平天下”，在追求个人道德完善的基础上，追求社会秩序的完善，将个人追求与社会发展紧密结合在一起，充分体现了古代书院在发展过程中的人文精神和价值关怀。目前，中国特色社会主义大学制度在建设的过程中，在注重中西互纳的基础上，融合书院制之所长，不断探索新的发展模式。上海科技大学可以被认为是中西大学制度价值彼此互纳的创新实例。学校在办学体制、决策机制、内部治理结构、教师聘任制度、人才培养模式、经费保障制度等方面积极而务实地开展一系列探索与实践，可以看到中国特色社会主义大学制度价值的自由、理性、民主、公正、效率等多元维度的发展方向正向着西方大学制度普遍价值接轨；学院加书院的教育模式体现了中西大学制度价值互动的“情”“理”交融及中国特色社会主义大学制度价值的重情感的人文主义个性；其办学理念与办学使命又体现了个人与国家利益的均衡。上海科技大学的办学使命，是培养德才兼备，从事科学发现、高技术创新与新兴产业创业的拔尖人才，成为未来的科学引领者、技术发明者和企业创办者。学校实行书院制，学院、书院分工协作培养人才，其中学院侧重于专业能力的培养，书院侧重于综合素质培养和人格养成。

跨文化和多元文化的认识不会自我发生，它的发生离不开决策者和大学知识分子。市场和技术管理是没有办法解决的，只是加强了对这些认识的不断忽视。如果教育只是为了服务于经济目的和关注，而忽略了道德的培育，那么，社会的异化和非人性化很可能成为最终的结果。大学正经历着市场化和私有化，由于其性质的改变，作为营利性企业的大学面临着巨大的机遇和挑战。然而，我们不应该忘记大学制度的公共使命，作为一个旗手和守护者，在维护更高的价值和道德标准的社会中，我们需要停下来思考我们大学制度的真正目标，以及实现这些目标的手段是什么。人的本质和公民的重要价值观与市场的价值观有很大的不同，对“好社会”的概念有着

① 白吉庵，刘燕云. 胡适教育论著选［M］. 北京：人民教育出版社，1994：193.

不同的定义。这就带来了基本问题：大学制度的首要意义，不仅仅是为社会经济发展提供人力资本，还有其他“更高的理想”，培养为文化、科学、经济和社会的发展做出重大贡献的全面人才。因此，寻求一个融合中西大学制度优长的道德大学比以往任何时候都更重要，只有道德价值观、实践和责任的追求成为大学占主导地位的因素，而有针对性的目标、战略规划和管理、商业价值、效率和金钱成为次要的因素，我们才可能重塑大学制度的未来。中国特色社会主义大学制度的主体只有通过对道德大学的追求，建立教育系统的崇高理想——“为了教育本身”，将伦理和道德重新带回到教育中，才能为社会带来一个新的视野，让人真正成为自由的人。